国家自然科学基金重大项目

我国重大基础设施工程管理的理论、
方法与应用创新研究系列专著

重大工程管理理论

——科学结构与创新发展

薛小龙　赵泽斌　麦 强　安 实 等/著

科 学 出 版 社

北　京

内 容 简 介

本书系统梳理工程管理30余年的理论研究成果和科学发展脉络，以大数据思维刻画重大工程管理知识图谱，识别和分析重大工程管理的科学结构与经典成果，提出重大工程管理理论评价的成熟度模型和方法，提炼重大工程管理特征，提出重大工程管理的基本职能，建立重大工程综合集成管理方法，从工程能力、智能化、可持续发展三个维度构建重大工程管理理论的创新框架与发展战略。

本书首次全面、科学地刻画了重大工程管理理论的发展路径和全景视图，可供重大工程管理人员、高等学校教师和学生以及重大工程管理咨询机构参考。

图书在版编目（CIP）数据

重大工程管理理论：科学结构与创新发展/薛小龙等著. —北京：科学出版社，2020.5

（我国重大基础设施工程管理的理论、方法与应用创新研究系列专著）

ISBN 978-7-03-056288-3

Ⅰ. ①重… Ⅱ. ①薛… Ⅲ. ①重大建设项目-项目管理-研究-中国 Ⅳ. ①F282

中国版本图书馆CIP数据核字（2018）第003539号

责任编辑：马 跃/责任校对：陶 璇

责任印制：霍 兵/封面设计：无极书装

科学出版社 出版

北京东黄城根北街16号

邮政编码：100717

http://www.sciencep.com

三河市春园印刷有限公司印刷

科学出版社发行 各地新华书店经销

*

2020年5月第 一 版 开本：720×1000 1/16

2020年5月第一次印刷 印张：14 1/2

字数：290 000

定价：145.00元

（如有印装质量问题，我社负责调换）

国家自然科学基金重大项目课题：重大基础设施工程管理基础理论创新研究（71390522）
国家社会科学基金重大项目：我国跨区域重大基础设施工程项目运维管理模式研究（18ZDA043）

序　一

“水之积也不厚，则其负大舟也无力；风之积也不厚，则其负大翼也无力。”重大基础设施工程（以下简称重大工程）是国家强盛必不可少的物质基础，也是现代社会赖以发展的重要支柱。

近年来，我国重大工程建设取得了举世瞩目的成就。从三峡工程到南水北调，从青藏铁路到港珠澳大桥，从“五纵七横”国道主干线到令全世界羡慕的高速铁路网，重大工程建设者创造了一个又一个“世界奇迹”，彰显着“领跑”之志、印证着大国实力、承载着民族希望。重大工程跨域式发展的硕果实现了从量的积累，到质的飞跃，从点的突破，到系统能力的提升，为经济建设、社会发展、民生改善提供了强大保障。然而，重大工程的大规模、开放性、多元化，以及新技术运用等，使得工程复杂性越来越突出，延伸性影响越来越显著，急需我国重大工程管理的科学研究产出创新性成果。在国际化、信息化和可持续发展时代背景下，传统的以项目管理知识体系为核心的工程管理理念、方法与技术驾驭重大工程管理复杂性的能力日渐式微，管理科学界迫切需要重新审视重大工程管理的本质内涵，激发学术创新，以促进工程管理的科学发展、推动工程行业的整体进步。

欣喜的是，由南京大学、哈尔滨工业大学、同济大学、华中科技大学和上海交通大学学者组成的团队在国家自然科学基金重大项目“我国重大基础设施工程管理的理论、方法与应用创新研究”的支持下，在重大工程管理的基础理论、决策分析与管理、组织行为与模式创新、现场综合协调与控制以及社会责任、产业竞争力与可持续发展方面开展了深入的研究，取得了一系列有价值的成果。

这套系列专著汇集了该团队近五年来的相关研究，作者立足于我国重大工程的管理实践，运用创新的学术话语体系对我国重大工程管理实践经验进行了深度解读和理论抽象，为形成具有中国特色的重大工程管理理论体系进行了积极的探索。

在重大工程管理的基础理论方面，作者在科学描绘国内外工程管理理论研究历史演进的基础上，通过重大工程管理知识图谱的精细描绘及重大工程管理理论形成路径的基本规律的揭示，基于系统科学与复杂性科学，构建了重大工程管理基本理论体系架构和基本内容，以具有中国特色和原创性的学科体系、学术体系、话语体系进行了深入的理论思考和学术创新。

在重大工程决策分析与管理方面，作者面向重大工程决策方案大时空尺度有效性与工程-环境复合系统动态演化行为的深度不确定性，系统提出了情景鲁棒性决策基本理论和方法、情景耕耘技术的完整范式和流程，并以港珠澳大桥工程选址、太湖流域水环境治理工程和三峡工程航运等实际决策问题为研究对象进行了验证和研究，开拓了关于重大工程决策大时空情景下复杂整体性的新认知及其方法论创新，并且对重大工程决策治理体系与治理能力现代化、工程战略资源管理决策等做了专门研究。

在重大工程组织行为与模式创新方面，作者详细剖析了我国“政府—市场二元”制度环境对重大工程组织模式的主导作用，从高层领导团队、领导力、跨组织关系网络、良性行为、异化行为等众多角度描述了重大工程组织行为的多元交互、多层复合及动态适应性，并利用组织计算试验模型和技术实现了对独特的“中国工程文化”形成的组织场景和复杂的社会经济系统环境的科学表述，对改造和更新现有工程管理组织模式具有重要作用和方法意义。

在重大工程现场综合协调与控制方面，作者针对重大工程现场管理的空间广度、影响深度和协调难度，从新的角度探讨了重大工程现场资源供应的协调与优化，在集中供应模式下的大宗材料安全库存设置与分拨决策、预制件供应商培育与生产的激励机制以及生产与装配的协同调度、关键设备资源共享与优化配置和考虑空间资源约束的工程调度优化等问题上给出了整体的解决方案，为深刻理解重大工程现场管理范式创新与行为变迁提供了科学的指导。

在重大工程社会责任和可持续发展方面，作者围绕重大工程的可持续发展战略，提出了重大工程社会责任论题，构建了社会责任“全生命期—利益相关者—社会责任”三维动态模型理论、治理框架和评价体系，辨识了驱动和阻滞要素，探究了互动、传导、耦合机理及多层次协同机理和溢出效应，对重大工程未来发展路线图进行了全面思考，体现了深厚的人文关怀精神，为建立系统的重大工程社会责任管理理论奠定了坚实的基础。

从前瞻性出发，作者还提出了“互联网+”时代的智能建造模式，研究了该模式下的工程建造服务集成、工程协同管理、智能工程建造管理和工程建造信息支撑环境，并介绍了“互联网+”环境下工程质量管理、工程现场安全管理和工程材料供应管理等的变革。

“凡是过去，皆为序章。”我国重大工程的伟大实践正孕育着强大的理论创新活力，积极参与具有重大学术价值的重大工程管理理论问题的自主性和原创性研究并贡献中国智慧是当代我国工程管理学者的历史责任。

这套系列专著体现了我国工程管理学界多年来努力对源于我国重大工程管理实践的理论思考，标志着中国工程管理学界在学术研究基本模式和路径上出现的从“跟着讲”到“接着讲”的重要转变、从以“学徒状态”为主到“自主创新”为主的重要转变。同时，我们要看到，重大工程管理实践如此宏大和复杂，科学问题始终在发展，相应的理论也在不断升华，所以，希望这套系列专著为学术界提供的若干理论创新的开场话题能激发更多学者积极、深入地开展具有自主性、原创性的重大工程管理研究，用“中国话语”把重大工程管理理论、方法和应用讲新、讲好、讲透，这不仅能有力地推动我国重大工程管理科学技术的发展，同时也能为人类重大工程管理文明的进步做出积极贡献。

基于此，本人欣之为序。

中国工程院院士

序　二

重大基础设施工程是国家社会经济持续发展的基础性平台与环境保障。过去几十年，我国重大基础设施工程建设取得了举世瞩目的成就，截至 2016 年底，我国高铁运营里程已经超过 2.2 万千米，占世界高铁运营总里程的 60%以上；长度排名前列的全球长大桥梁中，我国占据了一半以上；三峡枢纽、青藏铁路、西气东输、南水北调等超级工程不断提升了我国重大基础设施工程的建设与管理能力，不仅积极促进了我国重大工程建设的科技进步，也成为我国重大工程管理创新研究的巨大推动力。

应该看到，由于重大基础设施工程的复杂性，我们对重大工程管理内涵与管理的认知需要不断提高、对工程管理实践经验的总结需要不断深化，而源于国外的项目管理和工程管理理论虽然在我国重大工程管理实践中发挥了重要作用，但也出现了“水土不服”和解决复杂性管理问题时的实际能力日渐式微等问题，因此，我们既要借鉴国外理论，更要结合中国管理实践，运用中国智慧，在新的学术思想与哲学思维指导下，开展重大工程管理理论、方法与应用创新研究。

令人欣慰的是，我国重大基础设施工程的伟大实践为这一创新研究提供了丰沃的土壤，也是推动我国工程管理学界开展重大工程管理创新研究的新动能。

近几年来，由南京大学、哈尔滨工业大学、同济大学、华中科技大学和上海交通大学的学者组成的研究团队，在国家自然科学基金重大项目“我国重大基础设施工程管理的理论、方法与应用创新研究”的支持下，紧密依托我国重大基础设施工程管理实践，对重大基础设施工程管理的基础理论、工程决策、组织、现场和社会责任等关键问题进行了深入研究，提出了原创性理论体系以及一系列创新性管理方法与技术，并在实践中进行了成功应用，取得了一系列高水平成果，这套系列专著即该研究团队研究成果的系统展示。

在基础理论方面，作者立足于系统科学和复杂性科学思想，初步构建了重大基础设施工程管理基础理论体系，为重大基础设施工程管理研究提供重要理论支撑；在重大工程决策方面，作者抓住了重大工程决策所面临的根本性问题，包括情景深度不确定性和决策鲁棒性理论、评价重大工程决策方案质量的鲁棒性度量技术，以及重大工程决策治理体系建立和治理能力现代化、工程战略资源管理决策等，为提高我国重大工程决策质量提供了重要理论依据与关键技术；在重大工程组织方面，作者基于我国独特的体制机制背景，提炼出重大工程组织模式的主要范式和设计逻辑，这对于形成适应我国国情的重大工程组织模式具有重要意义；在重大工程现场管理方面，作者对重大工程现场资源供应的协调与优化提出了新方法，并提出了“互联网+”时代的智能建造模式，讨论了该模式下的工程建造服务集成、工程协同管理、智能工程建造管理和工程建造信息支撑环境和工程质量、安全和工程材料供应管理等方面的变革；在重大工程社会责任治理方面，作者从一个全新的视角提出了重大工程社会责任的新论题，这也是新时代我国重大工程绿色、和谐发展的基本问题，进一步丰富了重大工程可持续性理论，开辟了重大工程管理理论和实践发展的新方向。

以上这些系列成果对于我们深刻认识重大工程管理规律具有基础性和引导性作用，是当前我国工程管理学者对重大工程管理理论、方法与应用创新的重要贡献和突出标志，必将为进一步提高我国重大基础设施的管理水平发挥重要作用。

随着全球社会、经济的不断发展，重大基础设施的内涵和外延也在不断拓展：从关注单个重大基础设施工程建设，到强调基础设施的互联互通；从铁路、公路、机场等传统基础设施到重大科技基础设施、互联网、物联网及信息通信等更广泛的基础设施；从我国国内的基础设施到“一带一路”的全球重大基础设施网络。重大工程管理主体、对象和外部环境的变化对重大工程管理理论的研究提出了更高的要求，因此，希望这套系列专著展现的成果能为重大工程理论界和工程界点燃更多的创新火花，激发更多学者广泛、深入开展具有自主性的重大工程管理学术研究，产出更多原创性成果，并通过我国重大工程管理研究取得的更高水平成果，为世界重大工程管理文明做出更大贡献！

中国工程院院士

前　言

重大工程是我国现代工程系统的重要组成部分，具有规模巨大、实施周期长、主体多元化、不确定性因素多、多技术集成和创新性强、经济社会环境影响深远等特征，表现出高度的复杂性。传统工程管理认知和方法无法解决重大工程管理复杂性引发的工程管理实践问题。“习近平强调，要学习掌握唯物辩证法的根本方法，不断增强辩证思维能力，提高驾驭复杂局面、处理复杂问题的本领。”[①]对于重大工程的管理，要开展理论创新，构建系统、科学的管理理论体系。

重大工程实践需要重大工程管理科学理论的指导。重大工程管理理论中的“有没有”“是什么”“如何建”一直是困扰工程管理界的重要前沿课题。理论的发展与创新来源于实践的积累与丰富，实践能力的全面提升离不开科学理论的指导。中华人民共和国成立以来，高速铁路、南水北调、港珠澳大桥等一大批重大工程建成投入使用，中国已成为世界上重大工程规模最大、建设能力和速度领先的国家，积累了其他国家难以具备的大量重大工程管理经验，为重大工程管理理论的发展和创新创造了得天独厚的肥沃土壤和实践基础。

开展重大工程管理理论的创新研究，需要我们对国内外当前工程管理知识体系、理论发展现状进行深入总结和反思，绘制重大工程管理理论发展脉络和图谱，识别和分析重大工程管理科学结构与经典文献，系统评价当前重大工程管理理论总体状况，包括理论的成熟度、完善度和理论发展动力等，进行科学的历史总结和反思结论，综合分析重大工程管理特征和基本职能，提出重大工程综合集成管理方法，设计重大工程管理理论的创新战略和框架。

第一，本书在明确重大工程管理背景、基本概念及发展现状的前提下，借助科学学理论，利用文献计量学方法，以大数据思维对工程管理现状和重大工程管理知识进行系统梳理和评述。收集工程管理科学 30 年的文献数据，提取引

① 习近平. 习近平：坚持运用辩证唯物主义世界观方法论[EB/OL]. http://www.xinhuanet.com/politics/2015-01/24/c_1114116751.htm，2015-01-24.

文、作者、机构等相关数据，构建作者、机构两个维度的合作矩阵，绘制合作网络，识别工程管理科学作者、机构合作网络的社团结构特征；收集工程管理科学关键词数据以及它们的共现关系，构建工程管理科学热点网络，识别工程管理科学经典主题；通过提取引文信息并挖掘其共被引关系，构建重大工程管理知识网络，识别其结构特征；构建以 G 指数为主的经典识别方法，识别重大工程管理经典文献。

第二，本书从理论、实践及学术研究角度梳理工程管理科学的历史发展脉络，为分析重大工程管理理论体系形成、结构及成熟度发展提供基础；通过分析重大工程管理理论评价的维度和标准，梳理重大工程管理理论五个发展阶段，指出当前重大工程管理理论发展仍处于理论累积阶段。

第三，本书从重大工程管理客体、主体和可持续性三个维度对重大工程管理的特征进行分析，提出重大工程复合生态系统概念、框架、功能和特征，开展系统耦合与演化分析，分析重大工程管理的主体构成和特征、重大工程管理可持续管理要求和管理特征；基于重大工程管理特征分析结果和一般管理职能的讨论，从领导、组织、决策、控制与创新等方面系统论述重大工程管理职能，这些职能既是一般管理职能在重大工程管理活动和过程中的具体体现，也具有围绕重大工程管理的客体特征、主体特征、环境条件变化及可持续性特征下的特殊要求。

第四，本书基于复杂性与复杂科学的讨论，对重大工程复杂性特征和问题分类进行分析，针对重大工程设计和建造阶段不同性质的复杂问题和系统性问题，提出重大工程综合集成管理整体框架，以及设计和建造阶段的综合集成路径，并以港珠澳大桥路面铺装为对象开展案例分析。

第五，本书从实践、环境和能力三方面分析重大工程管理理论创新情境，提出重大工程管理理论创新发展观，构建以工程可持续为战略目标、工程智能化为战略路径、工程能力构建为实施保障的重大工程管理理论发展战略，基于重大工程管理理论体系架构要素和内容，提出重大工程管理理论体系整体架构，为重大工程管理及实践提供理论参考。

本书的撰写得到了国家自然科学基金委员会管理学部的大力支持，感谢国家自然科学基金重大项目“我国重大基础设施工程管理的理论、方法与应用创新研究”课题组成员单位的帮助，特别感谢南京大学盛昭瀚教授、上海交通大学曾赛星教授、华中科技大学王红卫教授和同济大学乐云教授等老师的建议和帮助。哈尔滨工业大学研究团队承担了重大项目中“重大基础设施工程管理基础理论创新研究”（71390522）课题的研究工作，本书是该课题的重要研究成果。同时，本书也得到了国家自然科学基金项目“BIM 技术跨组织协同创新机制研究”（71671053）的资助。感谢哈尔滨工业大学安实教授、赵泽斌教授、麦强副教授、满庆鹏副教授、王玉娜博士的辛勤付出，特别是赵泽斌教授在本书统稿阶段进行了细致的检查和校对。感谢我的博士研究生吴恒钦、王璐琪、王亮、张瑞雪、牛向飞、姜颖、罗廷、季安康、窦玉丹等发挥各自的聪明才智，刻苦开展相关研究工作，特别是王璐琪（重点参与第 5 章、第 8 章）和吴恒钦（重点参与第 2 章、第 3 章、第 4 章）按照我和赵泽斌老师、麦强老师提出的思路开展了大量研究工作，取得了卓有成效的研究成果。值得指出的是，在撰写过程中，本人作为首席专家牵头申报并获得了国家社会科学基金重大项目“我国跨区域重大基础设施工程项目运维管理模式研究”（18ZDA043）。该项目能够获得资助得益于多年来的工作积累和研究团队扎实的研究基础；同时，该项目申请时提出的智能化、绿色化的工程建设与运营管理理念也为本书的撰写提供了参考。本书是课题团队集体智慧的结晶。在本书撰写过程中，我从哈尔滨工业大学转换工作到了广州大学，转换工作就像人生的重大项目一样，面临不小的挑战。广州大学魏明海校长及学校和学院的领导和同事都给予了支持和帮助，在此一并表示衷心的感谢。

本书是对重大工程管理理论科学结构与创新发展的首次探讨，而中国重大工程管理的伟大实践正孕育着强大的理论创新活力，极有可能产生世界级的理论创新成果。中国工程管理学者应当承担重大工程管理理论发展和创新的学术使命和历史责任，坚持工程实践与理论创新的辩证统一和良性互动，坚定基于中国重大工程实践的理论创新与理论自信，聚焦国际学术前沿，扎根中国大地，创新重大工程管理理论，发出重大工程管理理论的中国声音，充分体现“中国特色、中国风格、中国气派”，为人类工程文明做出重要贡献。

薛小龙

2018 年 12 月

目　录

第1章 绪　论

1.1 背　景

重大工程是一类对我国政治、经济、社会、科技发展、环境保护、公众健康与国家安全等具有重要影响的大型公共工程（Flyvbjerg et al.，2003）。随着我国经济实力、综合国力的不断增强和国民经济持续发展，我国重大工程将越来越多，特别是，我国正处于社会、经济的深刻变革与转型期，重大工程建设的大规模、开放性、多元化及新技术运用等特点造成工程复杂性越来越突出（张信传和薛传钊，1992），其经济、社会与环境影响的广度和深度也不断增加。因此，迫切需要重大工程管理理论及方法创新的支持以实现对重大工程的有效管理，实现重大工程高绩效（high-performance）、可持续（sustainable）的建设目标（Miller et al.，2001）。但是，与重大工程建设规模和复杂性增长不相匹配的是缺乏对重大工程管理基础理论的深刻认知和创新，缺乏我国国情特点的深刻反映，重大工程管理理论体系还不成熟。

自 20 世纪 90 年代以来，国外工程管理理论、知识和方法不断被国内学者学习、引入和吸收，其中，较为成熟的“项目管理”是最重要和应用最为广泛的理论、知识和方法体系。从总体上讲，“项目管理”是对工程现场管理活动进行分解和梳理，并对工程现场的各专项管理活动进行知识发现和总结的集成，主要包含时间管理、成本管理、质量管理等十大知识领域与 47 个管理过程。虽然随着工程越来越复杂、规模越来越大，项目管理的内容也在不断丰富，新的理论元素也在不断产生，并不断向知识的系统化方向发展（Saynisch，2010a），但从内涵和内容上看，项目管理仍然主要属于知识体系范畴，因为项目管理的主体知识更多的是提供工程现场管理的解决方法或技能，许多知识存有明显的经验成分，不同专项知识之间缺乏系统关联性和逻辑链接性，更缺少基础性的科学概念和基本原理及由它们产生新的理论元素或新的理论的动力学机理，即缺少关于（重大）工程管理整体性的基础理论原则。

由于重大工程管理具有环境、主体、对象、方案形成、方法等多层次、多领域、多阶段的复杂性（van Marrewijk et al.，2008），而且这种复杂性具有从工程物理复杂性向系统复杂性到管理复杂性的转换和传递及涌现、演化等特点，其规律性又常常隐藏在复杂性的现象之下，因此，现有的工程（项目）管理知识、经验等往往都不能有效地解释重大工程建设过程中出现的诸如决策、组织、现场协调、资源利用、环境与社会影响等复杂管理问题，不能有效揭示其规律并有效指导实践（Williams，1999）。究其原因，主要是缺乏重大工程管理知识的引导，特别是缺少对重大工程管理中普遍规律的深入研究（Thomas and Mengel，2008）。

正是因为这一点，在重大工程的决策、组织、质量、安全、资源利用、环境与社会影响等方面遇到了许多急需解决的重大现实问题，如投资估算不足（超预算、超概算）、工程质量品质持续性不强、生产效率与工业化程度低、重大安全事故发生频率高、整体创新水平较低、产业竞争力不强、资源浪费比较严重、对环境造成破坏、行业社会负面影响增多等。

科学理论并不是概念与原理的简单堆砌，也不是论据与论点的机械组合，而是一种系统化的逻辑知识体系（吴岱明，1988）。重大工程管理的理论应当通过对大量的工程实践经验和科研知识进行整理、概括、归纳和总结，从科学范畴来讲是科学实践经验客观性存在的理论形态。在这种环境下，需要对国内外当前重大工程管理知识体系发展现状进行深入分析、总结和反思，实事求是地评价当前重大工程管理知识状况。重大工程管理这一科学领域的研究边界和结构尚未有权威的共识，缺乏定量的、客观的研究。本书以科学计量学为视角，借助复杂网络方法，揭示重大工程管理这一科学领域的发展状况和趋势，明确其知识结构，发现现阶段重大工程管理的缺陷和不足，促进现有理论的创新发展，把握其未来趋势和走向，满足新时期重大基础设施工程实践的需求，为我国重大工程的决策、组织、现场协调、战略构建等方面的理论研究提供基础性依据，为其理论与方法的科学构建提供参考。

应用系统科学思想，基于对重大工程复杂系统的认识，开展重大工程管理的基础理论创新研究，具有十分重要的理论意义和现实意义。

（1）对国内外工程（项目）管理知识体系和理论发展进行科学总结和反思，明确当前重大工程管理理论研究的历史责任和任务。

（2）探索实现重大工程管理知识体系向系统化的重大工程管理理论体系转变和升华的路径，推动工程管理科学的发展与进步，进一步丰富管理科学的理论体系，为我国学者在重大工程管理领域形成有独创性的理论贡献创造条件。

（3）为我国重大工程的决策、组织、现场协调、战略构建等重要管理实践提供理论参考。

1.2　基 本 概 念

1.2.1　科学

科学是逻辑化的知识系统。从科学的角度理解重大工程管理，须先理解什么是科学。

1. 科学的内涵

人类社会发展最大的特征就是科学的出现。科学具有丰富的内涵和外延。学者们最先从三个角度对科学的定义进行归纳：知识体系和学科、研究过程及科学建制。后来随着科学社会学研究的深入，很多学者从一种综合的角度对科学进行定义。关于科学的定义主要有以下几种界定。

1）知识体系或学科的角度

很多学者认为，科学等同于知识体系。苏联著名的科学学专家拉契科夫从知识体系的角度对科学进行了定义：科学是在社会实践的基础上形成和不断发展的关于自然界社会、思维及其客观规律的知识体系（拉契科夫，1984）。后来有学者以一种更为恰当和精准的表述来定义科学：从广义上来讲，科学是定量知识的集合，这些知识可以通过学者的工作建立起来，它能够以系统的、可沟通的形式去解释周围事物。知识的集合不是简单的知识堆积和罗列，更重要的是在完善知识的过程中形成了自身的内部逻辑和关系，并且形成了一定的结构。有学者认为，科学作为知识体系具备三个特征，即系统性、可交流性和动态性。也就是说，科学是系统的知识体系，可以让科学家之间进行交流，同时科学的知识体系在不断发展完善（Radnitzky，1979）。也有学者认为，科学就是一门学科或科学的各个分支学科。这种定义方式认为，科学是以一种特殊的方式结合在一起的系统（Crombie，1988）。

2）研究过程和方法的角度

科学不是知识本身，而是创造知识的过程，因此在这个意义上科学的含义与研究大致相同。因此科学被认为是一个动态的过程，是人类心智的主要活动之一，是人类用以考察客观世界的重要方式。通过这个过程获得的知识被认为是科学的，而在某个时期被认为是科学的知识，可能在以后的日子被认为是不科学的（李克特，1989）。科学方法在科学的研究过程中起到了至关重要的作用，因此一些科学家在研究过程的基础上以方法来对科学进行定义：科学是一种方法，它确定和指明能用以找到系统认识的方法（拉契科夫，1984）。

3）社会建制的角度

科学不仅仅是知识体系和研究过程，它更表现出一种社会特征。研究过程本身包含一些社会行为，但是科学的社会行为更多地体现在它的社会建制方面。因此一些学者也从社会建制方面对科学进行定义：科学是一种特殊的社会活动，是一个相对独立的社会体系，这个体系把科学家和科学组织联合起来，为认识实在的客观规律和确定实际应用这些规律的形式和途径服务。

4）综合的视角

20 世纪初，许多学者观察到科学的巨大潜力，尤其是科学技术转化为生产力的现实，不再从单独一个角度去对科学进行定义。尽管这一时期很多哲学家对科学的定义五花八门，但是在对科学的内涵及其他有关问题的认知上还是大体一致的。引用李醒民对科学的定义：科学是人运用实证、理性和臻美诸方法，就自然以及社会乃至人本身进行研究所获取的知识的体系化的结果。这样的结果形成自然科学的所有学科，以及社会科学的部分学科和人文学科的个别领域。科学不仅仅在于已经认识的真理，更在于探索真理的活动，即上述研究的整个过程。同时，科学也是一种社会职业和社会建制。作为知识体系的科学既是静态的，也是动态的——思想可以产生思想，知识在进化中可以被遗弃、修正和更新（李醒民，2012）。科学既包括智力探索活动，又包括社会建制活动（李醒民，2010）。参照上述关于科学的定义，本书认为科学包括了系统化的知识和学科、研究的过程、科学的方法，同时也包括社会建制和社会职业。

2. 科学发展的动力

从原始社会开始，人类社会的发展持续了三百多万年，而近代科学的发展史仅有几百年，但是取得了重大的成就，是人类社会发展到当今阶段最重要的组成部分和最显著的特征。科学的内涵包括了系统化的知识和学科、研究的过程、科学的方法，同时也包括社会建制和社会职业，因此科学发展的动力因素诸多，包括了知识体系的统一和对立、社会对科学的促进、科学家在研究过程中的探索等。对于科学发展的动力，很多学者有着不同的解释，可以概括为两个维度：以科学的外部视角即科学发展的社会动力和科学家的个人动机来解释科学发展的动力；以科学自身为一个自组织系统的角度来论述科学发展的动力。

1）外部视角下科学发展的动力

科学发展的外部动力主要包括社会和个体两个方面。社会动力是指支撑和促进科学的社会因素，即社会上大多数人从事科学研究是受到实际利益的驱动。对于个体的动机，主要从心理学的角度研究，一般认为个体从事科学研究的动机有以下几种：①纯粹的兴趣或好奇心；②科学共同体的动机，即追求名誉和在科学圈的影响力（梅尔茨，1999）。

2）系统视角下科学发展的动力

以社会促进和个体动机为视角可以解释个体或社会对于科学探索的动力，但是仍然未能从系统的高度来解释科学在近代的迅速发展。因此很多学者从科学本身出发，以系统的观点来尝试说明科学发展和科学革命的动力。这种观点主要集中在两个方面，即科学自身发展和革命的动力在于实验和理论的对立和统一及各个理论体系之间的对立和统一（黑格尔，2002）。科学发展的根本内在动力是实验和理论的对立统一，因为理论大都是通过实验获得的，同时实验也是鉴别理论正确性的重要标准。同时，理论体系之间的对立和统一也是科学发展的重要动力，包括学科内部的理论体系的对立与统一，也包括学科之间的理论体系的对立和统一。这种观点主要认为客观世界是统一的，反映客观世界内在规律的理论体系也存在着某种联系，科学家往往从理论体系表面上的对立追求本质上的统一（李醒民，1986）。

1.2.2 科学合作的本质和内涵

作为个体的科研人员，最主要的工作是创新，一般这种创新都是描述新的数据或者提出新的理论，或者集成一些现有的理论或者数据。如果想让这些新的概念或者数据真正地对科学本身做出贡献，那么它们必须要用一种合适的方式表达，这样才能被其他学者所理解和认可。

英文中合作的单词前缀都是“co-”，意为“共同”“相互”。在人类社会的发展过程中，劳动起着决定性的作用，而人的劳动从来都是以合作为特征的。劳动合作是所有合作中最重要、普遍和历史悠久的合作形式之一。人类的发展与劳动的进步密不可分，劳动进步的标志之一是劳动合作的扩大与深化。在劳动实践活动中，当个体仅凭自身的力量无法实现目标时，就需要相互协调，共同采取行动，从而形成合作。没有合作，就没有人类社会的发展。

总体上来说，合作有三个基本特征：①合作是一种调整人与人之间社会关系的实践活动。②合作是一种多主体行为，是合作各方为实现共同目标和各自利益而采取的相互配合的活动。③合作可以实现利益共享（谢彩霞和刘则渊，2006）。

科学合作是指研究者为生产新的科学知识而在一起共同开展工作（Katz and

Martin，1997）。学术界普遍认为科学家的研究不是独立的，所有科学家都是世界范围内科研团体的一员（Cronin，1982）。科学家有很多相互影响的方式，而合作是一种最常见的方式。目前无论是学者之间的合作还是学校机构甚至国家的合作，数量都取得了跨越式增长，合作形式趋于多样化。科学合作已经成为现代科学发展的前提。学者之间的科学合作多是以自发的形式为主，而科学发展的内在动力和科研政策是科研机构和国家之间合作快速增长的主要原因（Luukkonen et al.，1993）。

1.2.3 工程管理科学的研究对象

工程管理的研究对象在概念和用词描述上往往在“项目”（project）与“工程”（engineering）两者之间漂移。工程管理在一定范畴（如某一具体项目的层次）内也往往与项目管理被等同理解。早在 1996 年，美国项目管理协会（Project Management Institute，PMI）出版的第一版《项目管理知识体系指南》（PMBOK 指南）中就定义项目是为创造独特的产品、服务或成果而进行的一种临时性工作（PMI，2013），具有非常规性、非重复性、一次性、目标性及约束性等特点，这一定义得到业界广泛认可。

由于没有完备的工程管理理论体系及广泛认可的管理标准，国内外研究机构和学者对工程的概念持有不同的解释。《不列颠百科全书》（*Encyclopedia Britannica*）引用了美国工程师职业发展理事会（American Engineers’ Council for Professional Development，ECPD）对工程的定义，认为工程是为最有效地把自然资源转化为人类用途的科学应用。更为具体的定义则认为工程是为设计、开发或者充分了解各种技术要素后，进行合理预测，确保实现预定的功能，经济地建造或运行它们，而进行的符合科学原理的创造性应用。总体而言，大多数学者认为工程是一种科学应用，是一种把科学原理转化为新产品的创造性活动，而这种创造性活动通常由各类工程师完成（何继善等，2005）。这就是本书讨论的工程管理科学的研究对象。从研究范畴的角度看，“工程”的研究范围和涉及学科比较广泛，如表 1.1 所示。

表 1.1 工程研究领域及成就

分类	具体内容
主要分支	化学工程（chemical engineering）、土木工程（civil engineering）、电力工程（electrical engineering）、机械工程（mechanical engineering）、材料工程（materials engineering）、工业工程（industrial engineering）、军事工程（military engineering）、软件工程（software engineering）

续表

分类	具体内容
伟大工程成就（Constable and Somerville，2003）（http://www.greatachievements.org）	电气（electrification）、汽车（automobile）、飞机（airplane）、水供给及分配（water supply and distribution）、电子工业（electronics）、广播电视（radio and television）、农业机械化（agricultural mechanization）、计算机（computers）、电话（telephone）、空气调节及冷藏（air conditioning and refrigeration）、高速公路（highways）、航天飞行器（spacecraft）、因特网（internet）、成像技术（imaging）、家用电器（household appliances）、健康技术（health technologies）、石油化工技术（petroleum and petrochemical technologies）、激光及纤维光学（laser and fiber optics）、核技术（nuclear technologies）、高性能材料（high-performance materials）

1.3 重大工程管理理论发展现状

1.3.1 国外重大工程管理理论研究现状

20 世纪 80 年代末到 90 年代，国外重大工程管理的相关研究开始出现并逐步发展。Pavlic 和 Chatfield（1987）在美国土木工程师学会（American Society of Civil Engineers，ASCE）期刊 *Journal of Surveying Engineering* 发表了关于美国密尔沃基市水污染治理重大工程规划和实施的调查报告，详细介绍了该工程的技术管理过程。

2000 年以后，出现了许多有关重大工程的研究成果，如论文、著作等，重大工程管理理论研究成果开始迅速增多。斯坦福大学 Raymond Levitt 教授在 *Journal of Construction Engineering and Management*（CEM）创刊 50 周年之际，撰文回顾了工程管理研究的发展路径，分三个阶段阐述了 2005 年之前美国工程管理不同时期的研究内容（Levitt，2007），具体如表 1.2 所示。

表 1.2 美国工程管理不同时期研究内容分析

时间	1955~1975 年	1975~1995 年	1995~2005 年
研究内容	进度控制（关键路径分析）；运作分析（工业工程，蒙特卡洛模拟）；计算分析工具；数据管理系统（20 世纪 60 年代）；社会科学的应用（20 世纪 70 年代）	风险分析（数学、概率论）；社会科学应用（社会网络分析）；精益建造；项目战略；施工的智能化、可视化（人工智能，CAD，20 世纪 80 年代）；专家系统（施工规划、概念设计、空间推理）；模式识别；计算机、社会科学、管理科学的合作	项目协同与合作（计算机网络，通信技术）；复杂项目的管理；GPS（global positioning system，全球定位系统）、RFID（radio frequency identification，射频识别技术）、传感器网络的应用；施工过程的优化与自动化［VDC（virtual design and construction，虚拟设计与施工），4D］；项目生命周期成本分析与决策（初步）

由表 1.2 可以看出，1995 年以后，工程管理研究开始关注重大工程的管理研究，研究侧重项目协同、复杂项目管理、全生命周期成本与决策、计算机技术应用等方向。根据现代工程实践发展趋势，考虑重大工程的全球化、技术集成性、跨时间周期长、经济社会环境影响大等特点，Levitt（2007）提出了适用于重大工程管理理论研究的战略建议，认为现代工程项目必须考虑全生命周期对经济、环境和社会的影响，即重大工程的可持续发展问题，如图 1.1 所示。

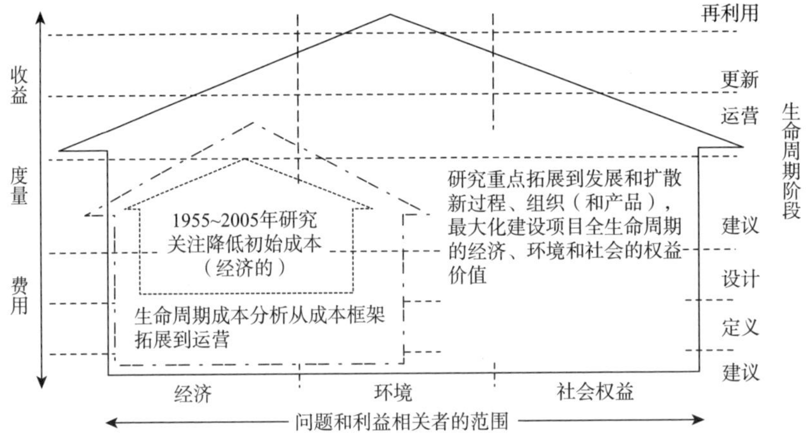

图 1.1　工程管理理论研究战略

资料来源：Levitt（2007）

从研究内容看，2005 年以后，国外重大工程管理的研究主要涉及风险管理、成本估计、进度控制、项目决策、政策规划、冲突管理、变更管理、利益相关者管理、项目规制、复杂性管理等方向。欧盟第六框架计划资助了一个重大工程项目管理与组织研究课题 NETLIPSE，该课题通过案例分析，从项目目标与商务战略、客户/发起人角色和项目交付组织、风险管理、合同与法规、项目过程、利益相关者、项目团队、运作、知识和技术管理等角度系统总结提炼了欧洲 15 个重大工程管理的经验和教训。可以看出，这一时期国外重大工程管理研究仍然遵循着项目管理某一知识领域的研究思路。

最近，对重大工程的研究开始从单一的工程项目管理范畴（实施阶段），如风险、进度、成本等，向重大工程不同生命周期阶段，如决策、政策规划阶段转变；开始从系统、全局的角度研究工程管理问题，复杂性管理成为重大工程管理研究的重要内容。2007 年，澳大利亚、英国和美国政府联合成立了国际复杂项目管理中心（International Centre for Complex Project Management，

ICCPM），负责研究跨区域和跨政府的复杂项目管理问题，提出了一系列复杂工程管理的方法，如软系统方法、可变系统模型等。2012 年 12 月，ASCE 的《基础设施系统学报》（*Journal of Infrastructure Systems*）以“变化环境中的基础设施”为主题出了一期专刊，从决策、实施到运行服务三个阶段，围绕重大交通基础设施，从最优投资战略、最优维护和运作模式、面向21世纪的铁路网与服务三个方面探讨了重大工程管理的理论和方法。Bosch-Rekveldt 等（2011）通过文献分析和案例研究，给出了重大工程项目复杂性管理的 TOE（technology-organization-environment，技术–组织–环境）管理框架，即技术复杂性、组织复杂性和环境复杂性，他们还将TOE框架分解为14个子类，如表1.3所示。

表 1.3 重大工程项目复杂性分类

技术复杂性	组织复杂性	环境复杂性
目标	规模	利益相关者
范围	资源	项目位置
任务	项目团队	市场条件
经验	信任	风险
风险	风险	

1.3.2 国内重大工程管理理论研究现状

1949 年以来，我国兴建了许多大型工业、农业、国防和科技工程，如原子弹研制工程、鞍钢工程、大庆油田工程、武汉长江大桥工程、南京长江大桥工程等。十一届三中全会以后，我国进入社会经济发展的新时期，实施了诸如载人航天工程、大型土木基础设施工程等一系列重大工程。进入 21 世纪以来，我国经济社会快速发展，实施了高速公路、大型桥梁、城市地铁、高速铁路等大型基础设施工程。这些工程的实施，使我国积累了丰富的工程实践经验，为我国工程管理学者提供了良好的研究素材，也为我国工程管理理论的形成奠定了良好的基础，极大地推动了我国重大工程管理理论的发展。

早在“八五”时期就有学者开展了“新时期大型工程管理理论与实践”软课题的研究，张信传、薛传钊等项目参与人做了大量工作，从工程的系统性、战略性、网络计划技术、经济管理、工程基本结构及其活系统（群体中的人）、管理体制改革等方面对我国的大型工程管理理论和实践进行了较为系统的总结（杨长恒和张信传，1996）。

随着 2000 年中国工程院工程管理学部的成立，学者开始关注重大工程管理问题，国内关于重大工程管理理论的研究开始发展。自 2007 年中国工程院在广州召开第一届中国工程管理论坛，2008 年国家自然科学基金委员会管理科学部设置工程管理方向（G0118），工程管理学科的地位开始得到国内学术界的认同，中国工程管理理论体系开始逐步建立，极大地推动了工程管理理论的研究和发展，尤其是重大工程管理理论的研究。

2000 年以后，我国工程管理学科内涵和内容体系逐步形成，工程管理学已经成为一门以工程技术的管理问题为研究对象，研究工程技术活动的管理规律，用来指导工程建设全过程特有的决策、计划、组织、指挥和协调工作，具有明显工程技术背景和产业相关性，工程学科和管理学科相互融合的综合性学科（何继善等，2009）。

随着对工程管理内涵理解的逐步深入，工程管理理论体系的框架逐渐形成。何继善院士从工程管理活动、基础理论模块和应用理论模块三个层次给出了工程管理理论体系的初步框架（何继善等，2009），在此基础上，王青娥和王孟钧（2012）进行了进一步丰富和完善，从基础理论、核心理论和应用理论三个层次给出了工程管理理论体系框架。王卓甫等（2011）将工程管理理论划分为工程投资决策管理理论（围绕工程决策的系列理论）、工程交易管理理论（工程业主方主导的管理问题，围绕工程交易管理的系列理论）和工程项目管理理论（工程承包方主导的管理问题，围绕项目实施管理的相关理论）三个模块。上述框架体系虽然没有专门针对重大工程，但是在研究中考虑了工程管理复杂性等重大工程的特点，对重大工程管理理论研究具有借鉴意义。

从具体研究内容看，我国关于重大工程管理的研究主要集中在风险管理、决策影响因素、决策过程与决策机制、合作与协调管理、投资与成本控制、资源配置、规范化管理、技术创新管理、组织学习、项目复杂性与集成化管理等方面。从工程管理方法论的角度，我国重大工程管理也正在经历从程序化管理、系统管理到复杂性管理的转变（许婷等，2008；李迁等，2009），开始利用系统综合集成的研究范式分析重大工程管理系统（盛昭瀚等，2008），以应对重大工程管理面临的复杂性问题。

1.3.3 重大工程项目管理研究现状

由于工程实施过程涉及大量的“项目”，因此，工程管理理论研究受到项目管理（project management）理论研究的较大影响，项目管理的理论与方法被广泛应用到工程管理过程中，成为工程管理知识体系的重要组成部分。

项目管理从 20 世纪 50 年代产生到现今经过 60 多年的完善和发展，正在逐步形成一套科学的知识体系。PMI 出版的 PMBOK 指南中，详细介绍了项目管理十大知识领域（如时间管理、成本管理、质量管理等）与 47 个过程，其知识体系已经成为美国项目管理的国家标准之一，也是世界范围内广泛采用的项目管理知识体系。在对项目管理的研究中，沿着不同知识领域的划分提出各自领域新的方法也成为这一时期项目管理研究的主要内容。例如，根据 Crawford 等（2006）的对 1994~2003 年项目管理重要期刊的论文涉及主题统计，关系管理、资源管理、时间管理、成本管理、风险管理等一直是项目管理领域的研究热点。

在项目管理不同知识领域逐渐成熟、项目管理框架内容不断完善的情况下，许多研究者也在不断探索项目管理的未来发展方向。2003 年，英国工程与物理科学研究委员会（Engineering and Physical Sciences Research Council，EPSRC）资助了一个名为“重新思考项目管理”（Rethinking Project Management）的研究项目，目标是重新定位、拓展、思考项目管理的概念、基本方法，制定未来的研究议程。该项目将之前的项目管理理论称为传统的项目管理（traditional project management）或第一代项目管理（project management 1st order，PM-1），而将考虑项目复杂性、全球化、技术创新管理的项目管理理论称为第二代项目管理（project management 2nd order，PM-2），如图 1.2 所示（Saynisch，2010b）。

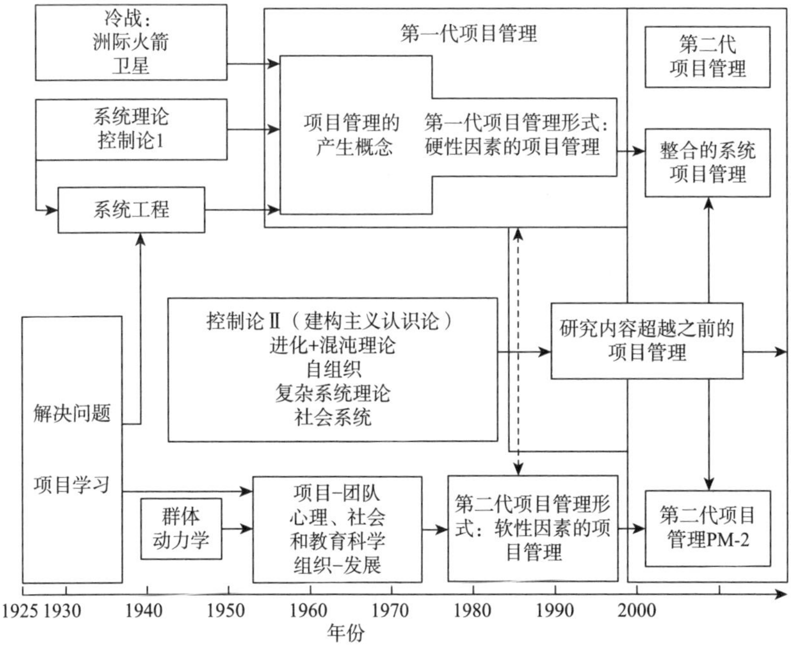

图 1.2 重大工程项目管理理论发展路径

PM-2 的核心思想是：项目管理已经开始从传统的生命周期模式的项目管理向复杂性项目管理理论方向发展，包括项目和项目管理各个层次的管理复杂性的新理论、新模型的构建，并且，项目被看作一种社会过程，应更多地关注项目涉及的人的行为和社会交互作用，更多地关注利益相关者关系、政策和权力在项目实践过程中的交互作用关系（Winter et al.，2006）。

1.4 研究方法

1.4.1 科学学理论

“一门科学，只有当它成功地运用数学时，才算达到真正完善的地步。”以科学自身作为研究对象的研究工作，如果只停留在定性讨论阶段，难以获得长足的进步。科学计量学（scientometrics）就是对科学自身进行定量研究的方法。

科学计量学是运用数学方法对科学的各个方面和整体进行定量化研究，以揭示其发展规律的一门新兴学科。它是科学学的一个重要分支，也是当前科学学研究中一个十分活跃的领域。科学计量学的兴起和发展同科学学的诞生和成长有着紧密联系。英国科学家 Bernal（1939）在 1939 年发表的《科学的社会功能》标志着科学学进入常规科学并正式诞生。Bernal 以科学和社会之间的交互作用为研究范式，用科学在社会历史发展中产生的大量事实，论证了“科学现在所起的作用”，同时从科学事业本身活动与发展战略及科学为人类服务、改造社会等方面论述了“科学所能起的作用”。在 Bernal 的科学学思想影响下，致力于数学和物理学研究的 Price 把科学学带入了计量学的范畴，其著作《巴比伦以来的科学》（Price，1961）标志着科学计量学的诞生。

1969 年 scientometrics 一词第一次被正式地提出，科学计量学被认为是科学学的方法性分支学科，研究科学学中的定量方面问题，是将研究分析作为信息过程的科学定量方法。

1.4.2 科学计量学方法

1. 引文分析方法

科学的本质是创新，科学知识的创新需要参考相关的文献成果，这使得完整的科学文献通常包括文献的正文和附于文后的参考文献，参考文献成为科学文献的基本属性之一。引文分析（citation analysis）是利用各种数学及统计学的方法和比较归纳抽象概括的逻辑方法，对科学期刊、论文、著作等各种分析对象的引用与被引用现象进行分析，以便揭示其数量特征和内在规律的一种文献计量分析方法。

1955 年，科学引文索引（science citation index，SCI）初期的概念被提出：借助图书、期刊和论文之间的引用文献所构成的观念的联系，作为检索科学情报的新方法（Garfield，1969）。

科学文献的引用和被引用，说明了科学知识和情报内容的继承和利用，标志着科学的发展。科学文献的作者总不会在论文中无缘无故地引用与其论述主题完全不相关的文献。文献的相互引用有多方面的原因：对开拓者表示尊重；对有关著作给予荣誉；核对其所用的方法与相关仪器；提供背景阅读材料；对自己的著作予以更正；对别人的著作予以更正；评价以前的著作；为自己的主张寻求充分的论证；提供研究者现有的著作；为未被传播、很少被标引或未被引证的文献提供向导；鉴定数据以及物理常数等；核对原始资料中某个观点或者概念是否被讨论过；核对原始资料或其他著作中的起因人物的某个概念或名词；承认他人的著作或概念；对他人的有限权要求提出争议。

文献的相互引用是由科学本身的发展规律和研究活动规律所决定的。科学学的研究反复表明，科学知识具有明显的累积性、继承性；任何新的学科或新的技术，都是在原有学科或技术的基础上分化、衍生出来的，都是对原有学科或技术的发展，因此科学的发展是连续的。同时由于科学的统一性原则，现有的各个学科之间都是彼此联系、相互交叉、相互渗透的。因此，科学研究往往是在前人的研究成果基础上，吸取他人的经验来进行。这样作为科学知识的记录和科研成果的反映的科学文献也必须是相互联系的。在创作科学论文时，作者不可避免地要运用其他有关文献为论证自己的观点寻找依据。在发表科学论著时，作者列出其所引用过的参考文献，一方面是为了说明引用资料的出处，以强调其可靠性，也便于读者查考核对或在此基础上进行更深入的研究；另一方面也说明作者讲究科学道德，尊重他人劳动。这都是科学活动中必须遵循的行为准则。由此看来，科学文献的相互引用是科学发展规律的表现，也是科学活动中普遍存在的一种必然现象。

一篇科技论文不是孤立存在的，而是所属学科中的众多文献之一，并通过参考文献目录指明。如果某一篇参考文献被提及，说明在作者的思想中被引文献的部分或全体与引用文献的部分或全体之间存在一种关系。引文分析就是研究这些关系的信息计量学的一个领域，以引文索引为主要工具，是被引文献的一种有序化目录。引文标引的基本思想如下：作者对于原先记录的信息参照表明，前人的很多著作与当前这篇文献的主题是密切相关的。引文标引的原理则基于四种假设：①文献的引文意味着引用者使用了那篇文献；②引文反映了文献的价值；③被引用的文献可能是最优秀的著作；④被引用文献在内容上与引用文献有关。这四种假设形成了以引文分析为基础的全部研究的基础。

2. 共被引分析方法

共被引分析（co-citation analysis）研究学科演进及变化的理论开始于 20 世纪 70 年代，由斯莫尔和格里菲斯提出（Small and Griffith，1974）。当两篇文献共同出现在第三篇文献的参考文献目录中时，这两篇文献就成为共被引的关系。共被引频率定义为这两篇文献一起被引用的频率。共被引分析主要包括文献共被引分析、期刊共被引分析和作者共被引分析。

3. 词频分析方法

词频分析方法是文献计量学的传统分析方法之一，其依据的基本理论为齐普夫定律。在文献中，不同词汇的使用和出现频率是有一定规律的。为了发现和揭示这种规律，许多学者进行了探索。这些有关词频分布规律的研究和成果，为齐普夫定律的形成奠定了必要的基础。1935 年，齐普夫以大量统计数据对词频分布规律进行了系统研究。齐普夫在他以前研究的基础上，又收集了大量统计材料，并进行了系统的分析，发现在任何一篇文章中，词的出现频率都服从如下规律：如果把一篇较长文章（约 5 000 字）中的每个词出现的频次统计起来，按照高频词在前、低频词在后的递减顺序排列，并用自然数给这些词编上等级序号，即频次最高的词等级为 1，频次次之的等级为 2……频次最小的词等级为 D（或 L）。若用 f 表示频次，r 表示等级序号，则有 $fr=C$，C 为常数。

但这里的常数并不是绝对不变的恒量，而是围绕一个中心数值上下波动。上式与齐普夫以前验证过的定量形式是一致的，称为齐普夫定律（或称齐普夫第一定律）（邱均平，2000）。词频分析方法被国内外的许多科学计量学研究者应用于学科前沿的研究。例如，中国科学计量学家梁立明借助词频分析方法研究了 56 位情报学家对科学的关注视角及解读方法；荷兰科学计量学家用共引分析与词频分析相结合的方法，绘制出了生物化学领域研究前沿的知识图谱；等等。在本书中，我们也将词频分析方法与共引分析方法相结合，绘制科学计量学学科前沿及研究前沿的知识图谱。

在对论文的标题进行词频分析时，我们首先借助词频分析软件将论文标题中使用的单词按照出现的频次由高到低进行降序排列，然后将一些没有特殊意义的单词从词频列表中删除，如一些虚词、形容词、连词、介词等，我们也同时删除那些在科学研究中被普遍应用的、没有代表性的单词，如研究（study）、分析（analysis）等。最后，对经过上述处理的数据进行词频分析。

4. 社会网络分析方法

社会网络分析（social network analysis），有时候也被称为“结构分析”，并不是一个正式的理论，而是一个广义的研究社会结构的战略。社会网络分析，是一个受到多学科影响的交叉科学技术，其主要思想来源于数学和计算机技术。在社会学中，社会网络分析则起源于社会计量学（sociometrics）。传统的个人社会理论和数据分析仅仅研究个体行动者本身，而不考虑其他人的行为。这种个体的方法忽视了行动者的社会背景。在社会网络分析中，行动者之间的关系成为研究的第一要素，个体的属性仅仅是第二位的。然而，应该指出，这两个方面对透彻地理解社会现象都很重要。

“广义上说，社会网络分析将社会结构界定为一个网络，这个网络由成员之间的联系进行连接。社会网络分析更多地聚焦于成员之间的联系而非个体的特征，并把共同体视为‘个人的共同体’，就是视为人们在日常生活中所建立、维护并应用的个人关系的网络。”（Breiger et al.，1976）

1.4.3　科学知识图谱

科学知识图谱（mapping knowledge domain）是显示科学知识的发展进程与结构关系的一种图形。它是以科学知识为计量研究对象的，所以属于科学计量学的范畴。科学知识图谱旨在将知识和信息中令人瞩目的最前沿领域和学科制高点，以可视化的图像直观地展现出来的新兴交叉学科。它以科学学为基础，涉及应用数学、信息科学及计算机科学诸学科交叉的领域。

不断丰富和发展引文分析的理论基础，深化和扩大多元统计方法在科学计量学中的应用，客观上促进了科学知识图谱的兴起，一些学者通过引文分析绘制科学论文网络，使得知识领域实现可视化（knowledge domain visualization）。科学知识图谱通过空间表征法（spatial representations）来表示各知识领域间的关系，旨在揭示由科学文献和引文路径的复杂交织所反映出的科学交流。1973 年共被引关系和度量论文之间的共被引程度和共被引强度被提出。这种基于共被引关系的分析为人们更好地理解和定量地揭示科学的结构、亲缘关系和演化规律开了先河。之后，作者共被引、期刊共被引等多种共被引方法相继问世，极大地丰富了科学计量学的分析方式，同时也为可视化分析奠定了基本分析原理。自 1997 年开始，诸多学者基于共被引分析，借助相关的统计绘图软件，建立了知识图谱方法（White and McCain，1998；Noyons and van Raan，1998a，1998b；Noyons et al.，1999a，1999b）。由于计算机技术与一系列网络分析软件技术的发展，网络科学研究方法日趋成熟，这些先进的研究方法被更多地应用在引文网络分析中。

1.4.4 复杂网络分析

现实世界中，许多复杂系统都可以通过网络进行刻画和表达，每个网络都可以看成是一些节点按某种方式连接在一起而构成的系统。自小世界网络（Watts and Strogatz，1998）和无标度网络（Barabasi and Albert，1999）被提出，学者不仅从数学角度对复杂网络进行研究，更多地开始考虑从复杂网络的结构特性和整体特征着手。本书利用网络特征分析方法和模块度最优法对重大工程管理知识网络整体特征和结构进行分析。

1. 网络特征分析

1）节点的网络属性测度

网络中节点属性测度方式有很多，比较重要的有节点的度、中介中心度和接近中心度，分别描述节点如何被连接、节点在连接其他节点时起到的作用的重要程度和节点抵达其他各个节点的难易度。

度：节点的度表示该节点占有的连接数量，节点的连接数量越多，在网络中的位置越重要。

中介中心度：节点的中介中心度是网络中通过该节点的最短路径数量与全部最短路径数量的比值。如果总是处于其他两个节点最短路径之上，该节点便具有一定的控制两节点间信息扩散和物质交换的能力，作为联系的中介，该节点在整个网络中更加重要。如果一个点处在其他节点联系路径上次数越多，说明该节点中介中心度值就越大。

中介中心度计算公式如下：

$$C_k=\frac{\sum\limits_{i,j\neq k}\dfrac{p_k(i,j)}{p(i,j)}}{\dfrac{(n-1)(n-2)}{2}} \tag{1.1}$$

其中，$p_k(i,j)$ 为节点 i 和 j 之间通过节点 k 的最短路径个数；$p(i,j)$ 为节点 i 和 j 之间的最短路径个数；n 为节点总数。

接近中心度：衡量一个节点进行信息扩散或资源交换等活动时不依赖其他节点的程度。某一节点与其他节点距离越小，越接近，在信息扩散或资源交换过程中的依赖程度越低，在整个网络中越处于中心位置。网络中的物理距离表示的是一个节点与其他节点的相对距离，也体现与其他节点联系的难易。该节点同样越容易对网络中的剩余节点产生影响，在网络中越重要。在接近中心度的计算中，需要考虑测地线（geodesic），即两点间最短路径，而不是两点间物理形态上的直线距离。接近中心度与该节点和整个网络中其他节点间最短距离之和的倒数成正比，具体公式如下：

$$C_i = \frac{n-1}{\sum_j l_{ij}} \tag{1.2}$$

其中，n 为网络中节点个数；l_{ij} 为节点 i 与 j 之间的距离。

在城市网络分析中，一个城市的接近中心度可以表示某一城市在与其他城市进行活动时不依赖中间城市的程度。若某城市与其他城市有直达的飞机、高铁、公路等，则该城市的接近中心度更高，更容易与其他城市进行信息传播、物质交换，该城市的影响力更大。

2）网络整体特征分析

复杂网络按照连接指向有无可分成有向（directed）网络和无向（undirected）网络，按照连接的影响程度不同可分成加权（weighted）网络和无权（unweighted）网络。本书研究的主题网络和知识网络是无向加权网络。典型无向网络研究的基本拓扑统计量有度和度分布、网络集聚程度、最短路径长度、中心度等（Newman，2010）。

度分布符合幂律分布的复杂网络称为无标度网络，现实中网络大多也具有无标度特征。为了解释这一现象，Barabasi 和 Albert（1999）提出了 BA 模型。定义 ρ_k 为网络节点的度分布，即任意节点的度恰好为 k 的概率，无标度网络的度和度分布服从幂律函数的形式：

$$\rho_k = Ck^{-\alpha} \tag{1.3}$$

对式（1.3）进行对数变换，得到度分布的对数 $\ln \rho_k$ 和度的对数 $\ln k$ 之间的线性函数：

$$\ln \rho_k = -\alpha \ln k + C \tag{1.4}$$

无标度网络的最大特征是优先连接机制（preferential attachment），即网络当中不断产生的新的节点更容易与那些度较大的节点相连接。

2. 基于模块度最优法的网络结构识别

本书基于模块度最优法，对重大工程管理主题网络和知识网络的结构与关系进行分析。模块度最优法是较为高级和复杂的网络分析方法，它通过计算网络节点之间关系的远近亲疏来区分和分析网络的结构。模块度最优法基本假设是网络本身会自然地区分成子团体（Newman，2006），具体计算公式如下：

$$Q = \frac{1}{2m}\sum_{i,j}\left[\boldsymbol{A}_{ij} - \frac{k_i k_j}{2m}\right]\delta\left(c_i, c_j\right) \tag{1.5}$$

其中，$\boldsymbol{A}_{ij}$ 是网络连接矩阵；c_i 和 c_j 分别是节点 i 和节点 j 所在的团体；k_i 和 k_j 分别代表网络中节点 i 和节点 j 的度；m 是网络中连接的数量。

通过模块度最优法，一个复杂的网络可以根据节点之间的联系紧密程度被区分成若干不同的团体（communities）。每个团体内部的节点之间的联系会较为紧密，而不同团体之间的节点联系会较为稀疏（Small，1973），因此在知识网络中，通过模块度最优法区分出来的属于同一个团体的参考文献在主题、研究方法和内容等方面较为相似。

1.5 数据来源

本书研究基于 Web of Science（WoS）的 SCI/SSCI②数据库获取研究数据。WoS 数据库是被广泛使用的科技文献引文数据库，是国际公认的进行科学统计与科学评价的主要检索工具。SCI 以布拉德福文献离散律理论、加菲尔德引文分析理论为主要基础，通过论文的被引用频次等的统计，对学术期刊和科研成果进行多方位的评价研究，从而评判一个国家或地区、科研单位、个人的科研产出绩效，来反映其在国际上的学术水平。

本书依据 WoS 提供的 *Journal Citation Reports*（JCR）期刊影响因子排名情况，选取包括工程管理理论、方法和应用，工程项目管理、工程信息管理 3 个方向的 13 本期刊（简称 EM 13），如表 1.4 所示。文献日期选择为 1985 年 1 月 1 日至 2014 年 12 月 31 日，涉及文章类型包括 article（论文）、editorial material（社会材料）、proceedings paper（会议论文）、review（综述）和 letter（书信）。后续章节有部分数据采用不同的数据库和时间跨度时将具体说明。

② SSCI：social sciences citation index，社会科学引文索引。

表 1.4　工程管理领域权威期刊

编号	期刊名称	影响因子 IF			5-Year	近 5 年分年发文量/篇					进入数据库时间		总发文量（SCI/SSCI）/篇	出版周期	总出版刊数/篇	创刊年份	出版商	出版商所在地
		2013 年	2012 年	2011 年		2013 年	2012 年	2011 年	2010 年	2009 年	SCI	SSCI						
	工程管理理论、方法和应用																	
1	*Journal of Construction Engineering and Management*（CEM）	0.867	0.876	0.818	1.352	101	148	141	132	138	1985	2000	2 464	月刊	220	1983	ASCE	美国
2	*Journal of Management in Engineering*（JME）	1.111	0.720	0.787	1.449	56	50	31	28	34	1994	2000	1 564	季刊	135	1 985	ASCE	美国
3	*Building Research and Information*（BRI）	1.319	1.989	1.476	2.168	57	57	49	48	54	1994	2000	1 010	双月刊	138	1991	Taylor & Francis	英国
4	*IEEE Transactions on Engineering Management*（IEEE TEM）	0.938	0.893	0.958	1.557	64	62	59	51	49	1985	2000	1 393	季刊	204	1963	IEEE Xplore	美国
5	*Journal of Professional Issues in Engineering Education and Practice*（JPIEEP）	0.716	0.439	0.348	0.593	44	40	42	33	22	1994	2000	992	季刊	128	1983	ASCE	美国
6	*Journal of Infrastructure Systems*（JIS）	0.648	0.983	0.654	1.518	52	36	23	38	50	2005	2008	333	季刊	79	1995	ASCE	美国
7	*Journal of Civil Engineering and Management*（JCEM）	1.372	2.016	2.171	1.570	101	88	57	66	43	2008		393	双月刊	53	2002	Taylor & Francis	英国
	工程项目管理																	
1	*International Journal of Project Management*（IJPM）	1.758	1.686	1.532		104	86	100	83	83		2009	456	8 期/年	188	1983	Elsevier	英国
2	*Project Management Journal*（PMJ）	0.63	0.767	0.567		67	67	65	62	50		2008	371	双月刊	34	2007	John Wiley & Sons	美国
	工程信息管理																	
1	*Automation in Construction*（AIC）	1.822	1.820	1.500	2.217	196	161	120	107	97	2000	2000	1 286	8 期/年	136	1992	Elsevier	美国
2	*Journal of Computing in Civil Engineering*（CCE）	1.385	1.260	1.337	1.504	71	75	46	58	52	1994	2000	928	双月刊	129	1988	ASCE	美国
3	*Computer-Aided Civil and Infrastructure Engineering*（CCIE）	5.625	4.46	3.382	3.982	56	54	48	49	46	2000	2001	630	10 期/年	173	1986	John Wiley & Sons	美国
4	*Advanced Engineering Informatics*（AEI）	2.068	1.593	1.489	2.126	55	77	70	48	46	2002	2002	504	季刊	48	2002	Elsevier	美国

第 2 章　工程管理科学的历史发展脉络

2.1　工程管理科学形成过程

工程管理从实践性专业逐渐发展为兼具实践应用与理论研究特征的学科方向。20 世纪 50 年代，国外工程管理作为一门专业学科开始出现。同一时期，我国著名科学家钱学森出版著作《工程控制论》及《论系统工程》。20 世纪 60 年代，科学家华罗庚提出用统筹法和优选法优化工程实践过程。钱学森和华罗庚两位科学家将工程管理思想引入中国。1998 年我国在建筑管理工程等专业的基础上整合成立工程管理专业。

工程管理，顾名思义是对工程进行管理。“工程”具有广义和狭义之分，因而工程管理也有狭义和广义之分。狭义的工程管理通常指面向特定行业（一般指建设行业）的工程管理，国外一般指 construction management 范畴，如美国建设教育委员会（American Council for Construction Education，ACCE）提出工程管理学科应培养学生在建设领域的专业知识和技能。广义的工程管理则是对广义工程（非面向特定行业）进行管理，即 engineering management，如美国工程管理协会（American Society for Engineering Management，ASEM）将工程管理定义为一门关于计划、组织、资源分配以及指导和控制带有工程技术成分经济活动的科学和艺术。

作为一门综合性学科，工程管理理论涉及工程学、管理学、经济学、系统论、社会学、法学等多个学科（王青娥和王孟钧，2012）。在我国，工程管理被看作管理科学的一个分支（何继善等，2009）。管理科学是以管理活动及其一般性规律为研究对象，并运用逻辑思维方法而形成的内涵与外延统一的管理知识体系（盛昭瀚和张维，2011）。故可认为，工程管理科学指在经济、社会和环境共同作用下，在工程实践基础上产生的具有专业性质的工程管理知识体系。在这个过程中，强调工程管理的“科学性”，应用科学方法构建工程管理体系，保证工程实践理论描述的准确性、系统性及逻辑性。

同时，工程管理与项目管理的发展目标不同，项目管理注重管理过程中的技术方法的利用，以更好地完成“临时性工作”；而工程管理作为一个学科方向及一种“科学”重视多学科交叉融合，协调技术、经济、管理、环境及法律等因素，更好地进行“科学应用”和构建工程管理理论体系（Martens and Carvalho，2017）。在工程实践中，项目管理与工程有一个交集，即工程项目管理。工程项目管理是工程管理的一个主要组成部分，它采用项目管理方法对工程的建设过程进行管理，通过计划和控制保证工程项目目标的实现。工程管理不仅包括工程项目的管理，还包括工程的决策、工程估价、工程合同、工程经济分析、工程技术管理、工程质量管理、工程的投融资、工程资产管理（物业管理）等（汪应洛和王能民，2006）。为避免概念混淆，本章重点研究工程管理理论发展，故不讨论工程项目管理概念。

2.2　工程管理科学的实践发展

在工程管理科学的发展过程中，项目管理思维起到了较好的推动作用。众多的项目管理工具及方法为工程管理理论的发展提供了良好的基础。因此，在探索工程管理科学形成规律时，项目管理及工程管理均应纳入考虑范围，且两者概念的融合也是工程管理科学体系研究范畴之一。在工程管理学科发展历史过程中，有很多机构发挥了重要作用，如 IEEE（Institute of Electrical and Electronics Engineers，电气和电子工程师协会）于 1951 年成立的工程管理协会（Engineering Management Council）。2007 年，该协会更名为技术管理协会（Technology Management Council）。为适应实践发展和理论研究需要，2015 年又更名为技术与工程管理学会（Technology and Engineering Management Society，TEMS），目前沿用该名字至今。

作为一门综合性交叉学科，工程管理理论通常表现出分散化状态，而工程实践通常基于工程师及管理人员的经验，项目（工程）管理机构为这些人员提供良好的知识基础及专业支持，且有效指导工程管理理论累积过程的逻辑性、系统性及整体性发展（Flyvbjerg，2017）。有代表性的项目（工程）管理机构如表 2.1 所示。

表 2.1　项目（工程）管理机构

年份	机构名称	贡献
1957	美国造价工程师协会（American Association of Cost Engineers，AACE）	最早对项目成本估算及成本控制进行专业策划和管理的机构

续表

年份	机构名称	贡献
1951	IEEE TEMS	国际性的电子技术与信息科学工程师协会，是目前全球最大的非营利性专业技术学会，涉及计算机、电信、电力、机械、土木等多个领域
1965	国际项目管理协会（The International Project Management Association，IPMA）	世界上第一个专业性的国际项目管理组织，其目标是推动项目管理和领导行业发展
1969	PMI	作为一个非营利的专业组织，PMI 致力于推进项目实践、推动专业发展、提高组织成功率，并让项目管理专业领域的发展更为成熟
1979	ASEM	ASEM 为该专业人才培养提供指导，同时通过举办工程管理年会、出版工程管理手册等方式来丰富和发展工程管理理论及方法

早在公元前，众多土木工程、工程师及工程类的书籍就已经存在。公元前 1 世纪，古罗马工程师及建筑师维特鲁威（Vitruvius）总结当时的建筑经验，撰写关于建筑和工程的论著《建筑十书》，这部书涉及一般理论、教育建设、城市及建筑选址、建筑设计施工技术，是世界上遗留至今的第一部完整的建筑学著作。此后，英国巴洛克建筑大师克里斯托弗·雷恩（Christopher Wren，1632—1723）、英格兰桥梁及隧道土木工程师托马斯·特尔福德（Thomas Telford）、英国工程师伊桑巴德·金德姆·布鲁内尔（Isambard Kingdom Brunel，1806—1859）等，在建筑、桥梁、造船和铁路等工程实践方面做出突出贡献。总结工程管理历史上著名工程管理大事件及工程管理理论发展历程，可以为判别工程管理科学理论发展成熟阶段提供依据。

工程管理是人类智慧数千年的积淀，人类最初的工程项目以土木工程为主，如古埃及金字塔和中国万里长城，涉及大量的劳动力组织及项目安排，由此产生了最原始的直线式组织形式，产生了最原始的“工程管理”，但直到半个世纪前，系统性的项目管理工具和技术才被应用到复杂的项目中。早在 20 世纪 50 年代，美国海军就在北极星项目中应用现代化项目管理工具，如关键路线法（critical path method，CPM）、计划评审技术（program evaluation and review technique，PERT）和工作分解结构（work break-down structure，WBS）等方法。20 世纪 60 年代至 70 年代，美国国防部、国家航空航天局（National Aeronautics and Space Administration，NASA）和大型工程及建设公司利用项目管理原则和工具进行项目预算管理，如挣值法的应用。20 世纪 80 年代，制造业和软件开发者开始采用复杂项目管理方法。直至 20 世纪 90 年代，项目管理理论、工具和方法才在各行业内得到广泛应用，具体发展过程如表 2.2 所示。

表 2.2　工程管理理论及实践发展

阶段	特点	时间	地点	代表性组织/机构/人物	项目、工程	理论、方法	工程管理领域贡献
1958 年以前	技术发展缩短项目工期、汽车发明增强资源流动性、远距离通信系统提高交流速度	1917 年（第一次世界大战期间）	美国	亨利・劳伦斯・甘特		甘特图（Gantt chart）	甘特图是基于作业排序的目的，将活动与时间联系起来的最早尝试之一
		1931~1936 年	美国		胡佛大坝（Hoover dam）		项目管理工作中协同合作，由六个独立的公司组成一个财团，作为总承包商进行项目计划与控制
		1942~1945 年（第二次世界大战期间）	美国	美国陆军部	曼哈顿项目（Manhattan project）		作为研发项目的先驱，该项目集中了当时西方国家最优秀的科学家，应用系统工程思路和方法进行项目管理，促进了第二次世界大战后系统工程的发展
		1957 年	美国	雷明顿兰德公司、杜邦公司		CPM	CPM 是一种计划管理方法，用于分析项目中的活动序列，安排项目总时差，预测项目工期。可以有效地缩短项目工期，提高管理效率，为项目争取时间和利润
1958~1983 年	计算机技术的发展给项目管理带来重要影响	1958~1960 年	美国	美国海军	北极星计划（Polaris project）	发明 PERT，应用 CPM、WBS 方法	北极星项目重新定义项目管理概念，利用科学项目管理工具，如 CPM、PERT、WBS，对项目工期、资源、成本预算、风险及工作任务进行有效管理
		1960~1972 年	美国	NASA	阿波罗计划（Apollo project）		使用 PERT 方法进行项目计划，与美国通用公司合作完成采购管理，制定管理体系衡量绩效
		1969~1983 年	美国	美国国防部	阿帕计划 ARPA		ARPA 项目协同和安排多种承包商的各种活动，开始研发阿帕网（ARPA-NET）——互联网的起源。ARPA 计划采用多组织联合开发，如美国 NASA 和能源部等
1983~1994 年	计算机技术的进一步发展，使得大型计算机转型为个人计算机（personal computer，PC），项目管理软件得到广泛应用，项目管理技术更容易实现	1983~1986 年	美国	NASA	挑战者号航天项目		挑战者号事故引起了项目管理团队的高度重视，进一步强调了项目风险管理、组织动力学及质量管理
		1988 年	加拿大		加拿大卡尔加里冬季奥运会		应用项目管理方法进行工程活动管理
		1989~1991 年	英国、法国		英吉利海峡项目		英吉利海峡项目是一个国际性项目，涉及英法两国政府、多家金融机构、两国多家工程施工企业。因此，在项目目标、成本、工期及其他因素等方面需进行多方协调。语言、标准及交流方式等障碍引起项目组的重点关注。该项目的复杂性要求更系统的项目管理方法

续表

阶段	特点	时间	地点	代表性组织/机构/人物	项目、工程	理论、方法	工程管理领域贡献
1983~1994 年	计算机技术的进一步发展，使得大型计算机转型为个人计算机（Personal computer，PC），项目管理软件得到广泛应用，项目管理技术更容易实现	1994 年	美国	美国权威机构 Standish Group		混沌论（chaos theory）	混沌理论首次用于项目管理，Standish Group 每年的 CHAOS Report 报告中均给出了 IT 项目相关调查数据结果。根据历年报告，进一步证实项目成功最密切的因素是良好的需求管理，也就是项目的范围管理，特别是管理好项目的变更
1995 年以后	工程管理环境的复杂化，互联网、新技术、国际化等理念引入工程实践	1996 年	美国	PMI		PMBOK 指南	1996~2012 年，PMI 每 4 年发行一版 PMBOK 指南，共 5 个版本。PMBOK 指南对项目管理所需的知识、技能和工具进行概括性描述。从 9 个知识领域、5 个项目管理过程组和 39 个项目管理过程，发展为十大知识领域和 47 个管理过程组。其中，每一个版本都对管理过程做出修订，重视文字及图表的表达方式；明确重要概念及其关系；强调全生命周期及协同创新管理等
			英国	英国政府商务部		受控环境下项目管理(Prince2)	Prince 2 描述了如何以一种逻辑性的、有组织的方法，按照明确的步骤对项目进行管理。它是一种基于过程（process- based）的结构化的项目管理方法，是适合于所有类型项目（不管项目的大小和领域，不再局限于 IT 项目）的易于剪裁和灵活使用的管理方法
1995 年以后	工程管理环境的复杂化，互联网、新技术、国际化等理念引入工程实践	1997 年	美国	Eliyahu Goldratt 博士		关键链项目管理（critical chain project management，CCPM）	CCPM 注重项目执行中所需资源的计划与管理方法，多年来对全球项目管理领域做出了重要的贡献。传统的 CPM 和 PERT 方法则强调项目任务的顺序并严格遵循进程安排执行，与之形成了鲜明的对比。CCPM 系统倾向于保持资源更均衡的分布，但要求各项资源的启动时间保持灵活，并在任务和任务链之间能灵活转换，以保证整个项目按期进行

人类文明的发展史在一定程度上就是一部工程发展史，而工程发展史在一定意义上又是一部工程管理史。工业革命 4.0 的发展催化工程管理新环境的复杂化，如可持续性、互联网思维、大数据变革、物联网系统等对工业界产生重大影响，给工程管理带来了新的挑战。

2.3　工程管理科学的文献计量分析

2.3.1　权威期刊维度的工程管理科学文献统计

科学期刊是反映科学技术产出水平的载体之一，是传播和交流科学信息的主要媒介，它以信息量大、传播速度快、连续及时的特点而被广泛用于展现科技进步过程。科学期刊是一种信息载体，反映了一个国家科学技术的创新水平。在知识经济时代，科学期刊的水平被视为一个国家科学实力的反映，其本身的存在就具有科学性，对经济社会发展具有巨大的推动力。它一方面是科学成果的现实反映，另一方面又为新的科学发展提供新的学术理论和实验依据。但当前中国的科学期刊还不能适应知识经济与信息时代的要求，必须进一步深化改革，不断提高办刊质量，创办国际化的优秀科学期刊。因此，探讨科学期刊当前现状、发展趋势及发展对策甚为重要。表 2.3 中总结了工程管理领域 13 本权威期刊的具体信息。

表 2.3　1985~2014 年 EM13 期刊（SCI/SSCI）检索文献数量、被引次数和引用参考文献数量

期刊名称	文献数量/篇	平均每篇文献被引次数（截至 2015 年 4 月 19 日）/次	平均每篇文献引用参考文献数量/篇
IEEE Transactions on Engineering Management（IEEE TEM）	1 255	14.46	44.22
Computer-Aided Civil and Infrastructure Engineering（CCIE）	683	12.25	32.65
Advanced Engineering Informatics（AEI）	540	10.44	34.88
Journal of Computing in Civil Engineering（CCE）	984	9.64	23.68
Journal of Construction Engineering and Management（CEM）	2 667	9.13	19.41
Automation in Construction（AIC）	1 454	8.67	27.93
Building Research and Information（BRI）	1 061	7.00	25.80
Journal of Infrastructure Systems（JIS）	377	6.10	26.95
International Journal of Project Management（IJPM）	581	5.67	52.07
Journal of Civil Engineering and Management（JCEM）	475	4.96	32.18
Project Management Journal（PMJ）	297	3.52	47.04
Journal of Management in Engineering（JME）	1 618	2.82	10.34

续表

期刊名称	文献数量/篇	平均每篇文献被引次数（截至2015年4月19日）/次	平均每篇文献引用参考文献数量/篇
Journal of Professional Issues in Engineering Education and Practice（JPIEEP）	954	2.02	13.64
总计	12 946	7.84	26.19

科学期刊的实力可以通过一些科学计量方法简单地进行评价，如文献数量、平均被引次数和平均引用的参考文献次数等。*Journal of Construction Engineering and Management*，*Journal of Management in Engineering* 和 *Automation in Construction* 三本期刊的文献检索数量最多，分别为 2 667 篇、1 618 篇和 1 454 篇。工程管理科学平均每篇文献被引次数为7.84次，平均被引次数最高的期刊是 *IEEE Transactions on Engineering Management*，平均每篇文献被引次数为 14.46 次。工程管理科学平均每篇文献引用的参考文献数量为 26.19 篇，平均每篇文献引用参考文献数量最多的是 *International Journal of Project Management*，为 52.07 篇。图 2.1 揭示了 EM13 期刊中 SCI/SSCI 文献检索量。

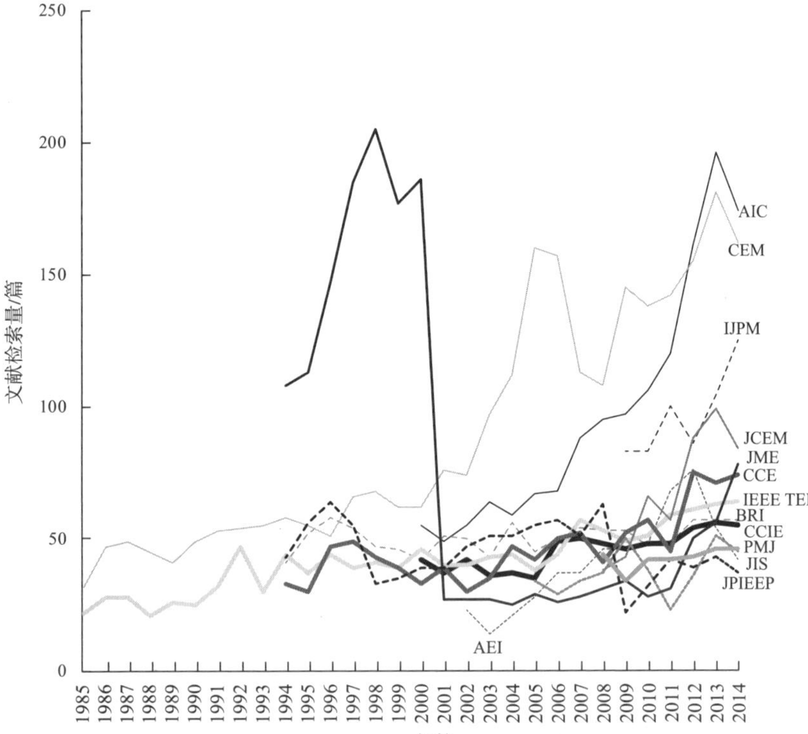

图 2.1　EM13 期刊 1985~2014 年（SCI/SSCI）文献检索量

影响一篇文献被引次数的因素有很多，如论文本身质量（Wang et al.，2013）、时效性（timeliness）、将来引人注目的潜力、作者的名誉（Sarigöl et al.，2014；Petersen et al.，2014）及文章的主题（Radicchi et al.，2008）等。

早在 20 世纪 60 年代，科学计量学的奠基人 Price 就对引文动态变化的规律进行了研究，提出了著名的累积优势分布模型（cumulative advantage distributions model），揭示了文献引文所服从的幂律分布（power-law distribution）（Price，1976）。Price 实质上认为一篇文献被他人引用的机会跟该文献该时刻被引次数相关，当今学者称为偏好吸引度（Barabasi and Albert，1999）。根据累积优势分布模型，一篇文献发表时间越长，被引次数应当越多。然而实际上，一篇文献的被引用的速度在经历一开始的指数增长后会下降（Hajra and Sen，2004，2005，2006；Wang et al.，2008）。如图 2.2 所示，工程管理科学期刊的被引规律基本符合 Price 定律，1999~2003 年发表的文献被引次数最多，之后几年发表的文献被引次数显著下降，而 2007~2014 年基本符合幂律分布，越是新近发表的文献受到的关注越少。

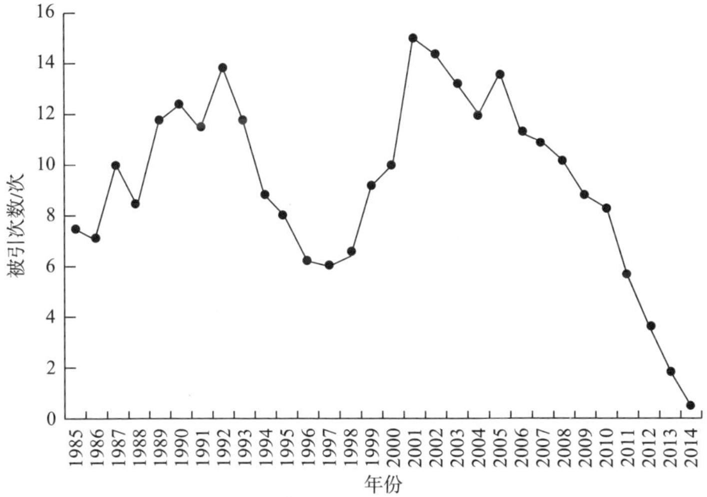

图 2.2　EM13 期刊 1985~2014 年（SCI/SSCI）平均每篇文献被引次数变化趋势

期刊引证参考文献的数量反映期刊吸收信息的能力（图 2.3），直接反映了期刊学术水平的高低以及科学交流程度的高低。工程管理科学平均每篇文献引用参考文献数量基本呈现线性增长的趋势，表示随时间发展，工程管理科学吸收信息的能力逐渐提高，且交流越发密切。

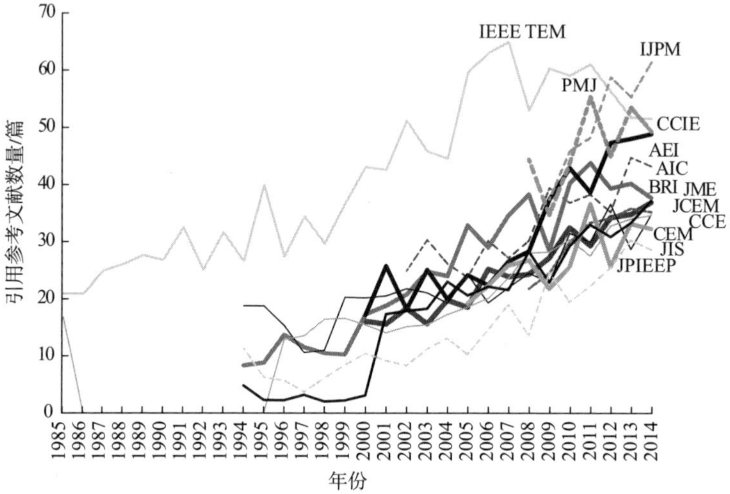

图 2.3 EM13 期刊 1985~2014 年（SCI/SSCI）平均每篇文献引用参考文献数量变化趋势

2.3.2 作者维度的工程管理科学文献统计

科学劳动作为一项特殊的、以脑力劳动为主的知识生产活动，是一种复杂的、高难度、高水平的社会活动。在这一复杂劳动过程中，需要科学家在智力上相互切磋，思想上彼此交流，在科学劳动中形成最佳的科学合作结构，共同提高学术水平，推动科学的发展。因此，科学劳动作为一般意义上的社会劳动，离不开科学工作者之间的协调与合作，没有科学合作就没有科学的发展和进步。当今学术界认为，现代科学形成的前提就是有效和普遍的科学合作。

工程管理科学从 1985 到 2014 年 30 年间显示出合作上升的趋势，平均每篇文献作者数量增加了近一倍（图 2.4）。

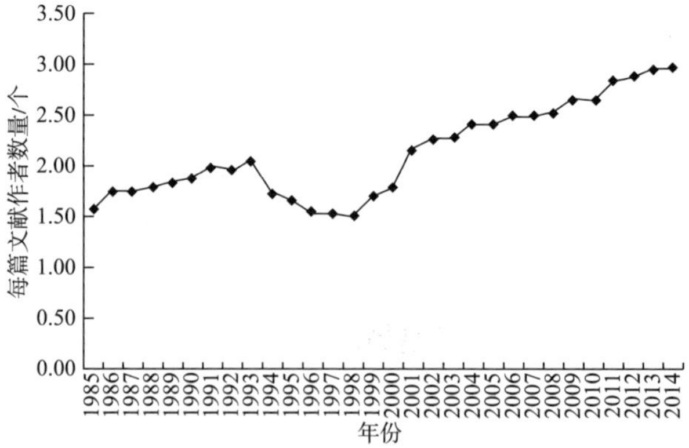

图 2.4 工程管理科学每篇文献作者数量变化

从 1985 年到 2014 年，有许多学者对工程管理科学产生兴趣并发表文献，且作者数量呈现指数型增长的态势，具体如图 2.5 所示，表明工程管理科学正在快速发展。

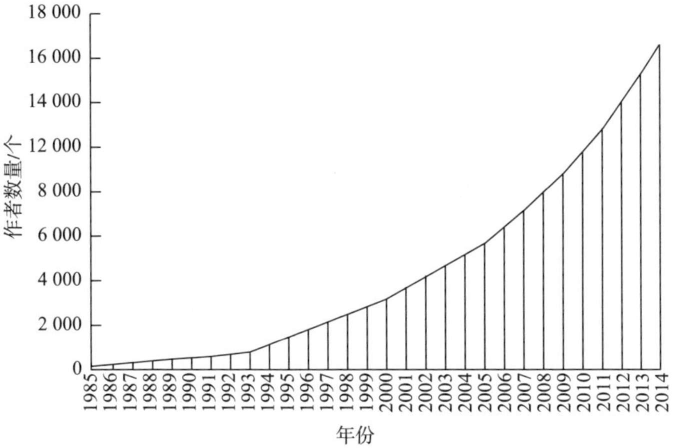

图 2.5　工程管理科学作者数量累计图

2.3.3　机构维度的工程管理科学文献统计

工程管理科学领域内发表文献最多的 15 个高校机构来自于中国香港、新加坡和美国。其中，香港理工大学在工程管理科学领域中发表文献数量最多，截至 2014 年 12 月 31 日，香港理工大学发表了 354 篇文献。其他较有影响力的机构包括世界著名的理工院校，如佐治亚理工大学（Georgia Inst Technol）、普渡大学（Purdue Univ）、得克萨斯农工大学（Texas A M Univ）、加利福尼亚大学伯克利分校（Univ Calif Berkeley）和斯坦福大学（Stanford Univ），以及其他一些著名高校如新加坡国立大学（Natl Univ Singapore）、香港城市大学（City Univ Hong Kong）、伊利诺伊大学（Univ Illinois）、威斯康星大学（Univ Wisconsin）、密歇根大学（Univ Michigan）、宾夕法尼亚州立大学（Penn State Univ）、香港大学（Univ Hong Kong）等，具体如图 2.6 所示。

2.3.4　资助基金维度的工程管理科学文献统计

从基金资助的维度上来看，美国国家科学基金会（National Science Foundation）是工程管理科学发展的最大资助方，共有 249 篇工程管理科学文献受到美国国家科学基金会的资助。中国国家自然科学基金委员会（National Natural

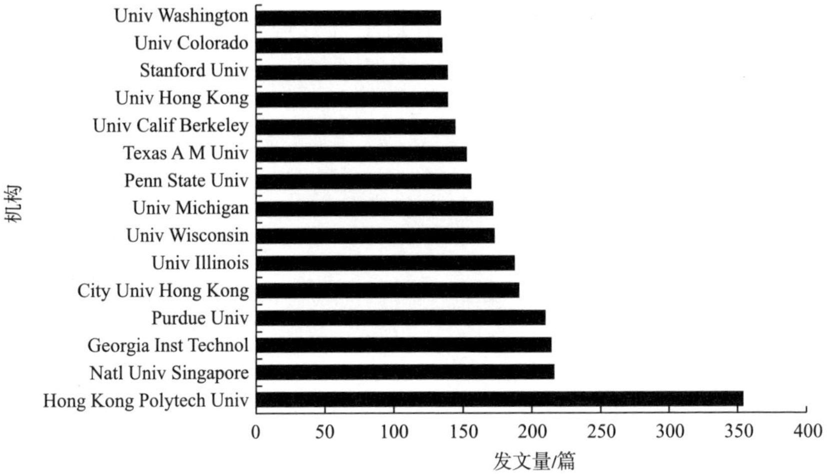

图 2.6　工程管理科学机构发文量（1985~2014 年）

Univ Washington-华盛顿大学，Univ Colorado-科罗拉多大学，Stanford Univ-斯坦福大学，Univ Hong Kong-香港大学，Univ Calif Berkeley-加利福尼亚大学伯克利分校，Texas A M Univ-得克萨斯农工大学，Penn State Univ-宾夕法尼亚州立大学，Univ Michigan-密歇根大学，Univ Wisconsin-威斯康星大学，Univ Illinois-伊利诺伊大学，City Univ Hong Kong-香港城市大学，Purdue Univ-普渡大学，Georgia Inst Technol-佐治亚理工大学，Natl Univ Singapore-新加坡国立大学，Hong Kong Polytech Univ-香港理工大学

Science Foundation of China）是工程管理科学第二大资助方，共有 118 篇文献受到其资助，具体如表 2.4 所示。除了美国国家科学基金会和中国国家自然科学基金委员会以外，大韩民国教育科学技术部（Ministry of Education Science and Technology）、中国台北科学理事会（Science Council Taiwan，China）、韩国国家研究基金会（National Research Foundation of Korea，NRF）等机构也对工程管理科学的科研进行资助，但是成果较少。

表 2.4　工程管理科学资助基金（1985~2014 年）

资助机构	资助数量/篇
National Science Foundation 美国国家科学基金会	249
National Natural Science Foundation of China 中国国家自然科学基金委员会	118
Science Council Taiwan，China 中国台北科学理事会	51
Ministry of Education Science and Technology 大韩民国教育科学技术部	31
Hong Kong Polytechnic University 香港理工大学	24
Engineering and Physical Sciences Research Council（EPSRC） 英国工程与自然科学研究理事会	24
National Research Foundation of Korea（NRF） 韩国国家研究基金会	21
Fundamental Research Funds for The Central Universities 中央高校基本科研业务费专项资金	17

续表

资助机构	资助数量/篇
City University of Hong Kong 香港城市大学	17
Research Grants Council of The Hong Kong Special Administrative Region China 中国香港研究资助局	16
Natural Sciences and Engineering Research Council of Canada（NSERC） 加拿大自然科学与工程研究理事会	15
Spanish Ministry of Science and Innovation 西班牙科学与创新部	14

2.4　工程管理科学合作网络演化

2.4.1　工程管理科学国家和地区分布及合作网络演化

1985年至2014年30年间工程管理科学共有108个国家和地区的学者在EM13核心期刊中发表文献12 946篇。工程管理科学的发展在国家和地区的维度是否能体现出一定的规律和趋势是我们研究的重要问题。这一节主要通过30年间EM13期刊的核心文献的作者属地信息，绘制工程管理科学国家和地区合作网络，区分合作关系和结构，揭示工程管理科学国家和地区合作发展规律和趋势，主要用到的方法是复杂网络分析。

工程管理科学国家和地区合作网络属性如表 2.5 所示，国家和地区合作网络总共104个节点国家和地区，存在311条连线，平均度分布为5.981，即平均每个国家和地区与另外 6.093 个国家和地区在工程管理科学领域合作发表过文献。平均路径长度为 2.536，任意两个国家和地区路径长度平均为 2.536，在全局上是标准的小世界网络。

表 2.5　工程管理科学国家和地区合作网络属性

平均度	密度	节点数	连接数	平均路径长度	子网络数
5.981	0.004	104	311	2.536	9

此外，数据分析显示，工程管理科学国家和地区合作网络度最高的节点国家是美国，达到了 43，即在工程管理科学领域，美国与 43 个其他国家存在合作关系，主要合作国家有中国、澳大利亚、加拿大、日本、新加坡、韩国和巴西等。

总体来看，国家和地区合作网络中，美国的中心度最大，即美国在整个国家和地区合作网络中的重要程度也是最高。美国的学者在工程管理科学领域发表了 4 452 篇文献，开展工程管理科学的研究时间最长也最深入，因此与美国学者进行合作的国家和地区数量最多，美国对工程管理科学的影响力最大且远超其他国家和地区。

2.4.2 工程管理科学机构分布及合作网络演化

科研合作最基本的形式是作者之间的合作，作者本身有两个重要的属性，即所属国家和所属机构。高校等科研机构是作者开展科研工作的重要载体，在科学合作中扮演重要角色（梁立明和沙德春，2008），机构之间的合作是协同创新的重要形式。

1. 工程管理科学机构合作网络拓扑结构

本节从收集的 1985~2014 年的 12 946 篇文献中提取每篇文献作者的所属机构，以机构为节点，以合作为连线，构建工程管理科学机构合作网络。机构合作网络的属性见表 2.6。

表 2.6 工程管理科学机构合作网络属性

平均度	密度	节点数	连接数	平均路径长度	子网络数
1.961	0.004	3 704	3 631	4.903	1 133

在 1985~2014 年，有 3 704 个机构在工程管理科学领域发表文献，存在 3 631 个合作关系。机构合作的原始网络存在相互不连通的子合作社团 1 133 个，其中单独节点组成的子合作社团为 828 个，参与工程管理科学的机构的合作情况差距明显。

根据工程管理科学作者合作具体情况，绘制工程管理科学全部作者合作网络的子合作社团分布 log-log 图（图 2.7）。通过最小二乘法计算其线性关系和显著性程度，子合作社团个数的对数与机构数量的对数存在显著的线性关系，也就是说子合作社团个数服从幂律分布。

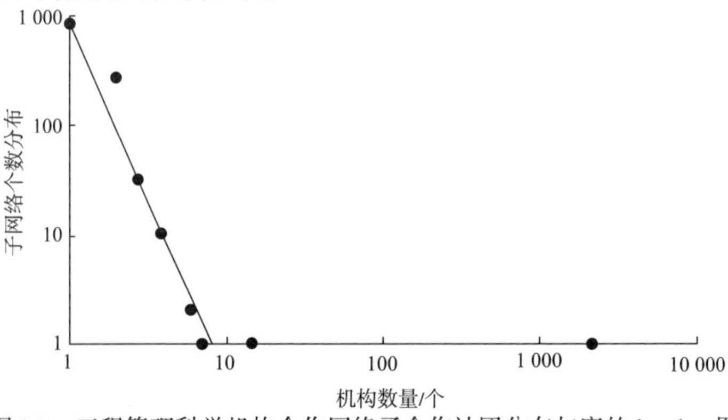

图 2.7 工程管理科学机构合作网络子合作社团分布与度的 log-log 图

通过计算，合作网络度分布 ρ_k（节点的度等于 k 的概率）的对数与度 k 的对数存在显著的线性关系，幂律指数 $\alpha=3.738$。典型无标度网络 α 的区间为[2，3]，机构合作网络的幂律指数非常接近该区间，且度分布的对数与度的对数存在显著的线性关系，属于服从幂律分布的无标度网络（图 2.8）。随机不规则网络的节点的度一般服从泊松分布，而在现实世界中，许多网络是服从幂律分布的无标度网络。无标度网络的关键特征是网络集散节点的存在，以及少数节点度较大，与其他许多节点存在连接，而多数节点的节点度较小。之所以出现这种网络结构形式，学者们一般认为是择优连接（富者越富机制）的关系。

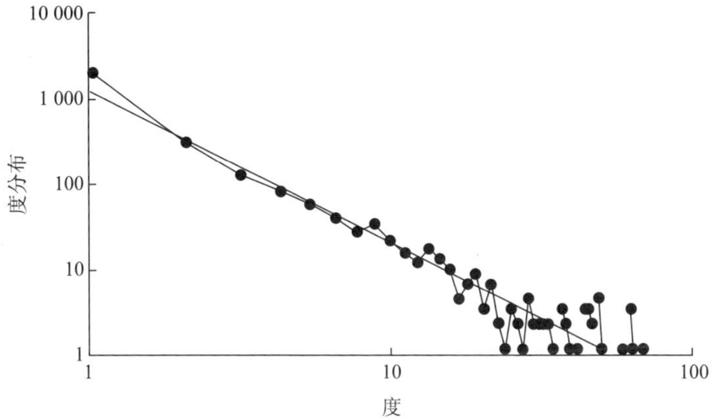

图 2.8　工程管理科学机构合作网络度分布与度的 log-log 图

节点度的大小及其边的连接数量决定了它在整个网络中的位置，反映了该节点在网络中的资源获取能力以及对整个网络的影响，可以借此识别工程管理科学合作网络中重要的机构，具体如表 2.7 所示。

表 2.7　工程管理科学机构合作网络节点度前 30

机构	度	频次	首次出现年份	机构	度	频次	首次出现年份
Natl_Univ_Singapore 新加坡国立大学	58	195	1998	Univ_Illinois 伊利诺伊大学	42	137	1998
Purdue_Univ 普渡大学	54	158	1998	Carnegie_Mellon_Univ 卡内基梅隆大学	42	120	1998
Georgia_Inst_Technol 佐治亚理工大学	53	178	1998	Univ_Wisconsin 威斯康星大学	42	115	1998
Hong_Kong_Polytech_Univ 香港理工大学	53	326	1998	Yonsei_Univ 延世大学	40	93	2000
Texas_A&M_Univ 得克萨斯农工大学	53	119	1998	Stanford_Univ 斯坦福大学	40	94	1998
Univ_Florida 佛罗里达大学	50	104	1998	Univ_Maryland 马里兰大学	39	72	1998
City_Univ_Hong_Kong 香港城市大学	43	175	1998	Penn_State_Univ 宾夕法尼亚州立大学	39	101	1998
Univ_Calif_Berkeley 加利福尼亚大学伯克利分校	42	118	1998	Arizona_State_Univ 亚利桑那州立大学	39	84	1998

续表

机构	度	频次	首次出现年份	机构	度	频次	首次出现年份
Univ_Loughborough 拉夫堡大学	38	91	2000	Univ_Salford 索尔福德大学	32	76	1998
Univ_Alberta 阿尔伯塔大学	38	102	1998	Univ_Hong_Kong 香港大学	32	120	1998
N_Carolina_State_Univ 北卡罗来纳州立大学	38	89	1998	Univ_British_Columbia 英属哥伦比亚大学	32	77	1998
Univ_Colorado 科罗拉多大学	36	95	1998	Univ_Waterloo 滑铁卢大学	30	109	1998
MIT 麻省理工学院	34	81	1988	Illinois_Inst_Technol 伊利诺伊理工大学	30	78	1987
Univ_Texas 得克萨斯大学	33	75	1998	Univ_Michigan 密歇根大学	29	98	1998
Univ_Washington 华盛顿大学	33	91	1998	Technion_Israel_Inst_ Technol 以色列理工学院	28	80	1998

注：全书图表中机构名或人名之间的下划线无具体含义，仅用于清晰表明链接词语为一个整体（代表一个机构或一个作者）

由表 2.7 可以看出，工程管理科学机构合作开展较好的机构有新加坡国立大学（Natl_Univ_Singapore）、普渡大学（Purdue_Univ）、佐治亚理工大学（Georgia_Inst_Technol）、香港理工大学（Hong_Kong_Polytech_Univ）、得克萨斯农工大学（Texas_A&M_Univ）、佛罗里达大学（Univ_Florida）、香港城市大学（City_Univ_Hong_Kong）等。

2. 工程管理科学机构合作网络属性与静态结构

工程管理科学机构合作网络有 1 133 个子合作社团，其中节点数超过 20 的子合作社团只有一个，该子合作社团包含了 2 192 个机构，余下的子合作社团大部分是单独节点构成的子合作社团，没有太大的研究价值。因此本节选取机构合作网络最大的子合作社团进行绘制，得到工程管理科学机构合作网络图谱，如图 2.9 所示。

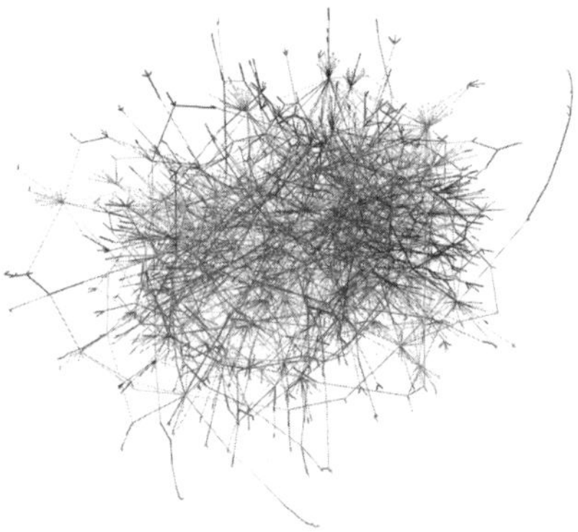

图 2.9　工程管理科学机构合作网络（1985~2014 年）

通过社会网络的连接属性，利用模块度最优法来识别工程管理科学机构合作网络的社团组成（community detection），揭示工程管理科学机构合作网络的结构，同时利用计算机的算法和社会网络绘制工具对工程管理科学作者合作网络的社团结构以可视化的形式展示，网络中的组群容易通过目测观察到。

社团结构的发现是复杂网络的一个重要特性。分解算法是社团结构发现的最常用算法。根据往网络中添加边还是从网络中移除边，可将网络的社团发现方法分为凝聚算法（agglomerative method）和分裂算法（divisive method）。凝聚算法的基本思想是用某种方法计算出各节点对之间连接的相似性，然后从相似性最高的节点对开始，往一个只包含节点而不包含边的原始空网络中添加边。最终将网络所有节点合并为一个社区。而分裂算法的基本思想与凝聚算法相反，一般是从整个网络着手，试图找到已连接的相似性最低的节点对，然后移除连接它们的边，最后得到一个个孤立的节点。在这两个算法中，重复加边或者移除边的过程，就可以逐步把整个网络分成越来越小的社区。本节研究中由于节点数较多，因此采用一种简单的模块度最优化方法对工程管理科学合作网络的社团结构进行划分。

由 Girvan 和 Newman 提出的 GN 算法是一种分裂方法。它的基本思想是：计算网络中所有边的边介数，然后通过不断地从网络中移除边介数（betweenness）最大的边，逐步将整个网络分解为一个个社团。所谓的边介数定义为网络中经过每条边的最短路径的数目。某条边的边介数越大，则意味着这条边在图的联通中的作用越大，如果将其移除，则可能导致图的联通性降低。所以它为区分一个社团的内部边和连接社团之间的边提供了一种有效的度量标准。

GN 算法的基本流程如下：①计算网络中所有边的介数；②找到介数最高的边并将它从网络中移除；③重复步骤②，直到每个节点就是一个退化社团为止。

GN 算法按照介数的大小，对网络进行分解。算法虽然有自己的优点，但是最终得到的是单独的节点，在不知道社团数目的情况下，GN 算法不能确定要分解到哪一步终止。为解决这个问题，Newman 等引进了一个衡量网络划分质量的标准，即模块度（modularity）。

对于一个网络，我们可以采用多种方法将网络分解为不同的社区，如何判别分割后社区之间区别度的优劣是关键问题，模块度概念的提出正是为了解决这样的问题。模块度用于评价网络分解的质量，其定义为：假定网络的某种分解形式将网络分解成 n 个社区，定义一个 $n\times n$ 的对称矩阵 $\boldsymbol{E}=\left(e_{ij}\right)$，其元素 e_{ij} 表示原网络中连接社区 i 和社区 j 的节点的边数所占比例。该矩阵中对角线上各元素之和为矩阵的迹，即 $\mathrm{Tr}e=\sum e_{ij}$，它表示网络中连接某一个社团内部各节点的边在所有边的数目中所占比例。定义每行（或者列）中各元素之和 $a_i=\sum e_{ij}$，它表示

与第 i 个社团中的节点相连的边在所有边中所占的比例。在此基础上定义网络的模块度为

$$Q=\sum_{i=1}^{n}\left(e_{ij}-a_i^2\right)=\mathrm{Tr}e-\left\|e^2\right\|$$

模块度的物理意义是：网络中连接两个同种类型的节点的边（即社团内部边）的比例减去在同样的社团结构下任意连接这两个节点的边的比例的期望值。如果社团内部边的比例不大于任意连接时的期望值，则有 Q=0，此时网络的所有节点属于同一个社区。Q 的最大值为 1，Q 越接近 1，说明网络的社团结构越明显。实际网络中的该值通常位于0.3~0.7。模块度概念的提出是基于GN算法，但是它的应用是独立于任何社区发现算法的，它的作用只是衡量社区分割是否合理或者表明对一个网络分解到哪种程度是最好的。

模块度的另一种算法是 NG 算法，它基于这种思想：随机网络中每对节点连接的概率是相等的，可以认为随机网络是不具有社区结构的。可以通过比较子图中实际的连接的程度和不具有社区结构时期望连接的程度来定义模块度。设网络的总边数为 m，节点 i 和 j 的度值分别为 k_i 和 k_j，随机连接网络的节点 i 和 j 连接的概率为 $P_{ij}=k_ik_j/2m$，所以模块度的最终表达式为

$$\delta\left(C_i,C_j\right)=\begin{cases}1, & \text{如果节点}i\text{和}j\text{属于同一个社区}\\ 0, & \text{其他}\end{cases}$$

模块化是分析复杂网络的一种最优化方法。一个复杂的社会网络大都由多个社区构成，每个社区都有各自的特点和属性，社区和社区之间通过较少的节点相连接。模块化能通过建模以区分复杂网络中的集群，识别复杂网络中的群体结构，进而通过社会网络指标体系对群落结构进行定量分析。这对于了解网络的动态过程，研究网络内部信息传递方式具有重大意义。

通过以 GN 算法为基础的模块度优化方法，对工程管理科学机构合作网络的结构进行社团发现。工程管理科学存在 45 个子合作社团（表 2.8），模块度 Q=0.794，非常接近模块度的最佳值 0.8~1.0，工程管理科学的机构合作的内部子社团结构轮廓清晰，这与国家合作网络有着明显的区别，这也说明了工程管理科学合作的一个特征，即工程管理科学的合作形式多以作者或机构为载体展开，政府或国家层面的影响较少。

表 2.8　工程管理科学机构子合作社团

ID	文章数	机构数	ID	文章数	机构数	ID	文章数	机构数	ID	文章数	机构数
6	708	85	43	508	81	39	448	70	40	430	86
8	645	93	28	501	87	7	443	79	15	422	82
17	593	86	23	461	72	4	433	57	24	422	81

续表

ID	文章数	机构数	ID	文章数	机构数	ID	文章数	机构数	ID	文章数	机构数
12	420	62	25	315	48	22	198	38	37	68	19
19	414	64	3	309	51	20	170	33	26	67	15
27	377	53	35	307	46	41	164	33	16	1	1
1	373	55	33	305	54	38	145	34	32	1	1
14	364	43	21	296	55	10	142	30	34	1	1
31	354	50	5	288	44	30	141	28	42	1	1
11	336	52	13	255	58	44	139	33			
36	317	48	29	221	42	0	108	32			
9	316	50	18	208	35	2	91	24			

工程管理科学的机构组成了 45 个子合作社团，每个子合作社团相互之间重复的机构较少，机构合作网络区分度较好。本节对于文章数和机构数较多的重要子合作社团的合作网络进行单独的绘制。

（1）6 号子合作社团（图 2.10）。6 号子合作社团包含 85 个机构（表 2.9），30 年间共发表文献 708 篇。

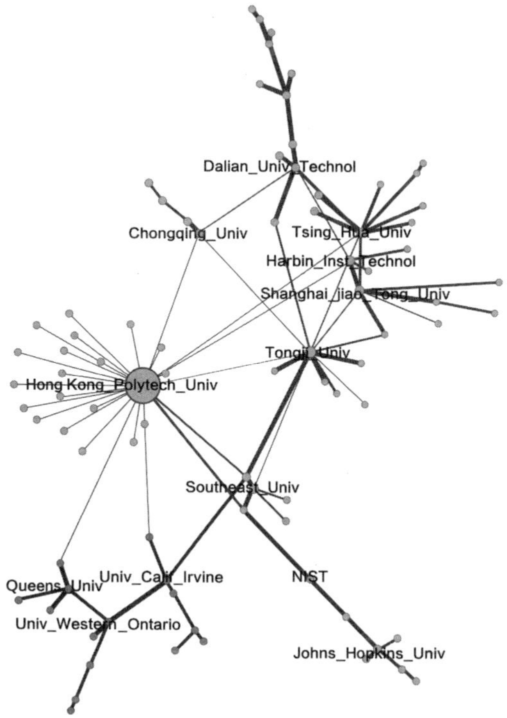

图 2.10 工程管理科学机构 6 号子合作网络结构

表 2.9　工程管理科学机构 6 号子合作网

机构	频次	中心度	度	机构	频次	中心度	度
Hong_Kong_Polytech_Univ 香港理工大学	326	0.628	53	Ibaraki_Univ 茨城大学	9	0.082	5
Tongji_Univ 同济大学	34	0.243	20	Natl_Univ_Sci_&_Technol 国立科技大学（巴基斯坦）	8	0.024	5
Southeast_Univ 东南大学	28	0.074	14	Univ_Padua 帕多瓦大学	7	0.047	4
Harbin_Inst_Technol 哈尔滨工业大学	28	0.108	12	NYU 纽约大学	7	0.047	4
Tsing_Hua_Univ 清华大学	27	0.236	13	Nanjing_Univ 南京大学	7	0.155	4
Shanghai_Jiao_Tong_Univ 上海交通大学	25	0.099	15	Shanghai_Maritime_Univ 上海海事大学	6	0	4
Univ_Calif_Irvine 加利福尼亚大学欧文分校	16	0.165	10	Univ_Texas_El_Paso 得克萨斯大学埃尔帕索分校	6	0	4
Univ_Western_Ontario 西安大略大学	15	0.099	9	Nagoya_Univ 名古屋大学	5	0.137	5
Chongqing_Univ 重庆大学	14	0.122	8	Nanjing_Univ_Aeronaut_&_Astronaut 南京航空航天大学	4	0.086	2
Dalian_Univ_Technol 大连理工大学	14	0.205	9	Dalian_Maritime_Univ 大连海事大学	4	0.013	3
NIST 美国国家标准技术研究院	12	0.134	5	Kobe_Univ 神户大学	4	0.07	3
Queens_Univ 皇后大学	12	0.08	8	Kuwait_Univ 科威特大学	4	0.024	3
Johns_Hopkins_Univ 约翰斯·霍普金斯大学	10	0.093	5				

注：表中仅列举频次大于或等于 4 的机构

由图2.10可以看出，工程管理科学机构合作最大的子合作社团的主要机构大部分为中国院校，包括了香港理工大学、同济大学、哈尔滨工业大学、清华大学、上海交通大学、重庆大学、大连理工大学等，还包括了一些国外的院校如加利福尼亚大学欧文分校、皇后大学、约翰斯·霍普金斯大学等。

该子合作网络最重要的机构是香港理工大学，它的中介中心度达到了0.628，是最大的集线器节点，且香港理工大学是唯一一所与内地院校开展工程管理科学方向合作的香港院校，与香港理工大学合作的大陆院校大都成了另一个重要枢纽，如清华大学、重庆大学、哈尔滨工业大学、同济大学等。

（2）8 号子合作社团（图2.11）。8 号子合作社团包含 93 个机构（表2.10），30 年间共发表文献 645 篇。

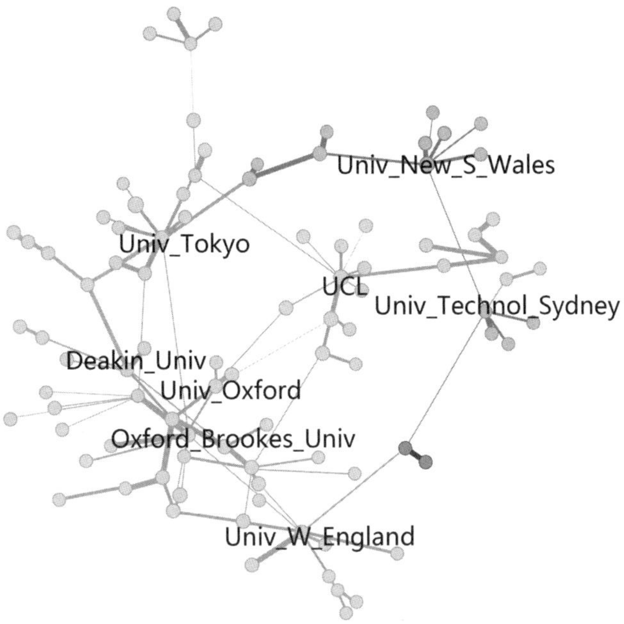

图 2.11　工程管理科学机构 8 号子合作网络结构

表 2.10　工程管理科学机构 8 号子合作网

机构	频次	中心度	度
Univ_Tokyo 东京大学	19	0.360 288	13
Oxford_Brookes_Univ 牛津布鲁克斯大学	23	0.327 058	11
Univ_W_England 西英格兰大学	17	0.254 085	12
UCL 伦敦大学学院	59	0.246 942	18
Univ_Reading 雷丁大学	49	0.202 763	15
Univ_Technol_Sydney 悉尼科技大学	21	0.170 672	8
Univ_London_Imperial_Coll 伦敦帝国理工学院	16	0.140 882	6
Athabasca_Univ 阿萨巴斯卡大学	4	0.131 733	4
Wolverhampton_Univ 胡弗汉顿大学	18	0.130 932	9
Univ_Manchester 曼彻斯特大学	37	0.123 395	17
Univ_New_S_Wales 新南威尔士大学	46	0.123 188	22
Univ_Oxford 牛津大学	18	0.115 568	7
Deakin_Univ 迪肯大学	32	0.106 976	12

续表

机构	频次	中心度	度
Monash_Univ 莫纳什大学	9	0.095 847	5
Univ_Malaya 马来西亚大学	27	0.093 996	8

注：表中仅列举频次大于或等于 4 的机构

8 号子合作社团中，合作情况相对比较平均，比较突出的机构有东京大学（Univ_Tokyo）、牛津布鲁克斯大学（Oxford_Brookes_Univ）、西英格兰大学（Univ_W_England）、伦敦大学学院（UCL）等，这几所大学在该子合作网络中都承担着集线器功能，且都有若干“卫星”机构与它们有单独合作关系。

东京大学和牛津布鲁克斯大学的中介中心度最高，能够获取最多的资源和信息，而伦敦大学学院发表了最多的文献，但是因为与它合作的院校大都不是网络中较为重要的节点，很多都是与它单独合作，因此伦敦大学学院在该子网络中相对位置不如东京大学和牛津布鲁克斯大学。

加拿大的阿萨巴斯卡大学（Athabasca_Univ）仅发表 4 篇文献，但是由于与它合作的两个院校都是具备集线器特征的机构，因此该大学的中心度相对较高（0.131 733），可以通过这两个合作关系获取更好的科研资源和信息，在工程管理科学领域具备非常好的科研潜力。

（3）17 号子合作社团（图 2.12）。17 号子合作社团包含 86 个机构（表 2.11），30 年间共发表文献 593 篇。

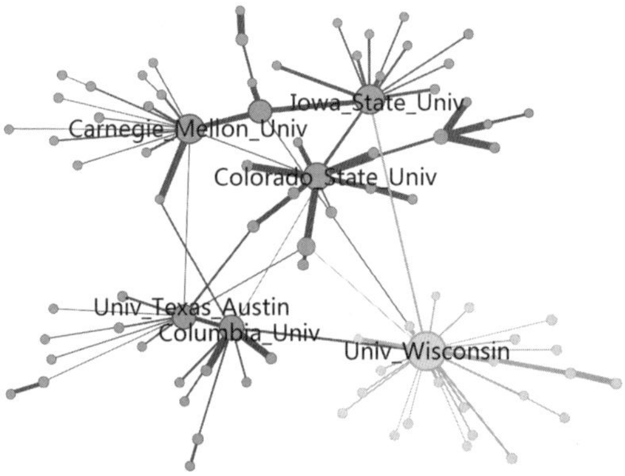

图 2.12　工程管理科学机构 17 号子合作网络结构

表 2.11　工程管理科学机构 17 号子合作网

机构	频次	中心度	度
Univ_Wisconsin 威斯康星大学	115	0.481 933	42

续表

机构	频次	中心度	度
Iowa_State_Univ 艾奥瓦州立大学	58	0.309 337	27
Carnegie_Mellon_Univ 卡内基梅隆大学	120	0.299 393	42
Colorado_State_Univ 科罗拉多州立大学	33	0.297 059	15
Columbia_Univ 哥伦比亚大学	44	0.229 645	25
Univ_Texas_Austin 得克萨斯大学奥斯汀分校	72	0.209 104	25
Western_Michigan_Univ 西密歇根大学	20	0.176 891	9
Univ_Nevada 内华达大学	15	0.111 765	9
Univ_N_Texas 北得克萨斯大学	7	0.092 437	5
IBM_Corp IBM 公司	4	0.023 529	3
Helsinki_Univ_Technol 赫尔辛基理工大学	8	0.023 529	3
Dartmouth_Coll 达特茅斯学院	4	0.023 529	2

注：表中仅列举频次大于或等于 4 的机构

在该子合作社团中有 6 个具有集线器属性的节点机构：威斯康星大学（Univ_Wisconsin）、得克萨斯大学奥斯汀分校（Univ_Texas_Austin）、哥伦比亚大学（Columbia_Univ）、科罗拉多州立大学（Colorado_State_Univ）、艾奥瓦州立大学（Iowa_State_Univ）和卡内基梅隆大学（Carnegie_Mellon_Univ）。这几个核心学校之间的合作关系构成了该子网络合作关系的主体结构。

（4）43 号子合作社团（图 2.13）。43 号子合作社团包括 81 家机构，30 年间共发表文献 508 篇（表 2.12）。

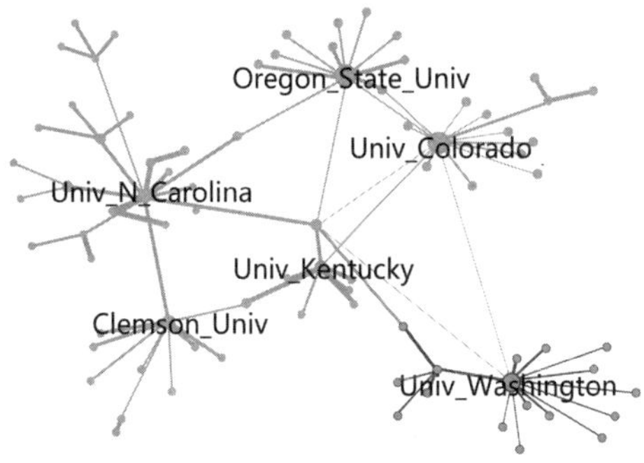

图 2.13　工程管理科学机构 43 号子合作网络结构

表 2.12　工程管理科学机构 43 号子合作网

机构	频次	中心度	度	机构	频次	中心度	度
Univ_N_Carolina 北卡罗来纳大学	22	0.567	17	Univ_Cincinnati 辛辛那提大学	17	0.074	7
E_Carolina_Univ 东卡罗来纳大学	16	0.447	9	Western_Carolina_Univ 西卡罗来纳大学	8	0.074	4
Univ_Colorado 科罗拉多大学	95	0.339	36	Univ_Puerto_Rico 波多黎各大学	6	0.050	4
Univ_Washington 华盛顿大学	91	0.310	33	Univ_Louisville 路易斯维尔大学	4	0.050	3
Clemson_Univ 克莱姆森大学	38	0.221	24	Mississippi_State_Univ 密西西比州立大学	16	0.050	5
Oregon_State_Univ 俄勒冈州立大学	32	0.207	21	San_Diego_State_Univ 圣地亚哥州立大学	12	0.049	5
Univ_Kentucky 肯塔基大学	46	0.156	16	Boston_Univ 波士顿大学	7	0.025	4
Univ_Nebraska_Lincoln 内布拉斯加大学林肯分校	12	0.076	6				

注：表中仅列举频次大于或等于 4 的机构

43 号子合作网络中，网络位置比较重要的机构有北卡罗来纳大学（Univ_N_Carolina）、东卡罗来纳大学（E_Carolina_Univ）、科罗拉多大学（Univ_Colorado）、华盛顿大学（Univ_Washington）、克莱姆森大学（Clemson_Univ）、俄勒冈州立大学（Oregon_State_Univ）。该子合作网络中，北卡罗来纳大学和东卡罗来纳大学在工程管理科学领域开展研究更依赖合作，发表文献数量与合作关系数量的比值分别为 1.29 和 1.78，且这两个机构的中介中心度最高。

科罗拉多大学和华盛顿大学发文量较高，发表文献数量与合作关系数量的比值为 2.63 和 2.76，两个学校不但合作开展得较好，且自身具备一定的研究能力。

3. 工程管理科学机构合作网络演化

如图2.14所示，在最初阶段，工程管理科学的研究主要集中在马里兰大学、伊利诺伊理工大学、麻省理工学院等，但是这些初期开展研究的院校在整个时间段上影响力较低，尤其后续机构与它们的合作并不是很多。在 1995 年后，一批后来对工程管理科学产生较大影响的院校开始了它们的研究工作，主要包括香港理工大学、香港城市大学、威斯康星大学、宾夕法尼亚州立大学、伊利诺伊大学、普渡大学、卡内基梅隆大学、加利福尼亚大学伯克利分校和佐治亚理工大学等。工程管理科学的研究门槛相对较高，这体现在时间轴后面出现的院校与前面重要院校拥有紧密合作关系。

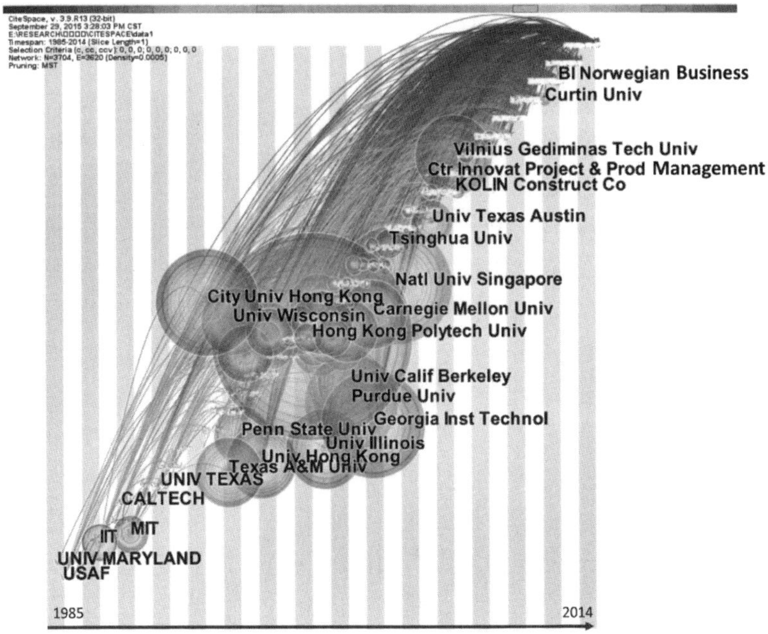

图 2.14　工程管理科学机构合作网络时域表示（1985~2014 年）

USAF-美国空军，UNIV MARYLAND-马里兰大学，IIT-伊利诺伊理工大学，MIT-麻省理工学院，CALTECH-加利福尼亚理工学院，UNIV TEXAS-得克萨斯大学，Texas A&M Univ-得克萨斯农工大学，Univ Hong Kong-香港大学，Univ Illinois-伊利诺伊大学，Penn State Univ-宾夕法尼亚州立大学，Georgia Inst Technol-佐治亚理工大学，Purdue Univ-普渡大学，Univ Calif Berkeley-加利福尼亚大学伯克利分校，Hong Kong Polytech Univ-香港理工大学，Univ Wisconsin-威斯康星大学，Carnegie Mellon Univ-卡内基梅隆大学，City Univ Hong Kong-香港城市大学，Natl Univ Singapore-新加坡国立大学，Tsinghua Univ-清华大学，Univ Texas Austin-得克萨斯大学奥斯汀分校，Ctr Innovat Project & Prod Management KOLIN Construct Co-KOLIN 建设集团项目与生产管理创新中心，Vilnius Gediminas Tech Univ-维尔纽斯格迪米纳斯技术大学，Curtin Univ-科廷大学，BI Norwegian Business-BI 挪威商学院

为了分析工程管理科学机构合作的动态演化，将 1985~2014 这 30 年平均分成 6 个阶段，根据机构之间的合作情况，分别构建 6 个阶段的合作网络，计算其网络属性（表 2.13），分析网络结构和属性的演化。

表 2.13　工程管理科学机构合作网络结构和属性演化

阶段	平均度	密度	节点数	连接数	平均路径长度
1985~1989 年	0.246		57	7	
1990~1994 年	0.534	0.004	131	35	
1995~1999 年	0.559	0.001	619	173	
2000~2004 年	1.412	0.001	972	686	5.709
2005~2009 年	1.647	0.001	1 422	1 171	5.64
2010~2014 年	1.809	0.001	1 884	1 704	5.933

由表2.13可以看出，参与工程管理科学研究的机构数量在不断增多，而机构之间的科研合作也在不断增强。

在工程管理科学发展初期（1985~1989年），有57个机构的学者发表成果，但其中只存在7个合作关系，合作分布呈现出散点式。其间各个机构发表成果数量没有明显的区别，也就是说没有特别有影响力的机构。

1990~1994年和1995~1999年两个阶段，参与工程管理科学的机构数量增加明显，但是合作增长趋势依然缓慢，平均度都在0.5左右，也就是说平均每个机构只有约0.5个合作关系。其间出现了一些由得克萨斯大学、密歇根大学、科罗拉多大学、威斯康星大学和弗吉尼亚理工大学为主的小型机构合作网络，但是大部分的机构是散点分布或者两点一线连接。

2000~2004年，工程管理科学机构合作关系增长明显，有972个机构发表成果，存在686个合作关系，平均度分布达到了1.412。其间合作网络最明显的特征是大部分的机构形成了一个联通的网络，也就是说大部分的机构通过合作使得它们的信息交流形成了一个联通的、有回路的网络，而呈现散点状态分布的只有一小部分机构。其间香港理工大学、新加坡国立大学、威斯康星大学和得克萨斯农工大学是合作网络中较为重要的节点。

2005~2009年，1 422个机构在工程管理科学领域发表成果，存在1 171个合作关系，平均度为1.647，整体合作关系进一步增强。其间，香港理工大学、佐治亚理工大学、新加坡国立大学、加利福尼亚大学伯克利分校和普渡大学等是机构合作网络中较为重要的节点。

2010~2014年，1 884个机构在工程管理科学领域发表成果，存在1 704个合作关系，平均度为1.809。该阶段的机构合作网络的密集程度最高，合作强度也最高。上个阶段的重要机构继续保持了他们的影响力，而新出现了立陶宛维尔纽斯科技大学、台湾大学和伊利诺伊大学等在机构合作网络中占据重要节点的机构。

2.4.3 工程管理科学作者分布及科学共同体演化

科学技术发展日趋全球化，科学合作日益成为科学研究的主流方式，同时也是发展大科学和解决全球化问题的主要途径和对策。科学合作能够凝聚创新思想、获取科技信息、共享研究资源、培养和造就新时期复合型人才，在重要学科领域实现跨越式发展，以取得重大科学突破。作者合作关系又称耦合关系，不仅能分析网络中作者的个体特征，判断作者在整个网络中的作用和地位，更能从宏观视角整体把握某领域的作者分布情况，把握整体网络结构。

1. 工程管理科学作者合作结构

1985~2014 年共有 18 213 位作者在 EM13 的 12 946 篇文献中 30 991 次署名发表文献，其中合作作者 16 818 位，占 92.34%。节点表示文献作者，边表示相应两个节点所代表的作者共同发表过文献，通过边的粗细或者边距离的长短直观显示作者合作关系的远近，绘制工程管理科学作者合作网络图谱。工程管理科学作者合作网络属性见表 2.14。

表 2.14 工程管理科学作者合作网络属性

平均度	密度	节点数	连接数	平均路径长度	子网络数
2.849	0.000	18 213	25 942	7.533	4 423

工程管理科学作者合作网络非常分散，含有 4 423 个非联通的子合作社团，其分布见表 2.15。

表 2.15 工程管理科学作者合作网络子网络分布表

子网络数量	含有作者数	子网络数量	含有作者数	子网络数量	含有作者数
1 395	1	14	11	3	22
1 210	2	12	12	2	25
818	3	7	13	1	21
408	4	9	14	1	24
246	5	8	15	1	34
111	6	3	16	1	48
56	7	4	17	1	50
42	8	3	18	1	5 897
35	9	2	19		
24	10	5	20		

工程管理科学作者合作网络是无标度网络，其含有 4 423 个非联通的子网络，因此分析其子网络的属性是十分必要的。合作网络中规模在 20 人及以上的科学合作子网络 9 个，而 100 人以上的合作团体只有 1 个（表 2.15），最大的子网络囊括了 32.37%的工程管理科学作者。

根据工程管理科学作者合作具体情况，绘制工程管理科学作者合作网络的子网络分布 log-log 图。如图 2.15 所示，子网络个数的对数与作者数量的对数基本呈现出线性关系。利用最小二乘法计算其线性关系和显著性程度，子网络个数的对数与作者数量的对数存在显著的线性关系，也就是说子网络个数服从幂律分布，因此工程管理科学作者合作网络是自组织的无标度网络。

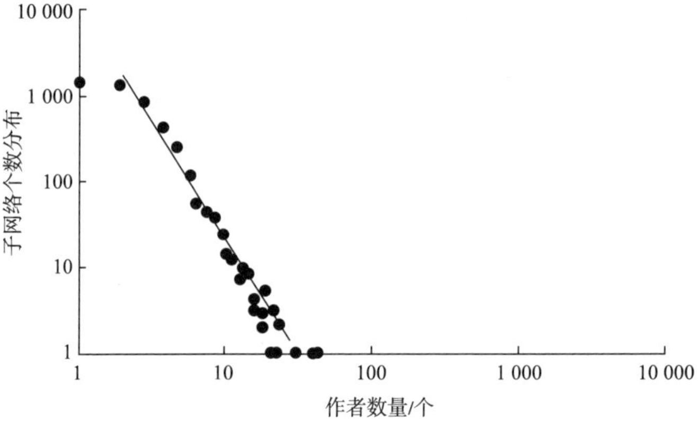

图 2.15　工程管理科学作者合作网络子网络分布与作者数量的 log-log 图

工程管理科学作者合作网络呈现出高度不连通状态，为了进一步分析整个网络的全局特征，根据度分布绘制合作网络的 log-log 图（图 2.16）。

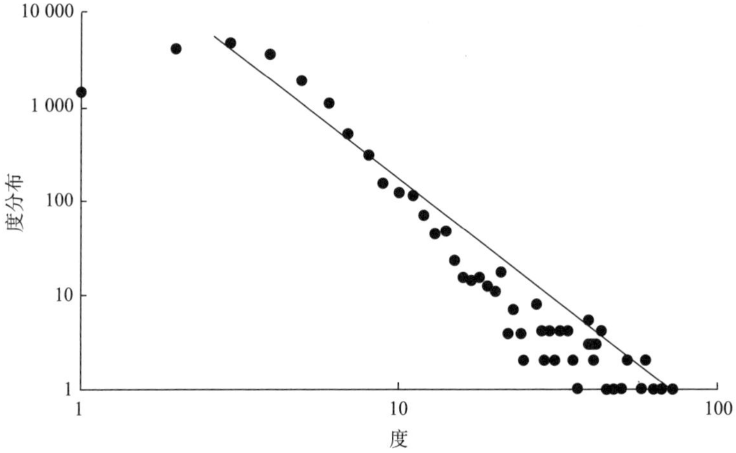

图 2.16　工程管理科学作者合作网络度分布与度的 log-log 图

通过计算，合作网络度分布 ρ_k（节点的度等于 k 的概率）的对数与度 k 的对数存在显著的线性关系，幂律指数 $\alpha = 2.512$ 。典型无标度网络 α 的区间为[2,3]，工程管理科学合作网络的幂律指数恰好在该区间，且度分布的对数与度的对数存在显著的线性关系，属于服从幂律分布的无标度网络。随机不规则网络的节点的度一般服从泊松分布，而在现实世界中，许多网络是服从幂律分布的无标度网络。无标度网络的关键特征是网络集散节点的存在，以及少数节点度较大，与其他许多节点存在连接，而多数节点的节点度较小。之所以出现这种网络结构形式，学者们一般认为是择优连接（富者越富机制）的关系，也就是说工程管理科学已经发表文献的作者更容易获得合作的资源。

节点度的大小及其边的连接数量决定了它在整个网络中的位置，反映了该节点在网络中的资源获取能力以及对整个网络的影响，可以借此识别工程管理科学作者合作网络中的重要作者（表 2.16）。

表 2.16　工程管理科学作者合作网络节点度前 25

作者	度	频次	首次出现年份
Edward_J._Jaselskis	72	43	1991
Carl_T._Haas	66	63	1993
Simaan_AbouRizk	62	64	1990
Heng_Li	59	95	1995
P._E._D._Love	59	60	1998
Jeffrey_S._Russell	58	65	1990
Lucio_Soibelman	53	34	2002
David_Arditi	52	66	1985
H._P._Tserng	52	36	2000
Miroslaw_J._Skibniewski	51	56	1988
Awad_S._Hanna	48	44	1992
KR_Molenaar	47	34	1996
C._William_Ibbs	44	41	1985
Sai_On_Cheung	42	45	2000
Jochen_Teizer	42	34	2005
William_J._Rasdorf	42	32	1990
Florence_Yean_Yng_Ling	42	38	2002
Carlos_H._Caldas	41	35	2002
James_T._O'Connor	41	35	1985
Mohan_M._Kumaraswamy	40	45	1996
HR_Thomas	40	46	1986
I._F._C._Smith	40	29	1997
Burcu_Akinci	39	55	1998
William_J._O'Brien	39	29	2000
QP_Shen	39	36	1998

无标度网络的演化大都服从 BA 模型，它主要包含两个过程：①初始网络有 K 个节点，每次引入一个新节点连接到 $k(k \leqslant K)$ 个已存在的节点上；②一个新的节点优先与度较大的节点产生连接。这种现象称为“富者越富”或者“马太效应”。

2. 工程管理科学作者合作网络可视化

从工程管理科学作者合作网络的属性和拓扑结构可以看出，合作网络含有 4 423 个非联通的子合作社团，其中成员 100 位以上的合作子网络只有一个，含有 5 897 个作者，它们共署名发表文献 14 863 次，且工程管理科学的 144 位核心作者中有 134 位都在该子网络中，因此为了凸显工程管理科学作者合作的主要结构，只保留该子网络。

尽管已经通过子网络的分解对工程管理科学作者合作网络进行精简，该网络仍然包含 5 897 个作者，需要对该作者群体进行进一步的分析以廓清工程管理科学合作作者的结构。通过模块度最优法，利用作者之间合作的远近亲疏关系，对合作网络进行合作社团发现。经过计算，工程管理科学作者合作网络存在 64 个子合作社团（表 2.17），模块度 Q =0.924，也就是说，工程管理科学 92.4%的作者有显著的区分度，具备明显的社团属性。

表 2.17　工程管理科学作者子合作社团

ID	文献检索量	作者数量	ID	文献检索量	作者数量	ID	文献检索量	作者数量
62	706	248	22	414	149	0	321	104
40	596	190	43	404	135	3	309	121
9	564	224	24	403	143	41	304	112
27	496	190	60	390	157	36	270	106
46	483	170	59	387	157	34	267	131
19	459	191	42	386	144	20	263	84
51	451	134	7	375	139	37	237	112
38	430	148	35	367	156	4	224	95
56	427	150	61	340	144	23	216	104
12	415	191	30	331	140	29	196	88

注：表中仅列举文献检索量排名前 30 的社团

（1）62 号子合作社团。62 号子合作社团拥有 248 位作者，共署名发表文献 706 次，具体见表 2.18，合作网络见图 2.17。该子合作社团着重于项目管理的研究。

表 2.18　工程管理科学作者 62 号子合作网

作者	频次	度	中心度	作者	频次	度	中心度
Florence_Yean_Yng_Ling	38	34	0.449	LS_Pheng	28	23	0.157
Mohan_M._Kumaraswamy	45	39	0.391	Moonseo_Park	22	20	0.124
Evelyn_Ai_Lin_Teo	4	10	0.213	HyunSoo_Lee	21	20	0.103
Albert_P._C._Chan	52	27	0.206	Esther_Cheung	7	10	0.086
Yongjian_Ke	12	13	0.195	Shouqing_Wang	9	11	0.085
Patrick_T._I._Lam	17	19	0.164	Shou_Qing_Wang	3	8	0.071
G_Ofori	13	12	0.159	ST_Ng	18	13	0.063

续表

作者	频次	度	中心度	作者	频次	度	中心度
Jing_Li	3	11	0.060	S._Thomas_Ng	12	10	0.034
John_F._Y._Yeung	15	13	0.056	Ekambaram_Palaneeswaran	6	9	0.034
Jungho_Yu	6	9	0.053	Kwangpyo_Lee	3	7	0.029
Yun_Le	5	10	0.048	Sangwon_Han	13	10	0.028
Daniel_W._M._Chan	19	19	0.048	Ehw_Chan	7	10	0.026
Chengshuang_Sun	2	7	0.039	Onuegbu_O._Ugwu	2	7	0.023
SangHyun_Lee	22	6	0.038	Yuhong_Wang	5	8	0.018
Frank_Schultmann	5	7	0.038	Oo_Ugwu	6	7	0.016

注：表中仅列举中心度排名前30的作者。Web of Science数据库给出的作者信息存在同一作者有多种表示方式的情况。本书研究的主要目的是展示学者合作总体情况，因此没有对疑似相同作者信息进行合并处理

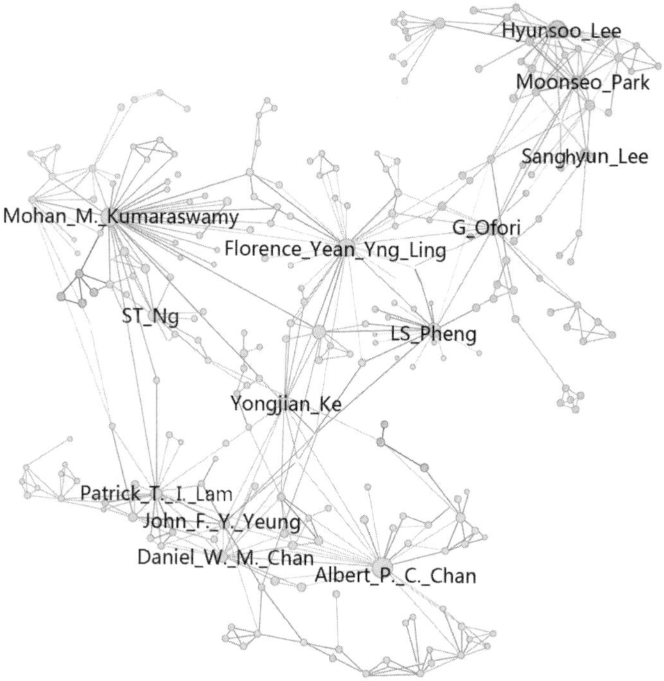

图 2.17　工程管理科学作者 62 号子合作网络结构

该社团中比较重要的学者有 Ling Yean Yng Florence，Mohan M. Kumaraswamy 和 Albert P. C. Chan。来自新加坡国立大学的 Ling Yean Yng Florence 教授是该社团中最重要的学者，她发表了 38 篇文献，且与其他 34 位作者存在合作关系，她在这个学者社团中的中介中心度为 0.449，是该团体中信息交流的一个重要节点，获取信息的能力最强。Ling Yean Yng Florence 教授 5 次当选新加坡国立大学优秀教师，2010 年度 *Engineering, Construction and*

Architectural Management 期刊下载数量排名前 20，2012 年度 *Built Environment Project and Asset Management* 期刊杰出审稿人，18 届 Pacific Association of Quantity Surveyors Congress 最优秀论文奖，她主要的研究方向是国际建筑工程、中国的项目管理、项目绩效的提升以及建设项目的人力资源管理。

中国香港大学的 Mohan M. Kumaraswamy 教授是该社团中另一个重要的学者，他主要的研究成果集中在建设领域的组织协同关系，共发表 45 篇文献，与其他 39 位作者存在合作的关系，到 2014 年累计被引用 612 次。

另外一个重要的学者是中国香港理工大学建筑及房地产学系教授 Albert P. C. Chan，他发表了 52 篇文献，与 27 位作者存在合作关系。Chan 教授拥有英国、澳大利亚和中国香港多项专业执业资格，并且是英国皇家特许建造师协会资深会员、英国皇家特许测量师、澳洲特许资深建造师及澳大利亚项目管理协会会员等，并曾在香港城市大学、南澳大利亚大学任教。研究领域主要包括公私合作机制、伙伴合作关系、项目管理和采购及施工安全管理。

（2）9 号子合作社团。9 号子合作社团聚集了 224 个作者，共署名发表文献 564 次，重要作者信息见表 2.19，合作网络见图 2.18。

表 2.19　工程管理科学作者 9 号子合作网

作者	频次	度	中心度	作者	频次	度	中心度
Carl_T._Haas	63	66	0.538	C_Hendrickson	9	12	0.071
Carlos_H._Caldas	35	41	0.400	CC_Hayes	2	4	0.053
Paul_Goodrum	27	33	0.319	Issam_M._Srour	2	5	0.053
Luis_F._Alarcon_C	25	35	0.270	G_Ghodrati_Amiri	3	6	0.053
V._Gonzalez	15	22	0.175	S._Wilkinson	3	8	0.047
John_D._Borcherding	3	7	0.157	JB_Pocock	5	13	0.044
Chen_Wang	8	11	0.157	A_Stanley	1	3	0.043
K_Liapi	3	5	0.126	SH_Lee	9	11	0.036
RL_Tucker	15	16	0.114	H_Kim	6	7	0.035
C_Haas	3	7	0.111	M_Shaw	2	6	0.035
H_Abdulrahman	12	19	0.096	JA_Castaneda	1	2	0.028
EW_East	6	11	0.091	DB_Ashley	6	6	0.027
Frederic_Bosche	12	15	0.089	Ali_A._Yassine	3	6	0.027
LY_Liu	9	13	0.086	A._Abdolahi_Rad	3	5	0.027
JD_Borcherding	5	7	0.078	JG_Kirby	3	8	0.022

注：表中仅列举中心度排名前 30 的作者

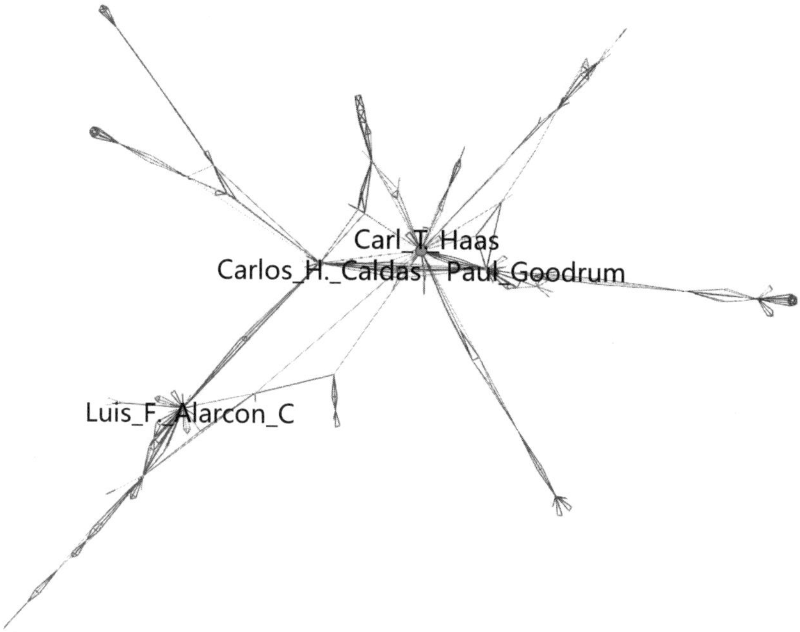

图 2.18　工程管理科学作者 9 号子合作网络结构

如表 2.19 和图 2.18 所示，该子合作社团整体呈现星状布局，比较重要的学者有 Carl T. Haas 和 Carlos H. Caldas。滑铁卢大学的 Haas 教授发表 63 篇文献，与其他 66 位作者有合作关系，在该子合作社团中的中心度为 0.538，合作网络中任意两个作者合作最短路径都要经过 Haas，因此 Haas 教授在该子合作社团中的吸收信息能力最强，对该子合作社团的影响力也最大。Haas 教授在工程管理科学领域主要的研究方向为工程采购、项目管理系统能力、3D 重建技术的应用以及工程绩效，他的大部分成果发表在 *Automation in Construction* 和 *Journal of Construction Engineering and Management* 上，共计被引 878 次（如无特殊说明，本章中被引次数的统计截止日期统一为 2015 年 4 月 19 日）。

该子合作社团中另一位重要的学者是 Carlos H. Caldas。Caldas 教授来自得克萨斯大学奥斯汀分校，共发表 35 篇文献，与 41 位作者存在合作关系，同时 Caldas 教授也是 Haas 教授的合作作者之一。Caldas 教授的研究方向为建筑工程和项目管理中数据、信息和知识的管理问题，他的成果大部分发表在 *Journal of Construction Engineering and Management*，截至 2014 年共计被引 618 次。

（3）40 号子合作社团。40 号子合作社团拥有 190 位作者，共署名发表文献 596 篇，具体见表 2.20，合作网络见图 2.19。该子合作社团主要的研究方向为 BIM（building information modeling，建筑信息模型）。

表 2.20　工程管理科学作者 40 号子合作网

作者	频次	度	中心度	作者	频次	度	中心度
Lucio_Soibelman	34	53	0.433	Sue_Mcneil	5	7	0.062
Vineet_R._Kamat	31	26	0.245	Carol_Menassa	13	14	0.058
James_H.	16	23	0.199	Melissa_M._Bilec	2	7	0.052
H._Scott_Matthews	11	19	0.195	JC_Martinez	7	2	0.052
Burcu_Akinci	55	39	0.192	Photios_G._Ioannou	18	7	0.042
Zeeshan_Aziz	5	13	0.132	Symeon_Christodoulou	3	6	0.042
James_H._Garrett	14	29	0.115	Mario_Berges	8	11	0.039
Feniosky_PenaMora	19	22	0.107	Albert_Y._Chen	5	13	0.035
E._William_East	6	11	0.094	Asli_Akcamete	2	8	0.033
Kyle_Anderson	5	9	0.093	Gerardo_Flintsch	2	5	0.031
Carlos_A._Arboleda	6	15	0.078	Sanyogita_Lakhera	2	11	0.030
Silvio_Savarese	4	9	0.076	Saurabh_Taneja	2	11	0.028
Mani_Golparvarfard	15	20	0.075	Engin_Burak_Anil	3	13	0.025
Julio_C._Martinez	8	7	0.067	Anu_Pradhan	7	8	0.021
Fernanda_Leite	7	10	0.062	Robert_Ries	4	5	0.021

注：表中仅列举中心度排名前 30 的作者

由表 2.20 和图 2.19 可以看出，该子合作社团中比较重要的学者是 Lucio Soibelman 和 Burcu Akinci。来自美国南加利福尼亚大学 Lucio Soibelman 教授先后担任过美国伊利诺伊大学、卡内基梅隆大学教授，是国际知名的土木工程信息技术专家，是 BIM 技术的主要开拓者之一。Lucio Soibelman 教授 2002~2015 年共发表文献 34 篇，大部分发表在 *Journal of Computing in Civil Engineering*，共计被引 306 次。

来自卡内基梅隆大学土木工程与环境学院的Burcu Akinci教授的主要研究方向为信息技术创新与应用，尤其是通过数据的获得和 IT 技术的使用来整合不同的 BIM 平台使其更好地解决工程技术与管理问题。她同时也是宾夕法尼亚州智慧基础设施孵化器（*Smarter Infrastructure Incubator*）合作主任。自 1998 年以来，Burcu Akinci 教授共发表文献 55 篇，大部分成果发表在 *Journal of Computing in Civil Engineering* 和 *Automation in Construction*，共计被引 752 次。

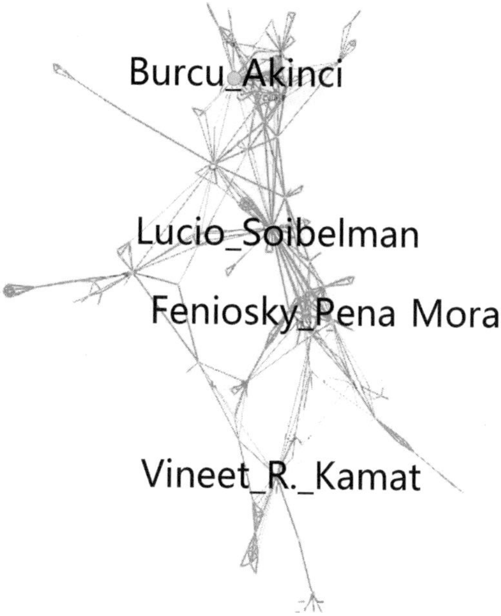

图 2.19　工程管理科学作者 40 号子合作网络结构

（4）27 号子合作社团。27 号子合作社团拥有 190 位作者，共署名发表文献 496 篇，具体见表 2.21，合作网络见图 2.20。该子合作社团主要的研究方向为项目的成功因素。

表 2.21　工程管理科学作者 27 号子合作网

作者	频次	度	中心度	作者	频次	度	中心度
Edward_J._Jaselskis	43	72	0.600	A_Jaafari	10	6	0.052
CB_Tatum	33	30	0.275	Janaka_Ruwanpura	5	11	0.042
J_Vanegas	2	13	0.264	Michael_C._Vorster	3	8	0.042
Cliff_Schexnayder	30	38	0.187	RY_Huang	3	3	0.042
V_Sanvido	17	20	0.187	Russell_C._Walters	4	10	0.039
Daniel_W._Halpin	24	20	0.166	M_Guvenis	1	4	0.033
CT_Jahren	17	20	0.111	M_Coyle	1	4	0.033
Jesus_M._De_La_Garza	15	14	0.101	K_Parfitt	1	4	0.033
F_Grobler	5	11	0.092	Mohamed_Elgafy	2	3	0.031
A_Singh	20	13	0.083	Zhili_Gao	2	6	0.031
JA_Vanegas	6	13	0.065	D_Hancher	1	10	0.022
S_Njos	2	5	0.062	R_Levitt	3	12	0.022
A_Schub	2	4	0.062	SL_Weber	4	5	0.021
JD_Lutz	4	15	0.053	R_Ganeshan	3	7	0.021
JK_Yates	13	6	0.052	Jing_Du	3	3	0.021

注：表中仅列举中心度排名前 30 的作者

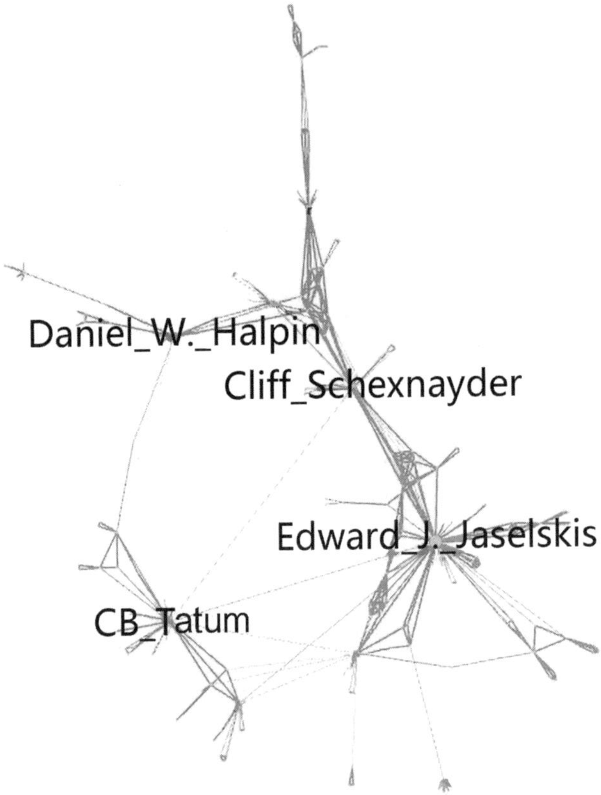

图 2.20　工程管理科学作者 27 号子合作网络结构

该子合作社团最核心的学者是 Edward J. Jaselskis，他的合作作者数量和中介中心度都远远超过其他作者。Edward J. Jaselskis 教授供职于北卡罗来纳州立大学，他的主要研究方向为工程项目成功的决定性因素（determinants of construction project）以及建筑产业制度（construction industry institute）。Edward J. Jaselskis 教授自 1991 年已经发表了 43 篇文献，大都发表在 *Journal of Construction Engineering and Management*，共计被引 484 次。

（5）46 号子合作社团。46 号子合作社团拥有 170 位作者，共署名发表文献 483 篇，具体见表 2.22，合作网络见图 2.21。该子合作社团主要的研究方向为计算机技术在建设领域的应用。

表 2.22　工程管理科学作者 46 号子合作网

作者	频次	度	中心度	作者	频次	度	中心度
Phillip_S._Dunston	15	17	0.444	Joseph_V._Sinfield	3	5	0.364
Xing_Su	5	9	0.444	Omar_Elanwar	11	9	0.327
Dulcy_M._Abraham	22	38	0.386	Khaled_Elrayes	45	22	0.245

续表

作者	频次	度	中心度	作者	频次	度	中心度
Shuai_Li	5	9	0.228	Tarek_Elghamrawy	4	6	0.047
Hisham_Said	9	10	0.204	Hubo_Cai	8	12	0.047
Amr_S._Elnashai	2	5	0.191	Gauri_M._Jog	4	10	0.046
Amr_A._Kandil	4	9	0.191	Fan_Peng	4	9	0.033
Amr_Kandil	8	9	0.168	Tarek_Mahfouz	2	6	0.025
Burcin_Becerik Gerber	17	13	0.143	A._Samer_Ezeldin	3	3	0.024
Ioannis_K._Brilakis	37	30	0.133	Moheeb_Elsaid	5	6	0.019
Yanfeng_Ouyang	10	17	0.124	Zhenhua_Zhu	9	11	0.018
Islam_H._Eladaway	11	5	0.070	Gulben_Calis	5	5	0.016
Nan_Li	9	11	0.066	Moatassem_Abdallah	3	4	0.016
Mohamed_Marzouk	15	11	0.066	Abdul_Rahman_Andoh	2	6	0.013
Farrokh_Jazizadeh	7	15	0.056	Ali_Mostafavi	4	9	0.012

注：表中仅列举中心度排名前 30 的作者

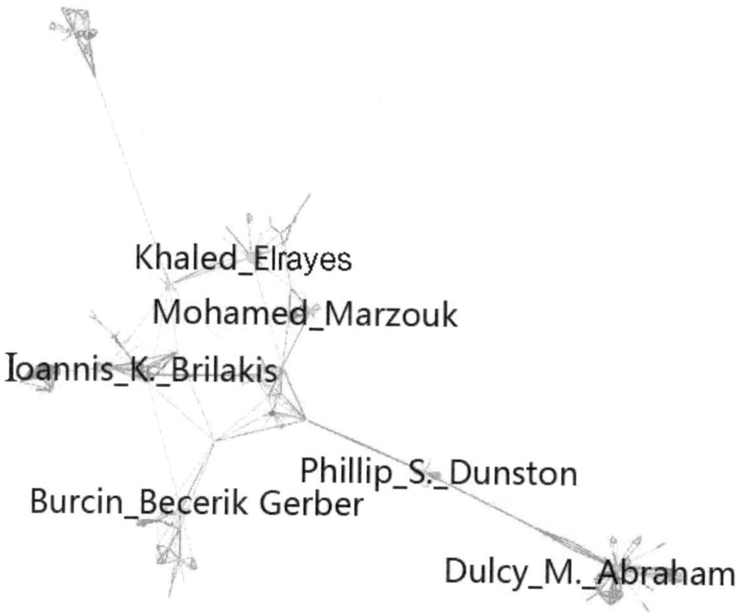

图 2.21 工程管理科学作者 46 号子合作网络结构

该子合作社团的合作网络较为特殊，合作网络的主体是一个环状结构，作者合作情况较为平均。该子科研合作团体比较重要的学者有 Phillip S. Dunston，Dulcy M. Abraham 和 Khaled Elrayes。在合作网络中我们关注的是三种类型的作者：高产作者（landmark）、集线（hub）作者和枢轴（pivot）作者。高产作者拥有较高的属性即发表文献的数量，集线作者拥有较高的度即合作作者数量，而枢轴作者则连接了两个不同的网络。如果某个节点不存在整个网络就要一分为二，那么该节点就是枢轴作者。学者 Dunston 在该子科研网络中就是一个具备枢轴作用的作者。Dunston 教授来自普渡大学，他的主要研究方向为虚拟现实技术在工程管理中的应用、高速公路施工方法以及新技术在建设仪器上的应用。自 1999 年以来，Dunston 教授共发表 15 篇文献，大都发表在 *Journal of Construction Engineering and Management*，累计被引 157 次。

同样来自普渡大学的 Dulcy M. Abraham 教授是该子合作社团中另一个重要学者，在该合作网络中她具备集线属性。Abraham 教授自 1997 年以来共发表 22 篇文献，与 38 位作者存在合作关系，大都发表在 *Journal of Construction Engineering and Management*，累计被引 164 次，她主要的研究方向是工程管理中的决策和组织问题。

来自伊利诺伊大学厄巴纳-香槟分校的 Khaled Elrayes 教授是该子合作社团中的高产学者，他是 *Journal of Construction Engineering and Management* 专题领域主编，自 1993 年以来共计发表 45 篇文献，大部分发表在 *Journal of Management in Engineering* 和 *Journal of Construction Engineering and Management* 上，累计被引 439 次，主要的研究方向为施工优化、决策支持系统、信息技术和施工生产效率。

3. 工程管理科学核心作者分布

根据 Price 定律，在同一主题中，多数的论文是一群高生产力作者所写，这一作者集合数量约为作者总数的平方根。杰出作者的发文量应满足以下公式：$m = 0.749\sqrt{n_{\max}}$。参与工程管理科学的作者共有 18 213 位，因此杰出作者数量在 135 位左右，且应发表文献 8 篇以上。基于上述原则，筛选出 140 位工程管理科学的杰出作者，见附录。

4. 工程管理科学核心作者合作网络

通过社会网络工具，绘制了工程管理科学的作者合作网络，这其实也是工程管理科学科研人员的学术关系网络。由于整体合作网络极其复杂，不便于分析和凸显重点信息，因此通过 Price 定律筛选核心作者 140 位，通过他们之间的合作关系绘制工程管理科学核心作者合作网络（图 2.22）。

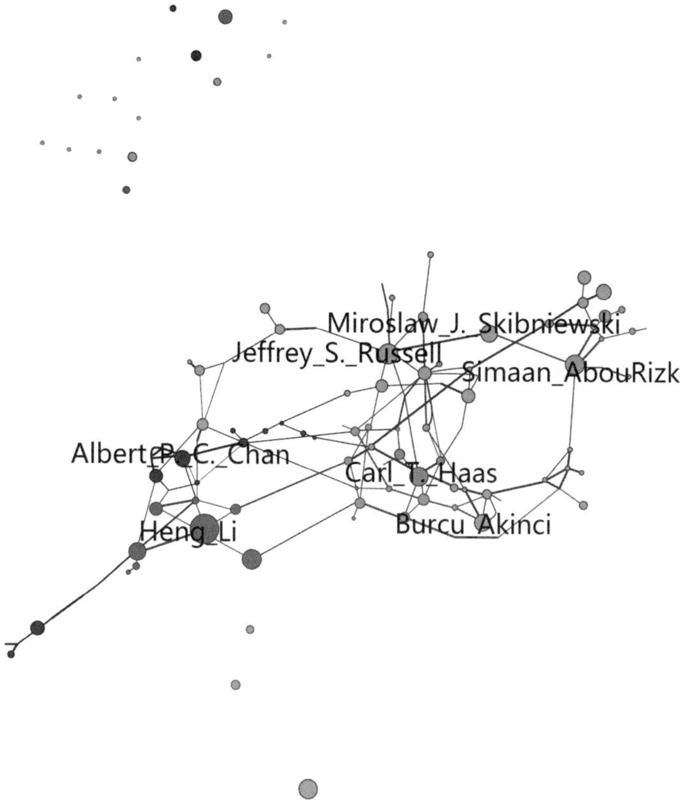

图 2.22　工程管理科学核心作者合作网络

由图 2.22 可以看出，工程管理科学的核心作者形成了一个联通的合作网络，这与其他许多科学团体有所不同，这也说明了工程管理科学具备较好的合作态势。与各子合作社团网络相比，工程管理科学作者在网络中的分布相对均衡，中心度和度等合作指标（表 2.23）也较为接近，不存在明显的集线作者和枢轴作者。

表 2.23　工程管理科学核心作者合作网络作者中心度前 30

作者	频次	度	首次出现年份	中心度	作者	频次	度	首次出现年份	中心度
William_J._O'Brien	29	5	2000	0.141	P._E._D._Love	60	6	1998	0.104
R._Edward_Jr._Minchin	17	6	2002	0.137	QP_Shen	36	4	1998	0.103
Jeffrey_S._Russell	65	9	1990	0.135	Cliff_Schexnayder	30	6	1996	0.096
Edward_J._Jaselskis	43	11	1991	0.134	Simaan_AbouRizk	64	6	1990	0.093

续表

作者	频次	度	首次出现年份	中心度	作者	频次	度	首次出现年份	中心度
Tarek_M._Zayed	27	4	2001	0.087	Phillip_S._Dunston	15	3	1999	0.044
KR_Molenaar	34	6	1996	0.079	Florence_Yean_Yng_Ling	38	5	2002	0.040
Lucio_Soibel Man	34	8	2002	0.077	Carlos_H._Caldas	35	7	2002	0.040
Miroslaw_J._Skibniewski	56	3	1988	0.067	CM_Tam	29	5	1999	0.037
Xiangyu_Wang	17	3	2006	0.064	Albert_P._C._Chan	52	6	2001	0.037
Aviad_Shapira	27	5	1993	0.055	Sanghyun_Lee	22	4	2006	0.037
Carl_T._Haas	63	7	1993	0.054	James_T._O'Connor	35	4	1985	0.034
R_Sacks	40	5	2000	0.047	H._P._Tserng	36	4	2000	0.033
Feniosky_Pena Mora	19	4	2006	0.046	O_Abudayyeh	15	2	1994	0.032
Daniel_W._Halpin	24	4	1987	0.046	Jochen_Teizer	34	4	2005	0.032
O_Moselhi	38	5	1990	0.045	M_Alhussein	20	3	2005	0.031

2.4.4 工程管理科学共同体聚类

工程管理科学作者合作网络主要揭示了工程管理科学作者合作的亲疏关系以及通过这种合作的远近关系对工程管理科学现阶段活跃的学者科研活动进行揭示，凸显高产作者、合作中心作者、集线作者和枢轴作者。合作网络的构成基于学者合作关系，是一种主观意愿，因此基于合作关系的科研社团也是一种作者自发组成的团体。

为了更全面地分析工程管理科学的学者，需要另外一种方法，即通过作者研究内容的相似程度来区分工程管理科学的学者，并且要识别对工程管理科学有影响力的作者，因此本章采用作者共被引分析方法对工程管理科学共同体进行聚类（表 2.24），识别对工程管理科学有影响力的作者。

表 2.24　工程管理科学作者合作网络和作者共被引网络区别和联系

网络构建方式	作者合作网络	作者共被引网络
基本方法	复杂网络	复杂网络
网络节点	文献作者（author）	参考文献作者（cited author）
节点属性	发表文献数量	被引次数
连接关系	合作	共被引
社团划分原则	科研合作亲疏远近	共被引强度
凸显作者类型	高产作者、合作中心作者、集线作者和枢轴作者	对工程管理科学发展有影响力的作者

1. 科学共同体聚类分析原理

1）科学共同体

科学共同体又被称为科学家的共同体（the community of scientists），是科学家的组织和团体，是科学家在科学活动中通过相对稳定的联系而结成的社会群体，是集体科学劳动的一般社会存在形式，也是科学建制的核心。科学共同体概念最早由波兰尼在 1940 年提出，随后默顿、希尔斯、库恩、普赖斯、本–戴维、加斯顿、克兰、巴伯、小李克特等学者从不同的视角就科学共同体进行了诸多研究。

库恩在《科学革命的结构》一书提出，一个科学共同体由同一个科学专业领域中的工作者组成。在一种绝大多数其他领域无法比拟的程度上，他们都经受过近似的教育和专业的训练；在这个过程中，他们都专研过同样的技术文献，并从中获取许多同样的教益。通常这种标准文献的范围标出了一个科学学科的界限，每个科学共同体一般有一个它自己的主题（Kuhn，2012）。

2）作者共被引分析

两个作者发表的文献同时被别的文献作者引用时，则称这两个作者具有共被引关系（White and Griffith，1981）。被引强度可由引用文献的作者数量来衡量，这种测度称为作者共被引强度或频率（Leydesdorff，2005）。作者共被引与文献共被引是密切相关的，但作者共被引是以文献的作者为基本单元而建立的共被引关系。它使为数众多的作者按照被引证的关系聚集成一个个作者相关群体，从而及时了解学科专业人员之间的联系和结构特点，进而反映出他们所从事的学科专业之间的联系及其发展变化趋势。当 n 位作者被某一专题文献的作者同时引用时，则可以认为这些作者以及引用作者都是该专题研究的同行，而且共被引频率越高，说明他们之间的学科专业关系越密切。共被引作者群数量和结构的变化，在一定程度上反映了学科的兴衰起伏、分化渗透等趋势。在共被引关系网络中，作者数量和结构方式的变化可作为判断学科变化动态的一个依据。若定期分析这些方面的变化，就可以跟踪和推测学科或专业的发展趋向。若把某专题研究的同行作者联系起来组成科学合作网络，开展合作攻关，将大大促进该研究的深入和发展。

2. 科学共同体网络属性

工程管理科学 1985~2014 年 30 年间发表的成果共计使用参考文献 339 099 篇，无论是被引文献还是被引作者数量都十分巨大。本章从对工程管理科学有影响力的作者中提取每年被引次数排名前 50 位的作者，同时删除节点度为 0 的节点（不存在共被引关系的作者），构建工程管理科学作者共被引网络，网络属性见表 2.25。

表 2.25 工程管理科学作者共被引网络属性

平均度	密度	节点数	连接数	平均路径长度	子网络数
9.623	0.009	1 203	6 284	3.773	123

工程管理科学作者共被引网络的平均度较大，为 9.623，这是由于现在期刊论文的参考文献数量较多，因此共被引关系较多，网络的密度较大，平均路径长度偏小。被引次数最多的学者是层次分析法的创始人、宾夕法尼亚大学沃顿商学院的教授 Thomas L. Saaty。其他对工程管理科学较有影响力的学者见表 2.26。

表 2.26 工程管理科学高被引作者前 50

作者	被引次数	第一次被引年份	度	作者	被引次数	第一次被引年份	度
Saaty T L	331	1985	95	Winch G M	171	2000	32
Adeli H	310	1997	56	Mintzberg H	168	1986	104
Hegazy T	298	1998	52	Koskela L	168	1999	57
Eisenhardt K M	291	1999	43	Nunnally J C	165	1995	46
Love P E D	265	2002	52	Nonaka I	165	1996	51
Turner J R	261	2008	33	Eastman C M	165	1995	20
Li H	258	1995	47	Bresnen M	163	2005	46
Halpin D W	258	1985	67	Jiang X M	159	2008	18
Arditi D	248	1985	71	Tommelein I D	157	1997	37
Moselhi O	216	1994	69	AbouRizk S M	156	1996	25
Yin R K	213	2005	38	Eastman C	153	2010	17
Zadeh L A	211	1985	67	Shenhar A J	151	2008	29
Thomas H R	207	1996	40	Sacks R	147	2004	42
Russell J S	205	1996	50	Williamson O E	147	1998	22
Goldberg D E	199	1997	44	Pinto J K	144	1990	41
Chua D K H	192	2002	52	Morris P W	144	2008	32
Jaselskis E J	186	1997	50	Ballard G	143	1998	45
Flyvbjerg B	186	2008	27	Cheng M Y	142	2001	36
Hinze J	185	1985	57	Kumaraswamy M M	141	1996	50
Cheung S O	180	2005	52	Pena Mora F	141	1999	31
Cooper R G	176	1987	88	Lee S	137	2005	36
Akinci B	175	2002	38	Latham M	136	1997	45
Navon R	174	1996	45	Weick K E	136	2010	20
Chan A P C	173	2003	36	Teece D J	135	1996	46
Egan J	171	2001	41	Hair J F	135	2010	22

3. 科学共同体网络聚类结构

通过以 GN 算法为基础的模块度优化方法，对工程管理科学机构合作网络的结构进行社团识别。工程管理科学存在 36 个子机构合作团体（表 2.27），模块度 Q =0.684。

表 2.27　工程管理科学作者共被引网络聚类

ID	被引次数	作者数量	ID	被引次数	作者数量	ID	被引次数	作者数量
25	17 757	304	12	192	18	35	16	5
1	8 288	121	7	75	4	29	9	4
20	4 029	150	13	57	8	0	8	4
30	2 571	74	14	56	2	27	7	3
10	1 806	100	15	42	4	31	6	3
2	1 232	45	21	40	3	3	5	3
11	1 176	93	19	37	3	18	5	5
34	1 068	59	22	31	8	23	5	2
9	942	44	28	27	5	32	5	2
4	638	57	6	26	3	5	3	2
8	514	34	17	24	3	26	3	2
24	261	20	16	20	4	33	2	2

工程管理科学有影响力的作者根据共被引关系凝聚成了 36 个子团体，其中大部分被引频次高的作者（图中节点体积较大）都聚成了一类（ID=25），而其中比较特殊的枢轴作者是 Saaty 教授，他在共被引网络中处于较为中心的地方，且与各个子团体都有联系。本节选取具有代表性的 1 个科学共同体进行研究，即 25 号科学共同体（图 2.23）。

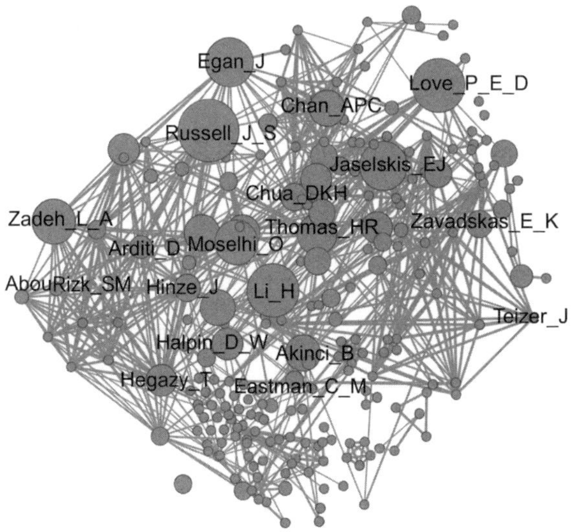

图 2.23　工程管理科学 25 号科学共同体网络

25 号科学共同体聚集了 304 位作者（表 2.28 中列举被引次数前 50 的作者），共计被引 17 757 次（被引次数是指本书研究中采集的 12 946 篇工程管理科学文献引用这些作者成果的次数）。

表 2.28　工程管理科学 25 号科学共同体

作者	被引次数	度	中心度	作者	被引次数	度	中心度
Hegazy_T	298	52	0.058	Kumaraswamy_MM	141	50	0.044
Love_P_E_D	265	52	0.022	Pena Mora_F	141	31	0.014
Halpin_D_W	258	67	0.065	Lee_S	137	36	0.021
Li_H	258	47	0.023	Latham_M	136	45	0.013
Arditi_D	248	71	0.078	Shen_LY	135	38	0.020
Moselhi_O	216	69	0.066	Zavadskas_E_K	131	29	0.023
Zadeh_L_A	211	67	0.117	Gann_DM	121	27	0.006
Thomas_HR	207	40	0.024	Teizer_J	120	16	0.007
Russell_J_S	205	50	0.050	Hendrickson_C	120	5	0.000
Chua_DKH	192	52	0.030	Hanna_AS	118	34	0.013
Jaselskis_EJ	186	50	0.047	Zhang_H	115	25	0.008
Hinze_J	185	57	0.078	Ng_ST	113	28	0.007
Cheung_S_O	180	52	0.025	Lu_M	110	29	0.011
Akinci_B	175	38	0.027	Touran_A	109	34	0.015
Navon_R	174	45	0.041	Deb_K	106	25	0.016
Chan_APC	173	36	0.016	Tam_CM	103	15	0.005
Egan_J	171	41	0.022	Kamat_VR	102	28	0.019
Koskela_L	168	57	0.027	Elrayes_K	102	26	0.006
Eastman_C_M	165	20	0.009	Molenaar_KR	101	24	0.005
Tommelein_ID	157	37	0.024	Chau_KW	100	34	0.016
AbouRizk_SM	156	25	0.009	Zhang_XQ	100	23	0.007
Eastman_C	153	17	0.010	Akintoye_A	100	15	0.001
Sacks_R	147	42	0.033	Ling_FYY	99	22	0.001
Ballard_G	143	45	0.024	Feng_CW	98	20	0.004
Cheng_MY	142	36	0.018	Fischer_M	97	34	0.057

从网络位置来讲，25 号科学共同体没有特别重要的节点，大部分的节点的中介中心度都在 0.050 以下，作者分布较为平均。

由图 2.23 可以看出，大部分的作者都聚集在了一起，相互之间的距离区分度不明显，且没有明显的集线作者和枢轴作者。25 号科学共同体聚集了大部分的高被引作者，有 47 位作者的成果被引了 100 次以上。

该科学共同体的作者分布较为紧凑，没有特别明显的中心作者。该科学共同体是工程管理科学最有影响力的子团体，作者的成果在研究主题、理论或方法上是相关的。该团体较为重要的学者有 Hegazy T、Love P E D、Halpin D W、Li H、Arditi D、Moselhi O、Zadeh L A、Thomas H R、Russell J S、Chua D K H 和 Jaselskis E J。

来自滑铁卢大学的 Hegazy 教授致力于资本管理计算工具在项目管理中的应用、决策支持系统在进度控制和延迟分析中的应用等。Hegazy 教授关于项目管理的优化算法的一些理论成果对于工程管理科学有较大影响，其于 1999 年在 *Journal of Construction Engineering and Management* 发表的关于项目管理中使用遗传算法进行资源调配和优化的文章（Hegazy，1999）被 63 篇工程管理科学的核心文献引用。

来自澳大利亚 Curtin University（科廷大学）的 Love 教授共被工程管理科学的核心文献引用 265 次。Love 教授的主要研究方向是项目控制、基础设施交付和信息系统等。

来自普渡大学的 Halpin D W 教授的科研成果共被工程管理科学的核心文献引用 258 次，他主要的研究方向是施工作业的仿真和国际工程。

来自香港理工大学的 Li H 教授所领导的建设虚拟实验室研发了建设过程模拟系统，并将该系统用于 30 多个大型建设项目。Li 教授亦任职于工程设计与建筑公司，为澳大利亚、中国的企业及政府组织提供技术支持和咨询服务。

来自伊利诺伊理工大学的 Arditi D 教授致力于建筑业、项目管理等方面的研究，他的科研成果被工程管理科学的核心文献引用 248 次。Arditi 教授有 5 篇文章被工程管理科学引用 10 次以上，其中比较有代表性的成果是 1999 年发表在 *Journal of Computing in Civil Engineering* 期刊上的文章。该文献比较了案例推理和人工神经网络两种方法在建设诉讼相关因素梳理中的应用，被工程管理科学的核心文献引用 20 次。

来自康科迪亚大学的 Moselhi O 教授从事土木工程管理的研究工作近 30 年，主要研究方向为建筑工程管理的结构分析和设计等。Moselhi 教授的研究成果被工程管理科学的核心文献引用了 216 次，其中于 1991 年发表在 *Journal of Construction Engineering and Management* 上的关于建设领域神经网络方法的文献被引用了 31 次。

来自加利福尼亚大学伯克利分校的 Zadeh L A 教授的研究成果被工程管理科学核心文献引用了 211 次。Zadeh 教授是著名的自动控制专家，美国工程科学院院士，1949 年获哥伦比亚大学电机工程博士，现任加利福尼亚大学伯克利分校电机工程与计算机科学系教授，因发展模糊集理论的先驱性工作而获 IEEE 的教育勋章。Zadeh 于 1965 年发表的模糊集理论的文献被工程管理科学的核心文献引用了 128 次。

来自宾夕法尼亚州立大学的 Thomas H R 教授的研究成果被工程管理科学核心文献引用了 207 次。Thomas 教授的主要研究方向是生产效率的计量、分析、提升和控制，合同、合同解释和合同监管。他于 1995 年发表在 *Journal of Construction Engineering and Management* 中的关于工程变更对工人生产效率影响的度量的文献被工程管理科学核心文献引用了 21 次，他还有另外 4 篇文献被引用超过 10 次。

2.5 工程管理科学前沿热点分布和演化、经典主题及其结构

工程管理科学发展至今，形成了诸多持续研究热点。虽然有学者对这些研究热点的出现和演变进行了分析，但是较少运用定量和可视化的方式来分析工程管理科学的研究热点。同时，虽然有学者对于某些工程管理科学的研究热点本身进行了分析，但是缺乏对于热点相互之间关系和结构的研究，且较少采用定量的方式来识别工程管理科学重要的经典研究主题。对于一门科学的热点相互之间的关系和结构，库恩认为，科学的发展和演化不是线性的，而是通过彻底的范式转换为主要特征发展的（Kuhn，2012）。工程管理科学发展至今，没有学者能够从库恩的范式来解释工程管理科学的发展规律和识别工程管理科学的结构。因此这一节用定量和可视化的方法，识别工程管理科学的研究热点，分析它们的关系和结构，度量它们的重要性。

2.5.1 工程管理科学前沿热点分布

科技论文的所有属性当中，关键词能概括论文的研究内容，词与词之间可进行各种组配，如种属、限定、交叉等以表达学科内容各方面的复杂概念。关键词作为文献核心内容的集中概括，能够较好地反映某一研究领域的主题分布与特点。在学科萌芽阶段，新的关键词不断涌现；但随着学科的逐渐发展，核心关键词的数量会逐渐趋于稳定并成为该领域的核心词。

通过关键词组成及其共现关系，绘制工程管理科学热点共现网络，可以揭示研究成果的总体内容特征、研究内容之间的内在联系、学术研究的发展脉络与发展方向。

1. 工程管理科学关键词共现网络拓扑结构

工程管理科学 30 年间共有 16 969 个关键词出现，存在 24 676 个共现关系（表 2.29）。

表 2.29　工程管理科学关键词共现原始网络属性

平均度	密度	节点数	连接数	平均路径长度	子网络数
2.908	0.000	16 969	24 676	6.95	473

通过计算，合作网络度分布 ρ_k（节点的度等于 k 的概率）的对数与度 k 的对数存在显著的线性关系（图 2.24），幂律指数 $\alpha = 2.472$。典型无标度网络 α 的区间为[2,3]，关键词共现网络的幂律指数就在这个区间内，度分布的对数与度的对数存在显著的线性关系，属于服从幂律分布的无标度网络，说明工程管理科学的关键词呈现择优连接（富者越富机制）特征，也就是说热点研究问题更容易受到学者的青睐。

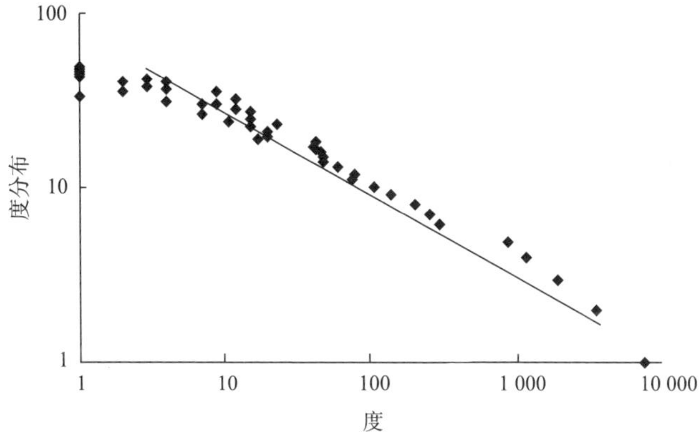

图 2.24　工程管理科学关键词度分布与度的 log-log 图

2. 工程管理科学关键词共现网络属性与静态结构

借助模块度最优法，通过关键词之间的共现次数强弱关系，对工程管理科学的研究热点进行分类，将工程管理科学研究热点分为了 70 类，Q=0.752。见表 2.30。

表 2.30　工程管理科学热点群分类

ID	出现次数	关键词数量	ID	出现次数	关键词数量	ID	出现次数	关键词数量
6	2 655	771	13	849	267	60	567	253
18	2 603	395	4	762	300	67	557	280
8	2 032	668	28	706	321	14	540	266
32	1 224	432	29	692	323	69	535	276
24	1 206	349	51	662	198	26	522	278
17	1 062	562	12	653	251	65	517	212
2	969	227	7	613	259	41	498	228
0	944	343	16	586	216	44	496	183

续表

ID	出现次数	关键词数量	ID	出现次数	关键词数量	ID	出现次数	关键词数量
53	496	215	62	414	180	21	360	195
22	478	202	20	408	152	45	352	191
68	472	253	49	408	192	59	343	180
54	466	223	48	392	221	52	342	201
3	459	183	42	387	159	47	339	169
30	455	224	70	379	220	50	329	193
34	415	210	27	368	209	63	327	191

注：表中仅列举出现次数排名前 45 的热点群

工程管理科学的关键词组成了 70 个子热点群，每个子热点群之间重复的关键词较少，关键词区分度较好，对于出现次数较多的重要子热点群，进行单独的绘制。

（1）6 号热点群（图 2.25）。6 号热点群主要以可持续和优化为主，主要的关键词有优化（optimization）、可持续发展（sustainable development）、建筑（buildings）、维护（maintenance）、神经网络（neural networks）、建设成本（construction costs）和能源消耗（energy consumption），具体如表 2.31 所示。

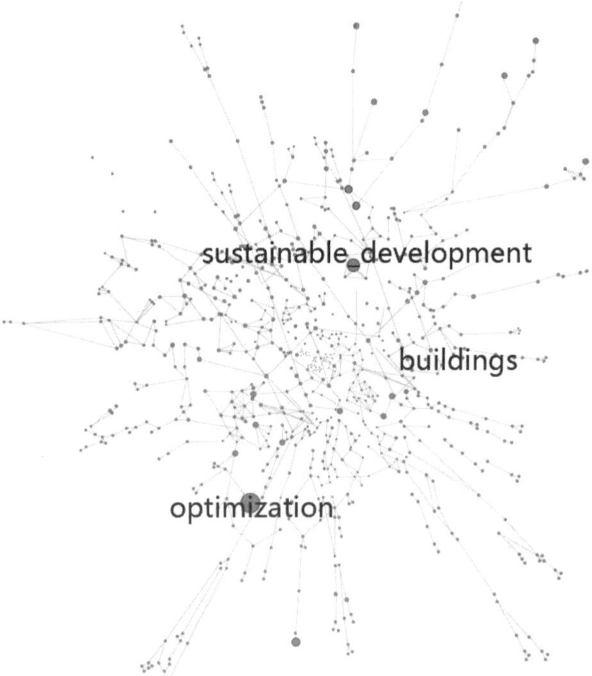

图 2.25　6 号热点群共现网络

表 2.31　6 号热点群主要关键词

关键词	频次	度	中心度	关键词	频次	度	中心度
optimization	174	29	0.094	environmental issues	25	23	0.070
sustainable development	113	36	0.030	measurement	24	23	0.071
buildings	69	21	0.043	conceptual design	23	23	0.036
maintenance	50	36	0.083	sensors	23	27	0.052
neural networks	50	31	0.089	geographic information systems	23	25	0.077
construction costs	47	25	0.077	delivery	21	17	0.012
energy consumption	41	21	0.014	networks	20	16	0.027
life cycles	37	21	0.068	estimation	20	23	0.062
cost control	34	29	0.060	damage	20	16	0.053
construction materials and methods	31	3	0.000	quantitative analysis	19	11	0.013
regression analysis	29	21	0.046	construction planning	19	18	0.020
deterioration	29	18	0.046	construction methods	19	13	0.032
construction materials	26	21	0.051	databases	18	21	0.030
statistics	25	18	0.071	cost estimates	17	15	0.008
bridges	25	27	0.043	highways and roads	17	12	0.014

注：表中仅列举频次排名前 30 的关键词

（2）0 号热点群（图 2.26）。0 号热点群包含 343 个关键词，主要的研究热点为可持续性（sustainability）、公共政策（public policy）、环境评价（environmental assessment）、技术（technology）、质量（quality）、可持续建筑（sustainable building）、时间（time）和标准化（standardization），具体见表 2.32。

该热点群最为核心的两个关键词是 sustainability 和 public policy，这两个关键词位于网络的中心位置，且被学者标注为文献关键词的次数最多。Sustainability 的共现关键词（被学者以关键词的形式同时标注在一篇文献中）见图 2.27。工程管理科学的学者在研究可持续问题时常常会与碳交易（carbon trading）、公共政策（public policy）、能源节约（energy saving）、环境绩效（environmental performance）、可持续建筑（sustainable building）、消耗（consumption）和环境管理系统（environmental management systems）等问题结合起来研究。

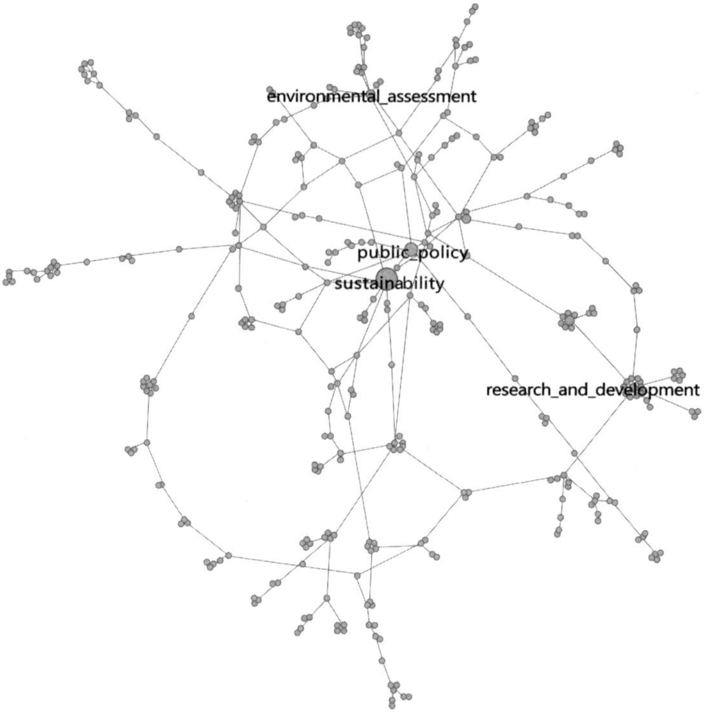

图 2.26　0 号热点群共现网络

表 2.32　0 号热点群主要关键词

关键词	频次	度	中心度	关键词	频次	度	中心度
sustainability	135	36	0.150	diffusion	9	12	0.124
public policy	72	39	0.097	consumption	8	10	0.075
environmental assessment	30	15	0.104	valuation	7	9	0.064
technology	27	41	0.157	performance-based building	7	8	0.058
quality	23	22	0.085	construction markets	7	9	0.032
sustainable building	23	32	0.293	energy savings	6	9	0.049
time	19	17	0.087	patents	6	8	0.167
standardization	18	26	0.292	intellectual property	5	8	0.006
green building	17	17	0.287	Africa	5	7	0.076
research and development	15	26	0.175	energy policy	5	6	0.052
germany	13	15	0.026	space syntax	5	5	0.062
energy performance	12	8	0.018	sustainability indicators	5	14	0.047
urban planning	10	24	0.167	leed	5	9	0.049
process	9	11	0.040	it	5	10	0.034
business systems	9	5	0.000	temporal perspectives	4	5	0.007

注：表中仅列举频次排名前 30 的关键词

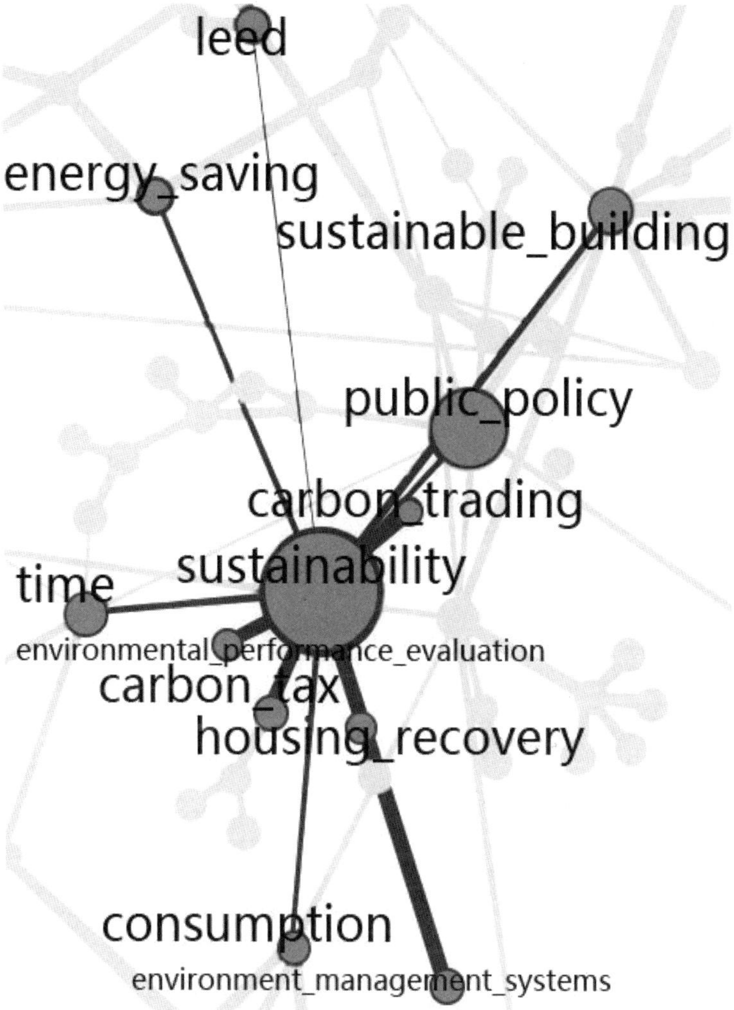

图 2.27　sustainability 共现关键词

公共政策（public policy）的主要共现词有管理策略（management strategies）、国有企业（state owned enterprises）、可持续建筑（sustainable building）和建设价值（construction value）。工程管理科学的学者在开展宏观层面的可持续性问题研究时，多数从建筑业或建筑部门的角度结合制度和政策等理论进行分析，因此衍生出一些相关的热点如可持续建筑（sustainable building）和碳交易（carbon trading）。

该热点群另外较为重要的研究热点是环境评估（environmental assessment），在研究可持续建筑（sustainable building）相关问题时有的学者借助环境评估工具来评价可持续建筑。

（3）18 号热点群（图 2.28）。18 号热点群共包含 395 个关键词，共计出现次数为 2 603 次，主要的研究热点为项目管理（project management）、建设/施工管理（construction management）、建设/施工（construction）、仿真（simulation）、风险管理（risk management）、生产效率（productivity）、不确定性（uncertainty）、合同（contracts）、模糊集（fuzzy sets）和成本（costs），具体如表 2.33 所示。

图 2.28　18 号热点群共现网络

表 2.33　18 号热点群主要关键词

关键词	频次	度	中心度	关键词	频次	度	中心度
project management	463	40	0.104	highway construction	22	18	0.021
construction management	321	25	0.087	Monte Carlo method	20	21	0.100
construction	261	45	0.030	the Netherlands	18	37	0.125
simulation	195	36	0.169	building	18	17	0.023
risk management	163	34	0.138	public-private partnerships	18	12	0.015
productivity	128	38	0.136	pricing	16	19	0.077
uncertainty	57	49	0.395	facilities management	16	18	0.085
contracts	49	24	0.147	defects	15	15	0.003
fuzzy sets	45	28	0.068	bids	14	16	0.026
costs	41	19	0.182	incentives	12	14	0.019
fuzzy logic	40	23	0.124	construction cost	11	14	0.040
resource allocation	31	31	0.079	earned value management	11	13	0.036
forecasting	26	21	0.141	South Africa	10	18	0.070
construction safety	23	17	0.132	mitigation	10	10	0.090
motivation	22	22	0.051	benefits	10	11	0.104

注：表中仅列举频次排名前 30 的关键词

建设/施工管理（construction management）是一个比较大的研究范畴，与它相关的研究热点有 25 个，如风险管理（risk management）、蒙特卡洛法（Monte Carlo method）、合同（contracts）、仿真（simulation）和荷兰（the Netherlands）。

项目管理（project management）是该热点群另一个重要关键词，与项目管理相关的研究热点有层次分析法（analytic hierarchy process）和建筑业文档管理（construction industry document management）等关键词。

（4）8 号热点群（图 2.29）。8 号热点群共包含 668 个关键词，共计出现 2 032 次。该热点群重要的关键词有创新（innovation）、质量控制（quality control）、建筑绩效（building performance）、能源（energy）和设计过程（design process），见表 2.34。

图 2.29　8 号热点群共现网络

表 2.34　8 号热点群主要关键词

关键词	频次	度	中心度	关键词	频次	度	中心度
innovation	130	41	0.037	project delivery	23	18	0.051
quality control	66	36	0.069	research policy	23	18	0.026
building performance	57	29	0.204	strategy	21	18	0.036
energy	54	28	0.072	energy demand	21	11	0.014
design process	40	29	0.020	adaptive behaviour	21	10	0.022
feedback	38	35	0.177	value	20	32	0.104
comfort	38	12	0.050	building information models	20	10	0.004
building design	30	27	0.047	natural ventilation	18	16	0.102
thermal comfort	28	28	0.117	life-cycle assessment	16	13	0.045
R&D	28	22	0.079	environmental performance	16	23	0.045
trends	28	30	0.098	indoor environmental quality	15	12	0.029
computer software	25	20	0.000	air-conditioning	13	10	0.020
green buildings	25	19	0.048	facility management	13	14	0.058
Sweden	24	38	0.048	daylighting	13	10	0.061
post-occupancy evaluation	24	27	0.175	alternative technology	12	14	0.031

注：表中仅列举频次排名前 30 的关键词

从研究热点的出现频次来讲，创新（innovation）是该研究热点群中被学者提及最多的关键词，但是在这个网络中创新的网络位置的重要程度较低，中介中心度也只有 0.037。

该热点群最主要的关键词是建筑绩效（building performance），中介中心度为 0.204。

建筑绩效（building performance）的相关研究有可维护性（maintainability）、反馈（feedback）、绿色建筑（green building）、供暖（space heating）、制冷（cooling）、自然通风（natural ventilation）、使用感知（occupant perception）等。这一类研究热点主要集中在通过建筑提供的功能来评价建筑绩效等相关问题。

2.5.2　工程管理科学经典主题及其结构

1985~2014 年，工程管理科学共有 15 082 个关键词被学者标注，但是其中有

12 878 个关键词仅仅出现过 1 次或 2 次，因此为了识别工程管理科学的经典主题和它的主干结构，需要对工程管理科学关键词进行筛选。

根据 Price 经典理论，经典的作者个数是所有作者数量的平方根。经典关键词和经典作者在出现次数上有着类似的特征，即少数关键词能受到更多学者的关注。因此借用经典作者的识别方法，经典主题的个数应该是所有主题个数的平方根，同时出现次数满足 $m = 0.749\sqrt{n_{\max}}$ 。

经过计算，工程管理科学的经典主题词个数为 122 个，因此选取出现次数超过 122 次的关键词及其共现关系，构建工程管理科学经典主题词共现网络，用模块度最优法对其结构进行识别，见图 2.30。

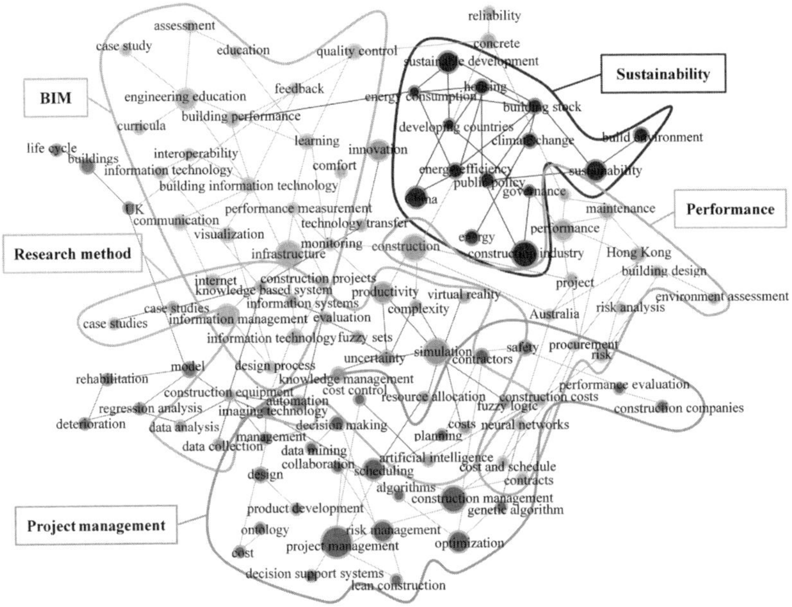

图 2.30　工程管理科学经典主题结构

通过模块度最优法，根据不同主题之间的远近亲疏关系，对工程管理科学的经典主题进行分类。工程管理科学共有五个不同的经典研究方向，根据研究内容分别命名为项目管理、可持续性、BIM、研究方法和工程绩效。

1）项目管理

图 2.30 中 Project management 区域是以项目管理为主要方向的研究主题，包含了项目管理中具有代表性的热点问题，具体为建设/施工管理（construction management）、成本控制（cost control）、决策（decision making）、计划（planning）、进度（scheduling）、协同（collaboration）、设计（design）、风险管理（risk management）、精益建造（lean construction）、优化（optimization）、绩效评估（performance evaluation）、承包商（contractors）和安全（safety），具体见表 2.35。

表 2.35　项目管理方向的经典研究主题

关键词	频次	首次出现年份	关键词	频次	首次出现年份
project management	463	1991	ontology	58	2004
construction management	321	1991	collaboration	51	2000
optimization	174	1994	management	45	1994
risk management	163	1991	performance evaluation	38	1991
scheduling	144	1994	decision support systems	35	1996
genetic algorithm	108	1998	cost control	34	2002
design	99	1993	product development	34	1991
decision making	97	1991	cost	34	2000
contractors	94	1995	data mining	33	1999
safety	84	1994	construction companies	29	2002
algorithms	64	2002	lean construction	29	2003
planning	63	1997			

项目管理方向的研究热点是工程管理科学的核心研究内容，project management（项目管理）和 construction management（建设/施工管理）是工程管理科学出现次数最多的关键词。项目管理方向的热点出现较早，是工程管理科学非常具有生命力的一个研究方向。

2）可持续性

图 2.30 中 Sustainability 区域代表了工程管理科学可持续相关的研究主题，主要研究热点为可持续性（sustainability）、可持续发展（sustainable development）、住房（housing）、中国（China）、建筑存量（building stock）、公共政策（public policy）、能源效率（energy efficiency）、气候变化（climate change）、建筑环境（built environment）、治理（governance）、能源消耗（energy consumption）和发展中国家（developing countries），具体见表 2.36。

表 2.36　可持续方向的经典研究主题

关键词	频次	首次出现年份
sustainability	135	1998
sustainable development	113	1996
housing	89	1994
China	89	1994
building stock	89	1999
public policy	72	1997
energy efficiency	65	1996
climate change	64	2001
built environment	62	1996
energy	54	1997
governance	43	2000
energy consumption	41	1994
developing countries	34	1994

3）BIM

图 2.30 中 BIM 区域代表了 BIM 相关的研究主题，主要包括基础设施（infrastructure）、工程教育（engineering education）和质量（quality control）控制等研究热点，具体见表 2.37。

表 2.37　BIM 方向的经典研究主题

关键词	频次	首次出现年份	关键词	频次	首次出现年份
building information modeling	206	2004	construction projects	46	1996
infrastructure	155	1996	monitoring	42	1994
engineering education	117	1991	design process	40	1999
information technology	106	1991	case study	39	1991
information management	92	1999	feedback	38	1996
quality control	66	1994	comfort	38	1994
building performance	57	1997	assessment	31	1996
communication	54	2001	interoperability	30	2004
learning	52	2000	curricula	29	2002
visualization	50	1997	education	29	1999
internet	46	2001	performance measurement	29	2000

BIM 主题的相关研究内容主要包含三个方面：①BIM 技术本身相关研究，包括建筑信息模型（building information modeling）、信息技术（information technology）、可视化（visualization）、监测（monitoring）和互联网（internet）；②应用BIM带来的管理问题，包括信息管理（information management）、建筑绩效（building performance）、质量控制（quality control）、评估（assessment）、协作性（interoperability）和绩效管理（performance measurement）；③如何更好地应用BIM，如工程教育（engineering education）、沟通（communication）、学习（learning）、设计过程（design process）、反馈（feedback）和课程（curricula）。

4）研究方法

图 2.30 中 Research method 区域包含的研究主题主要是工程管理科学的研究方法，这类研究主题在工程管理科学中的应用较为广泛，大部分节点处于网络的中心位置，与其他不同类别的研究主题也存在较多的共现关系。

这类经典研究主题主要包括仿真（simulation）、自动化（automation）、知识管理（knowledge management）、项目成功（project success）、人工智能（artificial intelligence）、模糊逻辑（fuzzy logic）、数据收集（data collection）、案例研究（case studies）、虚拟现实（virtual reality）、复杂性（complexity）、信息系统（information systems）和数据分析（data analysis）等，具体见表 2.38。

表 2.38 研究方法方向的经典研究主题

关键词	频次	首次出现年份	关键词	频次	首次出现年份
simulation	195	1995	fuzzy logic	40	2000
innovation	131	1995	data collection	40	2003
productivity	128	1991	case studies	40	1995
automation	76	1999	evaluation	37	2001
knowledge management	75	1997	virtual reality	35	2000
uncertainty	59	1996	complexity	33	1998
project success	51	1997	information systems	33	1994
fuzzy sets	49	2001	data analysis	32	1991
construction equipment	44	1995	resource allocation	31	1996
artificial intelligence	42	2000	knowledge-based systems	31	1995
costs	41	1994	technology transfer	30	1995

5）工程绩效

图 2.30 中 Performance 区域代表了工程绩效相关的研究主题，主要包括建设/施工（construction）、绩效（performance）、风险（risk）、混凝土（concrete）、采购（procurement）、维护（maintenance）、合同（contracts）、建设/施工成本（construction costs）、成本和进度（cost and schedule）、风险分析（risk analysis）和可靠度（reliability），具体见表 2.39。

表 2.39　绩效方向的经典研究主题

关键词	频次	首次出现年份	关键词	频次	首次出现年份
construction	261	1994	construction costs	47	2002
performance	77	1994	Australia	44	1995
risk	75	1999	project	37	1998
concrete	60	1996	cost and schedule	33	2008
Hong Kong	57	1995	risk analysis	33	1991
procurement	53	1998	reliability	30	1999
maintenance	50	1994	building design	30	1996
neural networks	50	1995	environmental assessment	30	1999
contracts	49	1995	durability	29	1994

2.5.3　工程管理科学前沿热点演化

在工程管理科学的文献中标注关键词始于 20 世纪 90 年代初。如表 2.40 所示，1991~1994 年，工程管理科学的研究热点由 328 个不同的关键词构成，这个阶段工程管理科学的研究内容相对较为单一，关键词共现较少，平均每一篇文章使用的关键词数量为 0.583 个，关键词共现关系也仅仅为 273 个。这一阶段工程管理科学研究热点也较为分散，没有形成一个大的联通的网络，且学者热衷的前 20 个研究热点只有项目管理（project management）、建设/施工管理（construction management）、进度（scheduling）、建设/施工（construction）和住房（housing）5 个研究热点在最近的一个阶段（2010~2014 年）保持在了前 20（图 2.31）。这个阶段学者还比较局限于某一地区的工程管理问题，如 Hong Kong、Moscow 和 India 等地区成了研究热点。

表 2.40　工程管理科学关键词共现网络结构和属性演化

阶段	平均度	密度	节点数	连接数	平均路径长度
1991~1994 年	1.665	0.001	328	273	2.394
1995~1999 年	2.030	0.002	1 247	1 266	9.287
2000~2004 年	2.364	0.001	2 935	3 469	8.516
2005~2009 年	2.370	0.001	4 698	5 566	8.559
2010~2014 年	2.478	0.000	11 527	14 282	8.894

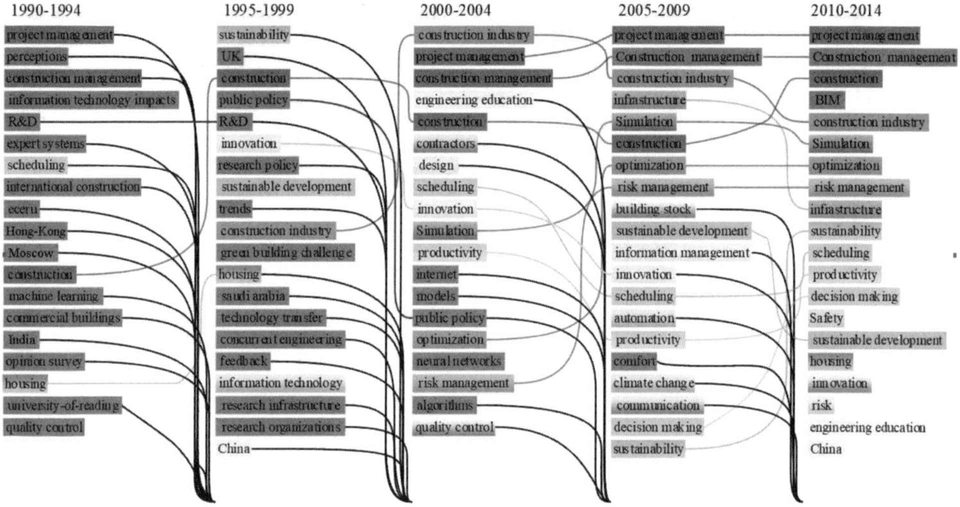

图 2.31　工程管理科学热点演化

1995~1999 年，工程管理科学共有 1 247 个不同的关键词被学者标注，存在 1 266 个关键词的共现关系。工程管理科学热点初步形成了一个较大的联通网络。这一阶段可持续性（sustainability）成为最受工程管理学者关注的热点问题，公共政策（public policy）和研究政策（research policy）等方向在当时也受到了关注。

2000~2004 年，工程管理科学共有 2 935 个不同的关键词被学者标注，存在 3 469 个关键词共现关系，这个阶段绝大部分的关键词组成了一个较为紧密的网络。通过 forcealter 2（中心增强）的布局（将连接数量较多的关键词布局在中心）绘制出了一个中心区域密集、边缘区域宽松的热点共现网络。这是因为在中间区域的热点总是能引起学者的关注，同时有一些热点如 construction（建设/施工）、construction management（建设/施工管理）和 project management（项目管理）等含义较为广泛，因此被标注成关键词的概率较大。可持续性在该阶段的相对热度没有进入前 20，而建筑业（construction industry）、项目管理（project management），以及项目管理相关一些研究问题，如设计（design）、承包商（contractors）、优化（optimization）、风险管理（risk management）和质量控制（quality control）成了这一阶段工程管理研究的主流方向。

2005~2009 年，工程管理科学共有 4 698 个不同的关键词被学者标注，存在 5 566 个关键词共现关系，热点共现网络较上一个阶段更为紧密。项目管理（project management）及相关的研究问题依然受到学者青睐，而新出现了基础设施（infrastructure）、建筑存量（building stock）、生产效率（productivity）、决策（decision making）和可持续发展（sustainable development）等研究热点。

2010~2014 年，工程管理科学共有 11 527 个不同的关键词被学者标注，存在 14 282 个关键词共现关系，形成了迄今为止规模最大的热点共现网络。这个阶段 BIM 异军突起，成为新出现的研究热点，相对热度仅低于项目管理（project management）、建设/施工管理（construction management）。可持续性（sustainability）和可持续发展（sustainable development）、决策（decision making）、建筑业（construction industry）等依然受到学者的青睐。

第3章　重大工程管理科学的结构

词频分析和引文分析是科学计量学的传统研究方法。20 世纪 70 年代后，学者开始将词频分析和引文分析结合，借助复杂网络方法进行研究，关键词共现和文献共被引分析方法相继被学者提出，用来研究学科的前沿和结构。本章采用了关键词共现和文献共被引分析方法，将重大工程管理的研究前沿和知识基础描绘成可视化的网络形式，分析其知识内容和结构。

3.1　重大工程管理主题结构

3.1.1　关键词共现分析方法

科学文献的关键词是反映某一特定科学领域或学科知识组成的基本单元，可以间接映射出该领域内研究热点的关系和结构（Su and Lee，2010）。关键词共现分析源于共词分析法，被作者标识在同一篇文献中的关键词即存在共现关系。该方法通过构建一定数量文献的关键词共现网络，分析特定科学领域研究热点或主题之间的关系和结构以及科学领域的发展趋势等（Callon et al.，1983）。关键词共现分析方法已经被诸多领域应用，如软件工程（Coulter et al.，1998）、信息管理领域（Rokaya et al.，2008）和计算机智能技术（Lopez-Herrera et al.，2010）等领域。

文献共被引网络中的节点是给定文献中引用的参考文献，它们之间的共被引关系构成了节点之间的连接，而共被引强度则是它们之间连接的权重，因此共被引网络通常是一个无向加权网络。权重的计算公式如下：

$$c_{ij} = \frac{cc[i,j]}{\sqrt{c[i]c[j]}} \tag{3.1}$$

其中，$cc[i,j]$是共同引用参考文献 i 和 j 的文献数量；$c[i]$和$c[j]$分别是参考文

献 i 和 j 总共被引用的次数。在一个共被引分析中，两个参考文献被不同的文献同时引证并列在参考文献中的频次被认为是一种测量这两个参考文献相似度的方式。本书通过构建参考文献的共被引网络，揭示重大工程管理现有的知识基础、结构和内容，识别知识结构。

3.1.2　重大工程管理科学知识基本信息分析

从 1986 年开始，WoS 数据库能够检索到重大工程管理相关的文献，但数量较少。2007 年之后，重大工程管理的研究开始增多，尤其是 2013~2015 年学者们发表了 75 篇重大工程管理相关的文献，占总数的 43%（图 3.1）。从期刊的分布来看，重大工程管理的前沿文献多数发表在项目管理和工程管理理论、方法和应用的期刊中，而发表在信息技术管理相关期刊中的文献相对较少，期刊 *Computer-Aided Civil and Infrastructure Engineering* 甚至没有检索到重大工程管理相关文献。

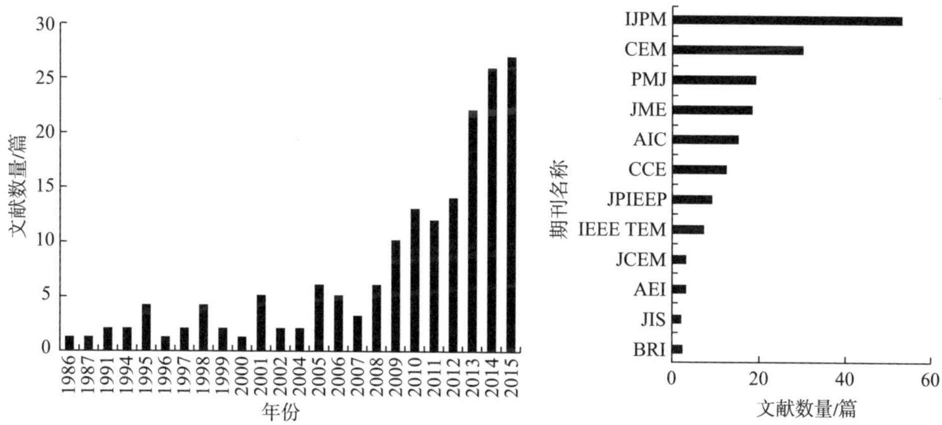

（a）年份分布　　（b）期刊分布

图 3.1　重大工程管理科学前沿文献的年份与期刊分布

3.1.3　重大工程管理主题网络构建

1）重大工程管理主题网络属性分析

通过识别重大工程管理前沿文献的关键词及其共现关系，构建重大工程管理的关键词共现矩阵，绘制主题网络。重大工程管理主题网络共有 511 个不同的关键词，共出现 697 次，存在 1 593 个共现关系。重大工程管理主题网络平均度为 5.934，即平均每个关键词与另外 5.934 个关键词存在共现关系。网络密度为

0.012，聚集系数为 0.918，平均路径长度为 3.587，具体如表 3.1 所示。从网络属性来看，主题网络最大的特征是高聚集度，聚集系数为 0.918，主题网络节点的两个邻居也存在连接的概率为 91.8%，主题网络中存在大量的三角形结构。

表 3.1　重大工程管理主题网络属性

平均度	密度	节点数	连接数	聚集系数	平均路径长度
5.934	0.012	511	1 593	0.918	3.587

2）重大工程管理主题网络的节点属性测度

重大工程管理主题群中出现次数最多的关键词是项目管理（project management），共出现 30 次，即 176 篇重大工程管理前沿文献中有 30 篇将项目管理标注为关键词。其他比较重要的主题有重大项目（megaproject）、建设/施工管理（construction management）、风险管理（risk management）、复杂性（complexity）、进度（scheduling）、不确定性（uncertainty）等。这些出现次数较多的关键词大都具备较好的网络属性，具体如表 3.2 所示。

表 3.2　重大工程管理主题网络节点属性测度（出现次数前 20 的关键词）

序号	关键词	出现次数	度	中介中心度	接近中心度
1	project management	30	118	0.301	0.518
2	megaproject（s）	18	65	0.170	0.470
3	construction management	9	39	0.054	0.428
4	risk management	8	37	0.040	0.392
5	complexity	8	37	0.037	0.398
6	scheduling	7	32	0.064	0.387
7	uncertainty（ies）	7	26	0.037	0.415
8	infrastructure	6	29	0.029	0.415
9	risk	6	27	0.037	0.376
10	case study（case studies）	6	29	0.023	0.402
11	construction	5	28	0.021	0.367
12	building information modeling（BIM）	5	22	0.041	0.344
13	simulation	4	17	0.026	0.379
14	complex projects	4	14	0.019	0.386
15	construction industry	4	13	0.005	0.353
16	complex project management	4	18	0.034	0.367
17	strategy	4	20	0.059	0.396
18	stakeholder（s）	4	16	0.036	0.390
19	major project（s）	3	11	0.014	0.294
20	cost overrun	3	13	0.000	0.328

3）无标度网络模型的验证

为了验证重大工程管理主题网络的拓扑属性，计算主题网络的度与度分布，绘制度与度分布的log-log图，如图3.2所示。对数坐标系下散点图近似于直线说明度和度分布的关系大体上符合式（1.3）幂律形式。根据式（1.4）对主题网络的度与度分布的对数进行线性拟合，拟合的方程如下：$\ln \rho_k = -1.593 \ln k - 0.599$。对数线性函数的 F 统计量为 53.173，在 5%置信度下该方程具备显著的统计学意义；α=1.593，统计量 t=− 7.292，5%置信度下该系数具备显著的统计学意义。

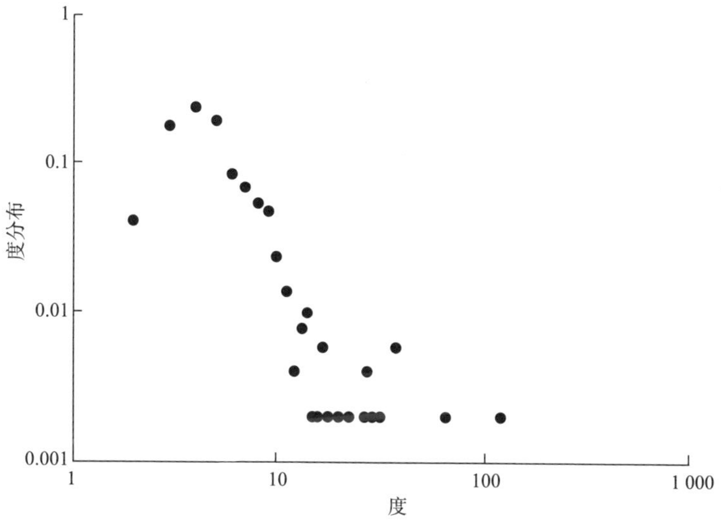

图 3.2　重大工程管理度与度分布 log-log 图

主题网络度与度分布具备幂律关系，用幂律函数可表示为 $\rho_k = -0.599k^{-1.593}$，也就是说重大工程管理的主题网络是一个无标度网络。无标度网络的关键特征是网络集散节点的存在，以及少数节点度较大，与其他许多节点存在连接，而多数节点的节点度较小（Newman，2010）。之所以出现这种网络结构形式，学者们一般认为是择优连接（富者越富）的机制造成的。

幂律指数 α 代表了网络度分布均匀程度，α 越大，代表度分布差距越大，即越少的节点占据了更多的连接。大部分无标度网络的参数取值区间为[2,3]，重大工程管理主题网络的幂律指数 α=1.593 偏小，也就是说相比于其他一些典型的无标度网络，主题网络的节点占有的连接数量差异性较小，原因可能如下。

（1）重大工程概念的范畴较大，容易产生歧义，其表述方式也较多，如 macro project、macro engineering、macro infrastructure、large scale project、large scale engineering 和 large scale infrastructure 等。本书中的主题网络中重大工程的共现关系被上述关键词分流，即学者在文献中标识自己的关键词时用了不同的重大工程的表达方式，导致该领域最重要的节点的连接数占有量分流，因此幂律指数较小。

（2）作者关键词一般代表了科技文献的研究对象、基本理论和研究方法等，这也说明了学者对于重大工程管理的研究对象、基本概念方法和理论等没有形成统一的共识，从侧面反映出重大工程本身的复杂性，导致重大工程管理相关的文献关键词不集中。

3.1.4 重大工程管理主题网络结构识别与分析

通过模块度最优法，依照主题之间的远近亲疏关系对重大工程管理主题网络进行结构识别，同时绘制重大工程管理主题网络图，具体如图 3.3 所示。

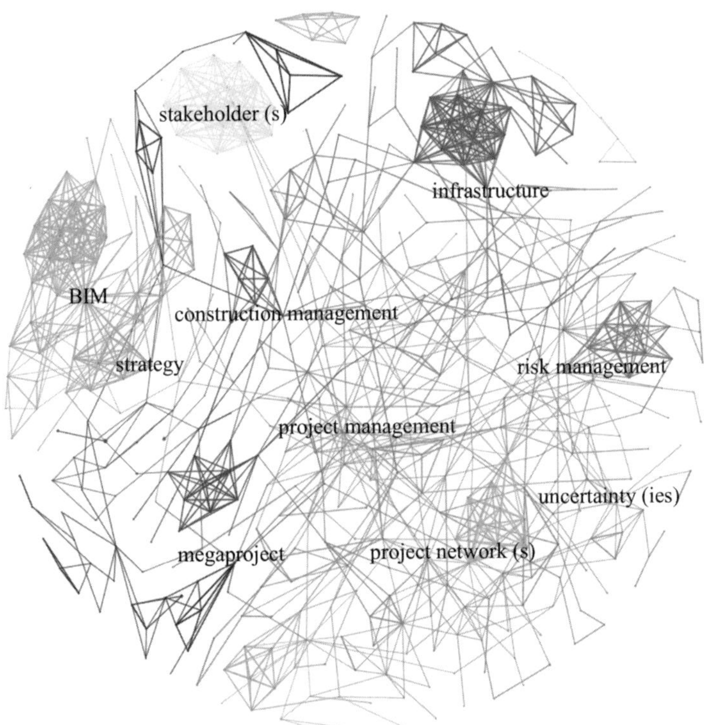

图 3.3 重大工程管理主题网络

重大工程管理全部 511 个关键词聚集成 40 个主题群。其中 18 个主题群组成了一个联通的网络，包含 395 个主题词（占全部主题词的 77.3%），共计出现 576 次（占全部主题词出现频次的 82.6%）。不同灰度代表了不同主题群，同个主题群的关键词之间关系较为紧密，不同主题群关键词之间的关系较为疏远。

每个主题群因为相互之间存在较强的共现关系而聚集在一起，主题群的研究热点都具备一定的独立性。关键词的数量和频次的分布不均，22 个主题群的关键词出现频次少于 10，而 3 个主题群的关键词出现频次大于 50，具体如表 3.3 所示。本章对出现频次大于 20 且包含不少于 20 个关键词的 10 个主题群逐一进行分析。

表 3.3　重大工程管理主题网络子群体

子群体 ID	主题词出现频次	主题词数量	代表关键词	子群体 ID	主题词出现频次	主题词数量	代表关键词
29	71	37	project management	1	8	8	scale
2	67	40	megaproject（s）	26	8	6	rapid manufacturing
11	62	43	risk management	19	7	6	mega construction projects
39	45	30	infrastructure	15	6	6	project management information systems
5	43	33	strategy	27	6	6	parametric design
13	43	30	stakeholder（s）	33	6	6	drainage
28	42	24	construction management	6	5	5	infrastructure construction
18	37	26	uncertainty（ies）	7	5	5	virtual prototyping
31	27	21	BIM	9	5	5	hold up
20	25	20	project network（s）	3	4	4	program organization
12	25	17	risk	8	4	4	argument mapping
17	15	11	complex projects	10	4	4	complex project environments
24	15	13	resource management	14	4	4	complex adaptive system
25	15	12	innovation	16	4	4	owner organization design
4	14	12	program management	22	4	4	Bayesian networks
21	13	11	RFID	36	4	4	Thai construction industry
35	12	11	selection criteria	37	4	4	megasite management
32	11	10	project history	38	4	4	project management offices
30	9	8	genetic algorithm	23	3	3	deadlines
0	8	7	contract management	34	3	3	4D tool

1）项目管理（project management，ID=29）

以项目管理为主的 29 号主题群包含 37 个不同的主题词，共出现 71 次，其中 33 个主题词仅出现 1 次，其余 4 个关键词分别为项目管理（project management，30 次）、复杂项目管理（complex project management，4 次）、信息管理（information management，2 次）和网络分析（network analysis，2 次）。由图 3.3 可以看出，相比于其他主题群，该主题群边界不是很清晰，主要是因为项目管理概念的范畴较大。

2）重大项目（megaproject，ID=2）

以重大项目为首的 2 号主题群包含了 40 个主题词，共计出现 67 次。通过具体分析可以看出，重大项目的研究热点包括了一般项目管理的研究内容和重大项目特有的研究内容。一般项目管理的研究热点包括成本超支（cost overrun）、信息和通信技术、进度延期、成本控制、协同和组织、学习模式等。重大项目特有的研究热点主要有大尺度施工、复杂问题解决，以及一些具体的案例分析，如核电站、胡佛大坝、采矿场、高速铁路、实践和经验学习等。

3）风险管理（risk management，ID=11）

该主题群主要的研究方向是复杂性（complexity，8 次）、风险管理（risk management，8 次）、绩效（performance，2 次）和领导力（leadership，2 次）。从主题网络图中可以看出，这 4 个研究主题相互之间都存在共现关系，且以这 4 个主题为核心，分别向外辐射到该主题群其他诸多主题，这 4 个主题词起到了集线器的功能。从内容上来看，由于重大工程的复杂性，如何有效地应对风险是关键问题。在相关数据分析之外，需要管理上的干预，出色的领导力可以在风险模型之外有效地识别、防控风险（Thamhain，2013）。

4）基础设施（infrastructure，ID=39）

39 号主题群主要包括基础设施、案例分析、组织问题和沟通。起初，学者较为关注重大基础设施建设-运营-交付（build-operate-transfer，BOT）问题，如 BOT 的模式以及如何在重大基础设施项目中更好地实施 BOT（Kumaraswamy and Morris，2002；Salman et al.，2007）。2010 年之后，学者更多用具体的重大基础设施工程案例为研究对象，测度重大基础设施的复杂性（Brady and Davies，2014），从一些典型的重大基础设施项目案例中学习影响项目成功的因素（Kwak et al.，2014；del Puerto and Shane，2013）。除了基础设施以外，案例研究方法还多被学者当作研究范式，开展重大工程的知识管理（Turner et al.，2014）和风险管理方面的研究（Kwak and Smith，2009）。

5）战略（strategy，ID=5）

5 号主题群的研究热点是战略和 PPP，其他的主题词还包括合资公司、博弈理论、投标、治理结构和交通基础设施等。该主题群侧重研究多个重大工程涉及多个参与方时的战略问题，如治理结构对建筑合资公司绩效的影响（Lin and Ho，2013）、基于博弈论的大型复杂项目的投标补偿战略（Ho and Hsu，

2014），以及重大项目中的创新战略（Davies et al.，2014）等。

6）利益相关者（stakeholder，ID=13）

13 号主题群主要研究重大工程中的利益相关者，其他主题词包括项目复杂性、项目成功、项目成功标准和项目成功因素等。学者多以利益相关者为研究对象或研究视角，探讨重大工程项目的价值（Zhai et al.，2009）、成功因素（Turner and Zolin，2012；Mazur et al.，2014）和协同问题（Chung et al.，2009）。

7）建设/施工管理（construction management，ID=28）

28 号主题群以建设/施工管理为主要研究方向。通过具体的主题词及其网络关系分析发现，重大工程的建设/施工管理主要关注成本、质量、进度等，尤其是在资源或其他条件受限制的情况下的进度管理问题（Menesi and Hegazy，2014；Menesi et al.，2013），以及新技术的应用对建设/施工管理的影响（Safa et al.，2015；Staub-French et al.，2008）。

8）BIM（ID=31）

BIM 是工程管理重要研究内容，在重大工程管理中 BIM 的研究与一般工程管理并没有太大的区别，侧重研究 BIM 技术层面的实施与应用（Zhou et al.，2015），目的是实现多级协同（Singh et al.，2011）。最近有学者提出 BIM 是多利益相关者条件下解决重大项目可持续决策问题的潜在有效工具（Kim et al.，2015）。

9）不确定性（uncertainty，ID=18）

该主题群以不确定性为主要内容，其他主要的关键词包括仿真（simulation）、拍卖协议（auction protocol）和风险等。不确定性所导致的风险管理、治理、设计和控制等问题是重大工程管理研究的重点问题。

10）项目网络（project networks，ID=20）

该主题群主要关键词为项目网络、大型项目、距离和项目实施等。项目网络是该主题群主要的研究视角，多公司项目（multi-firm projects）的行动网络是其主要研究对象，主要探讨公司治理、竞争、组织和协同等问题。

3.2　重大工程管理源知识结构

3.2.1　文献共被引分析

引文被视为科学创意、方法和试验的标志。引文代表了当下科学前沿借鉴学习现有知识体系的程度。共被引分析基于引文分析发展而来。共被引分析大都被用来揭示某一领域经常被引用的重要文献、作者和期刊。通过共被引分析，可以识别同时出现在两个或多个学术文章中的共引参考文献，同共被引网络一起，可以剖析某一科学领域的知识内容和结构（如重要的文献和作者）（Chen，2004）。共被引分析最重要的前提假设是文献共被引网络代表了知识基础，两篇参考文献被频繁地共同引用，说明这两篇参考文献在主题、研究方法和思路上具备相似性（McCain，1990；Ramos-Rodriguez and Ruiz-Navarro，2004；Small，1973）。在共被引网络中，经常被共同引用的参考文献会在网络图谱中聚集在一起，参考文献之间的远近在大多数的网络布局中都跟它们之间的共被引强度有关。很多学科或科学领域都应用了共被引分析方法来分析学科知识构成和内容，如组织科学（Gmür，2003）、人力资源管理（Fernández-Alles and Ramos-Rodríguez，2009）、国际贸易管理（Acedo and Casillas，2005）和供应链管理（Charvet et al.，2008）等科学领域。然而，重大工程管理由于其知识体系发展较晚，还没有学者应用这种定量和可视化的分析方法来研究其科学结构。

3.2.2 重大工程管理源知识网络构建

重大工程管理前沿文献共引证参考文献 5 611 篇，其中被引次数（这里的被引次数是指被重大工程管理前沿 173 篇文献引用的数量）2 次以上的参考文献为 265 篇，为了凸显重大工程管理知识的主要脉络，本书以被引 2 次以上的 265 篇参考文献为节点，以它们之间共被引关系为连线，构建知识网络。该网络共有 265 个节点，1 107 条连线，平均度为 8.355，也就是说平均每个节点占有 8.355 条连线。网络密度为 0.032，聚集系数为 0.763，平均路径长度为 1.857。具体如表 3.4 所示。

表 3.4 重大工程管理知识网络属性

平均度	密度	节点数	连接数	聚集系数	平均路径长度
8.355	0.032	265	1 107	0.763	1.857

重大工程管理知识网络中被引次数最多的是 Flyvbjerg B 的 *Megaproject and Risk*，共被引 27 次。其他比较重要的文献 *The Anatomy of Major Projects：A Study of the Reality of Project Management*，*Case Study Research：Design and Methods*，*The Strategic Management of Large Engineering Projects：Shaping Risks Institutions and Governance* 等。这些出现次数较多的文献大都具备较好的网络属性，具体如表 3.5 所示。

表 3.5　重大工程管理合作网络节点属性测度

被引次数	第一作者	标题	文献类型	来源	度	接近中心度	中介中心度	发表年份
27	Flyvbjerg B	Megaprojects and Risk：An Anatomy of Ambition	书籍		5	0.267	0.004	2003
18	Morris P W	The Anatomy of Major Projects：A Study of the Reality of Project Management	书籍		6	0.276	0.010	1987
16	Yin R K	Case Study Research：Design and Methods	书籍		11	0.284	0.081	2002
15	Miller R	The Strategic Management of Large Engineering Projects：Shaping Risks Institutions and Governance	书籍		11	0.319	0.034	2000
12	Baccarini D	The concept of project complexity—a review	期刊文献	IJPM	5	0.264	0.006	1996
11	Turner J R	The Handbook of Project-Based Management：Improving the Processes for Achieving Strategic Objectives	书籍		10	0.287	0.029	1999\ 2009
11	Williams T M	The need for new paradigms for complex projects	期刊文献	IJPM	5	0.251	0.004	1999
11	van Marrewijk A	Managing public-private megaprojects：paradoxes，complexity，and project design	期刊文献	IJPM	6	0.288	0.008	2008
10	Eisenhardt K M	Building theories from case study research	期刊文献	Academy of Management Review	5	0.287	0.033	1989
10	Atkinson R	Project management：cost，time and quality，two best guesses and a phenomenon，it's time to accept other success criteria	期刊文献	IJPM	5	0.257	0.002	1999
10	Flyvbjerg B	Underestimating costs in public works projects：error or lie?	期刊文献	Journal of the American Planning Association	5	0.212	0.000	2002
9	Williams T	Assessing and moving on from the dominant project management discourse in the light of project overruns	期刊文献	IEEE	5	0.222	0.000	2005
9	PMI	A Guide to the Project Management Body of Knowledge	书籍		5	0.241	0.000	2004\ 2008
8	Freeman R E	Strategic Management：A Stakeholder Approach	书籍		10	0.269	0.013	1984
8	Geraldi J	Now let's make it really complex（complicated）：a systematic review of the complexities of projects	期刊文献	International Journal of Operations & Production Management	6	0.262	0.025	2011

续表

被引次数	第一作者	标题	文献类型	来源	度	接近中心度	中介中心度	发表年份
8	Davies A	Innovation in megaprojects：systems integration at London Heathrow Terminal 5	期刊文献	California Management Review	5	0.279	0.008	2009
8	Thomas J	Preparing project manager to deal with complexity—Advanced project management education	期刊文献	IJPM	5	0.243	0.001	2008
7	Shenhar A J	One size does not fit all projects：exploring classical contingency domains	期刊文献	Management Science	9	0.264	0.010	2001
7	Whitty S J	And then came complex project management	期刊文献	IJPM	6	0.297	0.025	2009
7	Bosch-Rekveldt	Grasping project complexity in large engineering projects：the TOE（technical，organizational and environmental）framework	期刊文献	IJPM	8	0.251	0.008	2011

3.2.3 重大工程管理知识网络结构识别与分析

通过模块度最优法，依照参考文献之间的远近亲疏关系对重大工程管理知识网络进行结构识别，绘制重大工程管理知识网络图，具体如图 3.4 所示。

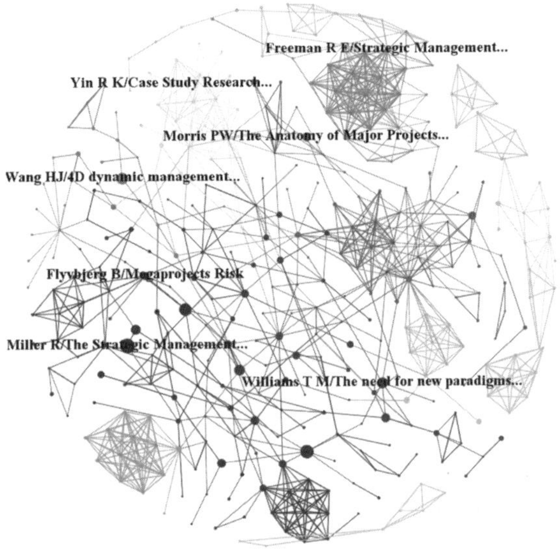

图 3.4　重大工程管理知识网络

重大工程管理的知识基础根据共被引的远近亲疏关系聚集成了 12 个群体（ID：0~11），其中 4 个群（ID=2，3，6，9）包含的参考文献较少，因此本书对剩下的 8 个主要知识群进行详细分析，具体如表 3.6 所示。

表 3.6　重大工程管理知识群

ID	名称	被引次数	参考文献个数
10	组织	194	42
0	风险管理	160	43
5	战略	158	39
8	利益相关者	157	51
1	项目复杂性	111	33
7	基础设施	64	18
4	知识管理	42	21
11	4D 模型	14	5

1）组织（ID=10）

知识群“组织”包含 42 个文献（表 3.7），共被重大工程管理的前沿文献引用 194 次。由图 3.4 可以看出，“组织”知识群边界不清晰，知识群右边部分文献与“知识管理”群存在共被引关系。从内容上来看，组织知识群可以分成两类：一类主要阐述项目管理中的复杂性和风险，论述重大工程管理组织问题的背景和原因，揭示项目组织形式的多样性以及选择形式的重要性；另一类是重大工程组织的基础知识和一些具体问题的研究，包括组织的复杂性、组织形式的多样化以及组织形式的选择等。

表 3.7　组织知识群分解

类别	标题	文献类型	来源	第一作者	发表年份	被引次数
项目组织背景	The Anatomy of Major Projects：A Study of the Reality of Project Management	书籍		Morris P W	1987	18
	The concept of project complexity—a review	期刊文献	IJPM	Baccarini D	1996	12
	Assessing and moving on from the dominant project management discourse in the light of project overruns	期刊文献	IEEE	Williams T	2005	9
	One size does not fit all projects：exploring classical contingency domains	期刊文献	Management Science	Shenhar A J	2001	7
	Towards a typological theory of project management	期刊文献	Research Policy	Shenhar A J	1996	7

续表

类别	标题	文献类型	来源	第一作者	发表年份	被引次数
项目组织背景	Lost roots：how project management came to emphasize control over flexibility and novelty	期刊文献	California Management Review	Lenfle S	2010	6
重大工程管理组织理论与实践	Managing differentiation and integration	期刊文献	Organization and Environment	Lawrence P	1967	5
	Sensemaking in Organizations	书籍		Weick K E	1995	6
	A Guide to the Project Management Body of Knowledge	书籍		PMI	2008	9
	On the nature of the project as a temporary organization	期刊文献	IJPM	Turner J R	2003	6
	Project Governance	书籍		Müller R	2009	5
	The art of continuous change：linking complexity theory and time-paced evolution in relentlessly shifting organizations	期刊文献	Administrative Science Quarterly	Brown S L	1997	5

2）风险管理（ID=0）

风险管理知识群包括43个文献，共被重大工程管理前沿文献引用160次。该知识群位于整个知识网络的中心，表明该知识群的知识具有较强的普适性，与战略、组织、利益相关者和项目复杂性知识群存在共被引关系，这说明风险管理是重大工程风险管理研究的基础知识之一，也是战略、组织、利益相关者和项目复杂性等其他研究方向所参考的基本知识。

该知识群以风险管理为主要研究内容，除此之外还包括一些与风险管理相关的知识，如导致重大项目风险的不确定性和复杂性、项目成功、风险研究方法和对项目风险产生影响的其他因素（如组织、创新和文化等），具体如表 3.8 所示。尽管有很多一般项目风险管理的知识也被应用在重大工程管理的研究中，但是学者主要参考和借鉴的风险管理知识大都属于重大工程范畴。

表 3.8　重大工程风险管理知识群分解

类别	标题	文献类型	来源	第一作者	发表年份	被引次数
风险及不确定性	Megaprojects and Risk：An Anatomy of Ambition	书籍		Flyvbjerg B	2003	27
	Managing the Unknown：A New Approach to Managing High Uncertainty and Risk in Projects	书籍		Loch C H	2006	6
	Transforming project risk management into project uncertainty management	期刊文献	IJPM	Ward S	2003	5
	From Nobel Prize to project management：getting risks right	期刊文献	PMJ	Flyvbjerg B	2006	5
	Fundamental uncertainties in projects and the scope of project management	期刊文献	IJPM	Atkinson R	2006	4

续表

类别	标题	文献类型	来源	第一作者	发表年份	被引次数
风险的因素（复杂性）	Managing public-private megaprojects：paradoxes，complexity，and project design	期刊文献	IJPM	van Marrewijk A	2008	11
	Keeping it simple? A case study into the advantages and disadvantages of reducing complexity in mega project planning	期刊文献	IJPM	Giezen M	2012	5
	Managing complex product development projects with design structure matrices and domain mapping matrices	期刊文献	IJPM	Danilovic M	2007	3
	The architecture of complexity	期刊文献	Proceedings of the American Philosophical Society	Simon H	1962	3
风险控制方法	A genetic algorithm for the preemptive and non-preemptive multi-mode resource-constrained project scheduling problem	期刊文献	European Journal of Operational Research	Peteghem V	2010	3
	Delusion and deception in large infrastructure projects：two models for explaining and preventing executive disaster	期刊文献	California Management Review	Flyvbjerg B	2009	3
成功	The project excellence model	期刊文献	IJPM	Westerveld E	2003	4
	Industrial Megaprojects：Concepts Strategies and Practices for Success	书籍		Merrow E	2011	4
应对风险（组织、创新和文化）	Managing project culture: the case of environ megaproject	期刊文献	IJPM	van Marrewijk A	2007	3
	Engaged Scholarship：A Guide for Organizational and Social Research	书籍		van Ven De	2007	3
	Innovation in megaprojects：systems integration at London Heathrow Terminal 5	期刊文献	California Management Review	Davies A	2009	8

3）战略（ID=5）

战略知识群在网络中具有重要地位，共有39个科学文献，共被引158次。该知识群以战略管理知识为核心，主要内容包括战略管理、组织间战略和战略相关的研究方法。战略管理的知识以战略目标、领导力、战略价值和项目成功战略为主；组织间战略知识大都是多组织间参与或合作战略的一些成果，这些知识为当前重大工程管理的PPP模式研究提供了知识基础。与重大项目风险管理知识群相比，战略知识群中全部核心文献以及其他大部分知识都是一般战略管理的内容，说明学者在研究重大工程的战略问题时所引证和借鉴的知识来自于传统管理学领域，具体如表3.9所示。

表 3.9 战略管理知识群分解

类别	标题	文献类型	来源	第一作者	发表年份	被引次数
战略管理	The Strategic Management of Large Engineering Projects：Shaping Risks Institutions and Governance	书籍		Miller R	2000	15
	The Handbook of Project-Based Management：Improving the Processes for Achieving Strategic Objectives	书籍		Turner J R	1999	11
	Project success：a multidimensional strategic concept	期刊文献	Long Range Planning	Shenhar A J	2001	6
	Maximizing strategic value from megaprojects：the influence of information-feed on decision-making by the project manager	期刊文献	IJPM	Eweje J	2012	5
	Project management：cost，time and quality，two best guesses and a phenomenon，it's time to accept other success criteria	期刊文献	IJPM	Atkinson R	1999	10
	Matching the project manager's leadership style to project type	期刊文献	IJPM	Müller R	2007	6
组织间战略，PPP	Mega-Projects：The Changing Politics of Urban Public Investment	书籍		Altshuler A	2003	5
	Communication and cooperation on projects between the project owner as principal and the project manager as agent	期刊文献	European Management Journal	Turner J R	2004	6
	The relational view：cooperative strategy and sources of interorganizational competitive advantage	期刊文献	AMR	Dyer J H	1998	3
	Public-Private Partnerships：Principles of Policy and Finance	书籍		Yescombe E R	2007	2
	Organisational capabilities and learning in complex product systems：towards repeatable solutions	期刊文献	Research Policy	Davies A	2000	4
研究方法	Five misunderstandings about case-study research	期刊文献	Qualitative Inquiry	Flyvbjerg B	2006	5
	Building theories from case study research	期刊文献	Academy of Management Review	Eisenhardt K M	1989	10
	Case Study Research：Design and Methods	书籍		Yin R K	2002	5

4）利益相关者（ID=8）

该知识群包含的参考文献数量是所有知识群中最多的（51 个），共被重大工程管理文献引用 157 次。该知识群内部结构区分度较好，在该子群内部继续用模块度最优法对该知识群进行结构区分，具体如图 3.5 所示。

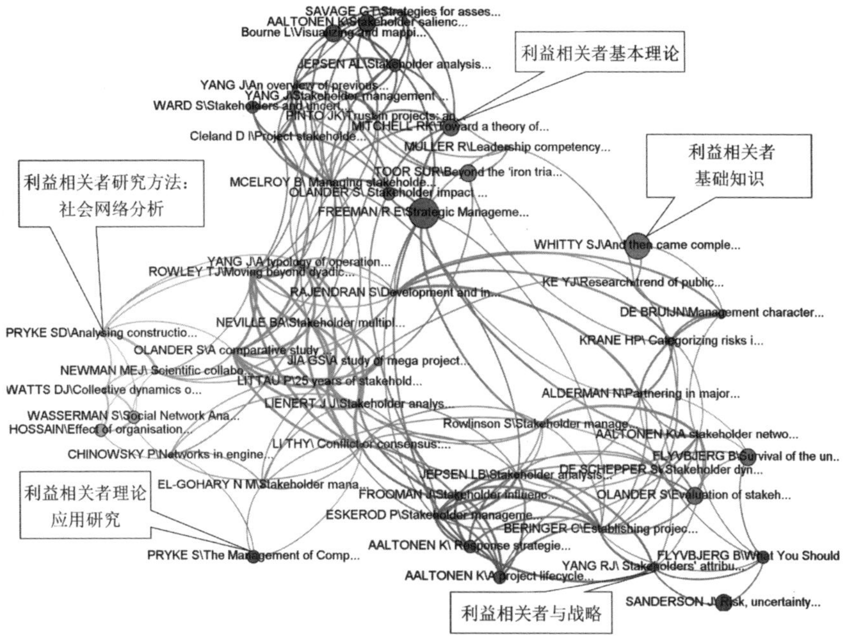

图 3.5　利益相关者知识群网络

由图 3.5 可以看出，利益相关者知识包括 5 部分内容，分别是利益相关者基本理论、利益相关者研究方法：社会网络分析、利益相关者基础知识、利益相关者与战略，以及利益相关者理论应用研究。“利益相关者基本理论”以 Freeman 著名的 *Strategic Management：A Stakeholder Approach* 为代表，涉及一些利益相关者理论的经典书籍和文献。“利益相关者基础知识”全部是工程管理相关的研究内容，为重大工程管理中利益相关者的相关研究提供知识基础。一些与战略研究相关的利益相关者文献由于相互之间较强的共被引关系聚集到一起，这些知识主要的研究内容是从利益相关者的视角来研究工程项目的战略问题。重大工程管理利益相关者主要的研究方法是社会网络分析，这部分知识包括社会网络经典文献和项目中应用社会网络对利益相关者进行分析的经典案例，具体如表 3.10 所示。

表 3.10　利益相关者知识群分解

类别	标题	文献类型	来源	第一作者	发表年份	被引次数
利益相关者基本理论	Strategic Management: A Stakeholder Approach	书籍		Freeman R E	1984	8
	Toward a theory of stakeholder identification and salience：defining the principle of who and what really counts	期刊文献	AMR	Mitchell R K	1997	5

续表

类别	标题	文献类型	来源	第一作者	发表年份	被引次数
利益相关者基本理论	Stakeholder salience in global projects	期刊文献	Long Range Planning	Aaltonen K	2008	5
	Visualising and mapping stakeholder influence	期刊文献	Management Decision	Bourne L	2005	5
利益相关者基础知识	And then came complex project management	期刊文献	IJPM	Whitty S J	2009	7
	Beyond the "iron triangle": stakeholder perception of key performance indicators (KPIs) for large-scale public sector development projects	期刊文献	IJPM	Toor S U R	2010	5
	Evaluation of stakeholder influence in the implementation of construction projects	期刊文献	IJPM	Olander S	2005	5
	Survival of the Unfittest: Why the Worst Infrastructure Gets Built — and What We Can do About it ……	书籍		Flyvbjerg B	2009	5
利益相关者研究方法：社会网络分析	Effect of organisational position and network centrality on project coordination	期刊文献	IJPM	Hossain L	2009	4
	Social Network Analysis: Methods and Application	书籍		Wasserman S	1994	4
利益相关者与战略	Risk, uncertainty and governance in megaprojects: a critical discussion of alternative explanations	期刊文献	IJPM	Sanderson J	2012	5
	Response strategies to stakeholder pressures in global projects	期刊文献	IJPM	Aaltonen K	2009	4
	What you should know about megaprojects and why: an overview	期刊文献	PMJ	Flyvbjerg B	2014	4
	A project lifecycle perspective on stakeholder influence strategies in global projects	期刊文献	Scandinavian Journal of Management	Aaltonen K	2010	4
利益相关者理论应用研究	The Management of Complex Projects; A Relationship Approach	书籍		Pryke S	2006	4
	A study of mega project from a perspective of social conflict theory	期刊文献	IJPM	Jia G S	2011	3

5）项目复杂性（ID=1）

复杂性是重大工程的基本特征之一。重大工程管理知识网络中有关项目复杂性的文献聚集成一个群体，该知识群包含 33 个文献，共被重大工程管理的前沿文献引用了 111 次。尽管有若干关于复杂性的文献聚集到风险管理知识群，但是项目复杂性知识群的内容是以复杂性本身而非风险为主要研究对象。复杂性知识群中的全部文献都与复杂性有关，大致分为项目复杂性基本理论与方法和复杂性的测度两大类，具体如图 3.6 所示。

项目复杂性基本理论与方法的文献位于复杂性知识群网络的下部，而网络上部的文献大都是复杂性的测度，具体如表3.11 所示。复杂性知识群边界清晰，知识群内很多文献出版或发表时间较早，且绝大部分都是以复杂项目为研究对象，因此重大工程管理的复杂性的知识体系较为完善。

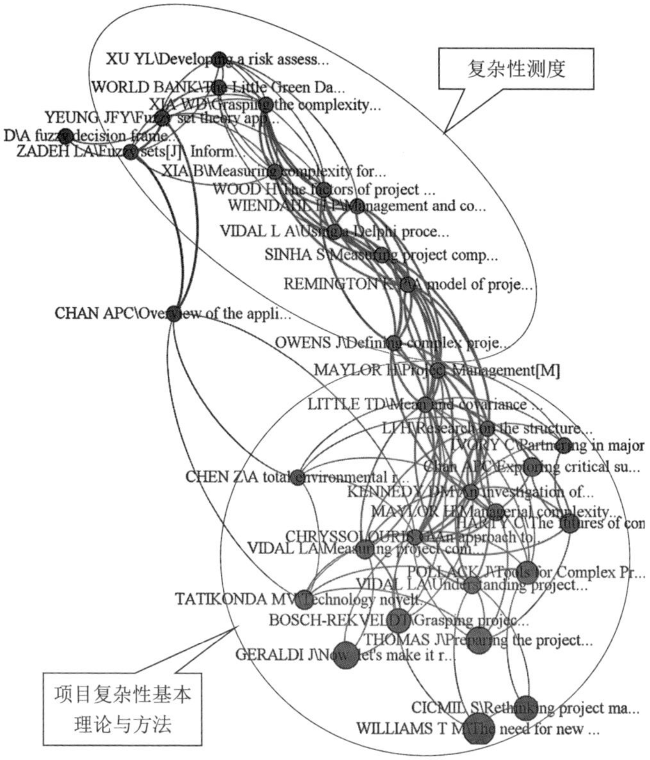

图 3.6　项目复杂性知识群网络

表 3.11　项目复杂性知识群分解

类别	标题	文献类型	来源	第一作者	发表年份	被引次数
项目复杂性理论与方法	The need for new paradigms for complex projects	期刊文献	IJPM	Williams T M	1999	11
	Now let's make it really complex (complicated)：a systematic review of the complexities of projects	期刊文献	International Journal of Operations & Production Management	Geraldi J	2011	8
	Preparing project manager to deal with complexity—A dvanced project management education	期刊文献	IJPM	Thomas J	2008	8

续表

类别	标题	文献类型	来源	第一作者	发表年份	被引次数
项目复杂性理论与方法	Grasping project complexity in large engineering projects：the TOE（Technical，Organizational and Environmental）framework	期刊文献	IJPM	Bosch-Rekveldt M	2011	7
	Rethinking project management: researching the actuality of projects	期刊文献	IJPM	Cicmil S	2006	7
	Tools for Complex Projects	书籍		Pollack J	2007	6
复杂性测度的具体应用	Grasping the complexity of IS development projects	期刊文献	Communications of the ACM	Xia W D	2004	2
	Fuzzy set theory approach for measuring the performance of relationship-based construction projects in Australia	期刊文献	JME	Yeung J F Y	2012	2
	Measuring project complexity：a project manager’s tool	期刊文献	Architectural Engineering and Design Management	Sinha S	2006	2
	Developing a risk assessment model for PPP projects in China—A fuzzy synthetic evaluation approach	期刊文献	Automation in Construction	Xu Y L	2010	2

6）基础设施（ID=7）

基础设施知识群为以重大工程管理中基础设施（如高速铁路和高速公路等交通基础设施）项目为研究对象的研究提供知识基础。该知识群中包含 1 本书和 17 篇期刊文献，共被重大工程管理文献引用 64 次，具体如表 3.12 所示。

表 3.12　公共项目和基础设施知识群分解

类别	标题	文献类型	来源	第一作者	发表年份	被引次数
研究方法	Case Study Research：Design and Methods	书籍		Yin R K	2002	16
成本管理	Underestimating costs in public works projects：error or lie?	期刊文献	Journal of the American Planning Association	Flyvbjerg B	2002	10
	What causes cost overrun in transport infrastructure projects	期刊文献	Transport Reviews	Flyvbjerg B	2004	7

通过分析该知识群的内容，可以发现基础设施与一般重大项目的研究侧重点有所区别：基础设施的知识群以成本、进度、政府-企业合作和所有权等方向为主，主要的研究方法是案例研究，这同一般的重大项目管理侧重风险和复杂性研究有所区别。

7）知识管理（ID=4）

知识管理知识群主要内容是知识管理和学习，总共包含 21 个文献，共被重大工程管理领域引用 42 次，与其他知识群相比，该知识群在当前的重大工程管理的研究中的应用面较窄。值得注意的是，该知识群大部分文献来源于管理科学，说明这部分知识具备一定的普适性，适用于重大工程管理的问题，同时也说明重大工程管理的知识管理问题与一般管理问题没有太大的区别。

8）4D 模型（ID=11）

4D 模型知识群只有 5 个文献，共被引用 14 次。该知识群的知识全部是关于 4D 技术的，具体如图 3.7 所示。该知识群主要探讨 4D 模型、工具等在建设项目进度和计划控制中的应用，以及对新技术在建设项目管理工作中的应用前景进行评估。

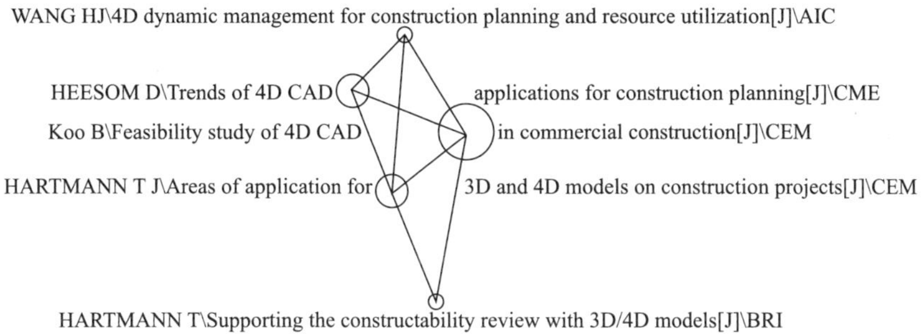

图 3.7　4D 模型知识群网络

重大工程管理主题网络的结构区分度较好，模块度 Q=0.73，说明各个知识群内部的连接明显多于知识群之间的连接。从内容上看，根据模块度最优法区分的知识群相互之间有明显的区分，聚集在同一知识群的文献在研究内容、方法和应用方向上具备一定的同质性和相似性，这也印证了共被引分析的基本假设。在识别了整体知识网络的结构基础上，本书对每个知识群内部层次都进行了分析和归类，最终得到了重大工程管理当前知识结构，具体如图 3.8 所示。

由此可总结出以下几点内容。

（1）重大工程管理的研究普遍围绕重大项目（megaproject）、项目管理（project management）和建设/施工管理（construction management）展开。主题网络中的连接代表了关键词的共现关系，而上述三个关键词均位于主题网络的中心（图 3.3），出现次数、节点的度和中介中心度都排名所有关键词的前三位（表 3.2），说明重大项目、项目管理和建设/施工管理的研究范畴较大，学者经常将这三个主题与其他不同主题在同一篇文献中标识为文献关键词。

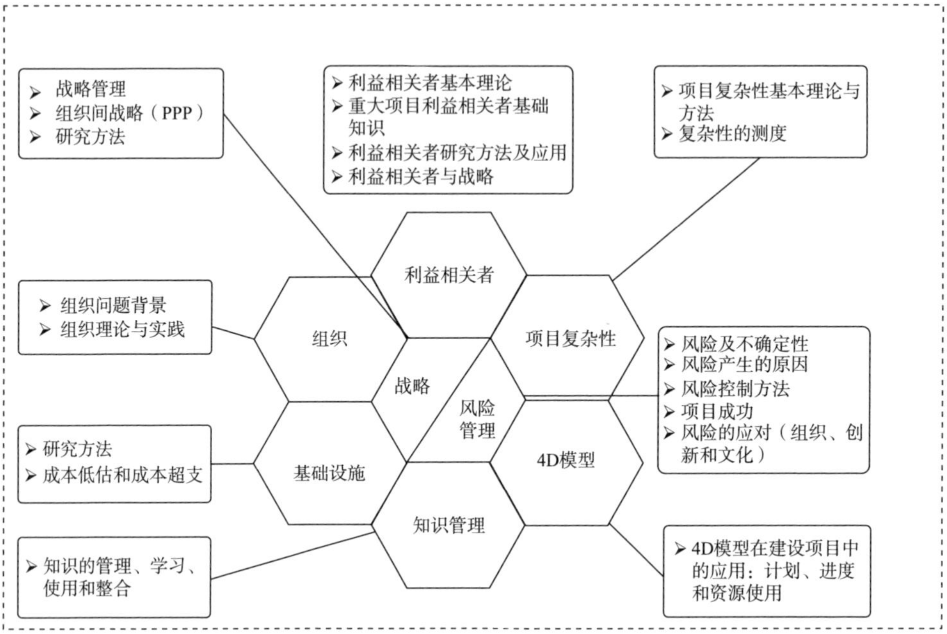

图 3.8　重大工程管理知识结构

（2）重大工程管理当前核心研究问题是风险（包括 risk management，risk 和 uncertainty）、复杂性（complexity）、基础设施（infrastructure）和进度（scheduling）。从表 3.2 可以看出，上述关键词是重大工程管理的研究热点，出现频次均排名前十，且处于网络较为中心的位置（图 3.3），距离网络边缘较远且占有较多的连接，是所在主题群的核心关键词。围绕着这些主题，学者将重大工程管理研究进行有效的拓展，衍生出若干相关的研究方向。

（3）利益相关者、BIM、战略、资源管理、创新和 RFID 等关键词及所代表的主题群是重大工程管理重要的独立研究领域。这些主题群位于主题网络的边缘，包含了 10 个以上的关键词，与其他主题群共现关系较少，有清晰的研究对象和边界。

（4）重大工程管理研究依赖和参考的基础知识由 8 个包含相关学术文献的知识群体组成，分别是组织、风险管理、战略、利益相关者、项目复杂性、基础设施、知识管理和 4D 模型，其中风险管理和战略是重大工程管理的核心知识群，具体如图 3.8 所示。

（5）风险管理和战略是学者进行重大工程管理研究最核心的基础知识。风险管理知识群的文献与战略、组织、利益相关者和项目复杂性知识群存在共被引关系，说明风险管理是重大工程风险相关研究的基础知识，也是战略、组织、利益相关者和项目复杂性等其他研究方向所用到的基本知识。

从主题网络来看，战略并不是重大工程管理当前的核心研究问题，但在知识网络中，战略知识群位于核心位置。这可能是因为，相比一般工程，重大工程对社会经济环境有着更重要的影响，因此战略知识是学者在重大工程管理领域进行科学研究时参考和借鉴的基础知识。

（6）从内容上看，重大工程管理复杂性、风险管理和战略的知识体系较为完善，这三个知识群的文献大都属于重大工程管理和项目管理的范畴。利益相关者和组织知识群中大部分文献是关于一般项目中利益相关者和组织的研究，只有少数是以重大工程项目为研究对象，这从一个侧面说明重大工程项目中利益相关者和组织的基础知识有待完善；重大工程管理缺乏 BIM 相关知识支持，BIM 是重大工程管理的一个重要的研究方向。重大工程管理参考的知识大都是 4D 模型，较少涉及 BIM 相关知识，在重大工程管理领域开展 BIM 应用需要通过研究来获得相关的基础知识。

第 4 章　重大工程管理科学经典文献识别

4.1　经典文献的概念

经典文献（classics）这一概念源自库恩的著作《科学革命的结构》。库恩对经典文献做了如下定义：经典文献，即某些研究成果在某科学领域被大多数学者认可，对该科学领域的发展起到关键作用。但是库恩在这本书中对于 classics 没有做系统性的阐述，仅举例说像牛顿第二定律等是 classics，判断经典的准则就是“被领域内大多数专家认可”。相关学者借助科学计量学理论与方法的研究成果，通过定量分析和研究，对如何识别经典文献的特征进行了量化研究。

理论来源于实践并用于指导实践。重大工程实践中遇到的问题可以借助科学理论和知识进行解决。科学知识的本质是对客观事物发展规律和基本机理的认知，是解决实际问题的重要工具。本章通过识别重大工程管理的经典文献，以窥视当前学者所参考和依赖的经典文献，以及这些经典文献如何启发和促进当前重大工程管理知识的发展（Flyvbjerg and Turner，2018；Pollack et al.，2018）。

4.2　重大工程管理经典文献识别方法

为了客观有效地对重大工程管理经典文献进行识别，本章集成了G指数（经典的科学计量指标之一，常用来测度科学产出）、共被引分析和社会网络分析三种定量研究方法，如图 4.1 所示。G 指数以引文次数为基础，用来计算和筛选哪些研究成果被广泛认可；共被引分析和社会网络分析用来识别哪些成果对当前重大工程管理研究产生了影响。

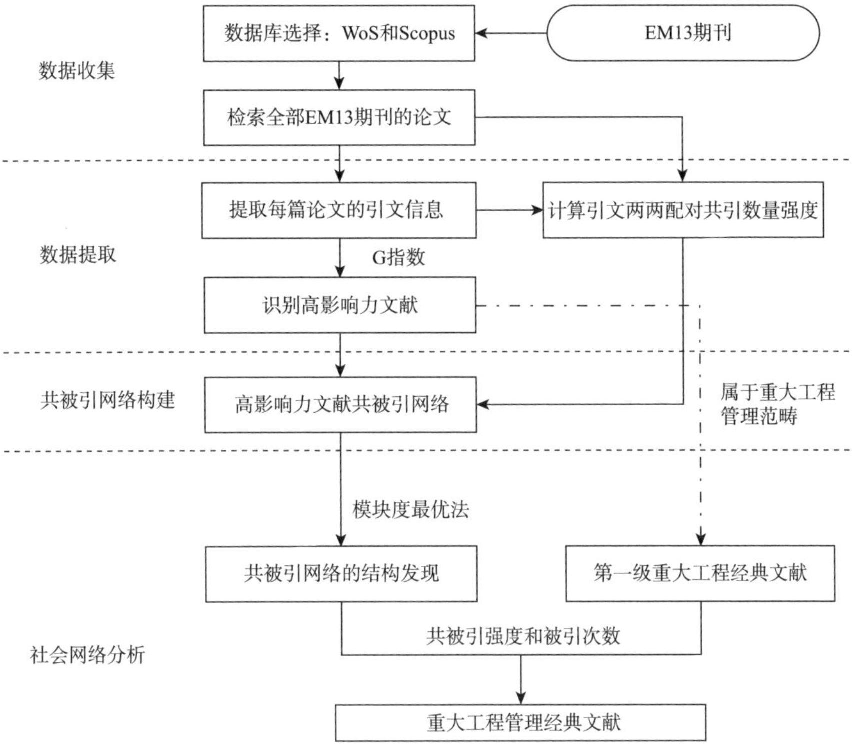

图 4.1　重大工程管理经典文献识别过程

由于本章是对重大工程管理的经典文献进行识别，因此不能简单地对前面的工程管理文献的数据进行重复使用。本章中重大工程是指对经济社会发展具有重要支撑作用的高速公路、高速铁路、大型桥梁、大坝等土木基础设施工程。因此对文献进行了相应调整。在本章，原 EM13 中的期刊 *IEEE Transactions on Engineering Management* 和 *Journal of Infrastructure Systems* 被调整出检索范畴，同时增加 Scopus 数据库中两本重要的工程管理相关期刊：*Construction Management and Economics*（CME）和 *Engineering, Construction and Architectural Management*（ECAM）。通过收集建设工程与项目管理（construction，engineering and project management，CEPM）期刊论文数据（共 13 273 篇），提取 336 129 条引文信息，识别了这些引文信息的共被引关系，对每个引文的本地引用次数（本地引用与全局引用的区分：本地引用是引文被当前数据库 13 273 篇论文引用的次数，全局引用是当前时间数据库中的引用次数）计数。

G 指数用来识别重要参考文献，继而识别经典文献。G 指数由 Leo Egghe 于

2006 年提出。G 指数是指论文按被引次数排序后相对排前的累积被引至少：g^2 次的最大论文序次 g。

G 指数最初被用来计算信息生产过程（information production process，IPP）的绩效（Egghe，2005a）。从普遍意义上来说，任何信息系统都可以看成是一个 IPP，存在多维度主体映射关系，如作者→论文，文献→引文，参考文献→引用次数，词汇→频率等。本章将工程管理的文献视为一个 IPP。所有的科研生产过程遵循 Lotka 规律，因为绝大多数的社会活动，包括科研活动都遵循“富者越富”的原则（Simon，1955；Price，1976），因此，某一篇文献如果被多次引用，那么它很有可能会被再次引用。因此，对于工程管理论文的所有引文来说，它同样服从 Lotka 规律：

$$f(i)=c/i^{\alpha} \quad (c>0,\ \alpha>1)$$

其中，c 表示文献的被引次数。

根据上述公式，G 指数与全部引文数量之间的关系如下：

$$g=\left(\frac{\alpha-1}{\alpha-2}\right)^{\frac{\alpha-1}{\alpha}T^{\frac{1}{\alpha}}} \quad (c>0,\ \alpha>1)$$

该公式中，g 表示 G 指数的具体数值，T 是全部引文数量，α 代表了整个系统的大小。从该公式中可以看出，如果整个系统变大，相应的 G 指数会上升。这样的关系同样可以用 Lorenz 曲线来描述：Lorenz 曲线原本描述了人与收入的关系，这里用来刻画引文和被引次数的关系，可以清楚地描述不同文献的被引次数的不平衡（Egghe，2005b）。

总体来说，相较于 H 指数，G 指数可以更为合理地衡量学术生产力和影响，因为 G 指数考虑了高被引论文的贡献以及无标度系统的特征（Woeginger，2008）。对于每一个科学系统来说，都有一个 G 指数。本章中，我们利用 G 指数来测度被引次数在引文中的集中度。

识别重大工程管理经典文献的方法集成 G 指数、共被引分析和模块度最优法，体现出的优点总结如下。

（1）因为本章研究是在参考文献中去识别重大工程管理经典文献，而不是在重大工程管理相关论文中，因此实际上本章研究识别的是对当前重大工程管理研究产生重大影响的科学文献，并不是简单地比较哪篇重大工程管理的论文被引次数最高。通过这种方式识别的经典，更加接近库恩在其著作《科学革命的结构》中对经典的定义：经典文献应当对后续科研产生启发和指导作用。

（2）该方法使得经典文献的识别不再局限于期刊论文中。大部分定量识别经典方式都局限于在期刊论文中，而一些重要的著作如书籍、报告等被排除在外。本章以参考文献的数据为基础识别经典文献，这样可以有效抵消先前研究的局限性。

（3）本章计算的基础——被引次数更加真实可靠，因为本章研究计算了本地被引次数，即每个参考文献被重大工程管理文献引用次数，而不是全局数据库引用次数。G 指数的应用使得识别过程更加客观公平。

4.3 重大工程管理经典文献识别过程

4.3.1 数据的收集与获取

本节根据工程管理的 13 本核心期刊，对相关数据进行检索。13 本核心期刊筛选的标准主要有两条：①必须是 WoS 或者 Scopus 数据库检索期刊（Meho and Yang，2007）；②被工程管理界广泛认可（Xue et al.，2012）。13 本核心期刊信息见表 4.1。

表 4.1 工程管理核心期刊

序号	类别	期刊	频数	来源
1	Information & technology（信息与技术）	*Advanced Engineering Informatics*（AEI）	540	WoS
2		*Automation in Construction*（AIC）	1454	
3		*Computer-Aided Civil and Infrastructure Engineering*（CCIE）	683	
4		*Journal of Computing in Civil Engineering*（CCE）	984	
5	Project management（项目管理）	*International Journal of Project Management*（IJPM）	581	
6		*Project Management Journal*（PMJ）	297	
7	Theory, method and application（理论、方法与应用）	*Building Research and Information*（BRI）	1061	
8		*Construction Management and Economics*（CME）	1550	Scopus
9		*Engineering, Construction and Architectural Management*（ECAM）	416	
10		*Journal of Civil Engineering and Management*（JCEM）	475	WoS
11		*Journal of Construction Engineering and Management*（CEM）	2660	
12		*Journal of Management in Engineering*（JME）	1618	
13		*Journal of Professional Issues in Engineering Education and Practice*（JPIEEP）	954	

其中，11 本期刊为 WoS 数据库检索，检索类型为“article”、“review”、

“editorial material”、“proceedings paper”和“letter”。另外两本期刊为 Scopus 数据库检索，“article”和“review”类型的文献被检索。检索时间为 1985~2014 年。最终，13 273 篇文献和 336 129 条引文信息被检索到。

4.3.2 分析过程

1. G 指数筛选重要参考文献

在检索到的 336 129 条引文信息的基础上，对每一个引文出现次数进行计数。在此基础上，本节计算了其 G 指数，g=67。这说明了 67 个被引次数最高的引文共计被引次数（4 551 次）不少于 67^2=4 489（4 551>4 489）。这 67 篇文献为工程管理的核心文献。由于 G 指数本身算法特征，这 67 篇文献受到了工程管理领域作者的关注，较为集中地被引用。

67 篇文献中，关于重大工程管理的文献有两篇，*Megaprojects and Risk：An Anatomy of Ambition* 和 *The Anatomy of Major Projects：A Study of the Reality of Project Management*。这两篇重大工程管理文献对工程管理当前研究产生了重要影响，被识别为重大工程管理一级经典文献。接下来，我们要在余下 65 篇论文中寻找对当前重大工程管理研究产生重要影响的其他经典文献。

2. 核心文献的共被引网络

本节通过识别核心文献之间的共被引关系，构建工程管理核心文献的共被引网络，如图 4.2 所示。

图 4.2 中，共被引网络中的节点为工程管理的核心文献，节点之间的链接代表了它们之间的共被引关系。共被引网络被广泛地应用于发掘某一领域的知识基础（Persson，1994）。链接的权重代表了所连接的节点共被引的次数，节点的大小代表了该文献局部引用次数，链接线的粗细代表了该链接的权重。

通过表 4.2 可以看出，工程管理核心文献的共被引网络中共有 311 个共被引关系，将 67 篇核心文献链接成一个联通的网络（即从任意一点可以通过链接走到另外任意一点）。平均度为 9.701，说明平均每一个文献与其他 9.701 个文献存在共被引关系。该共被引网络的密度为 0.147，相较于其他广为人知的社会网络，该网络的密度较大，链接较密，说明工程管理的核心文献整体联系更为紧密。

表 4.2　共被引网络的基本属性

节点数	连接数	平均度	密度	平均路径长度
67	311	9.701	0.147	3.801

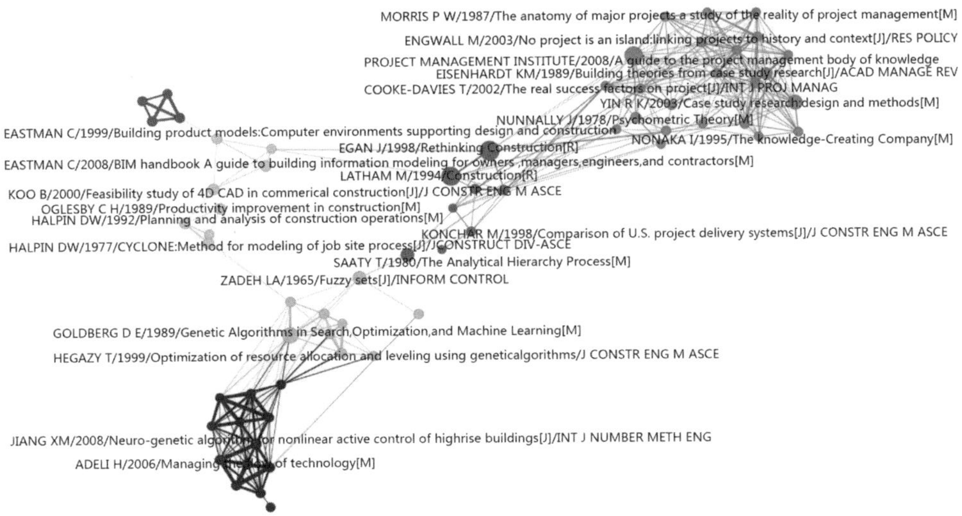

图 4.2　工程管理核心文献共被引网络及其结构

3. 核心文献的结构

如图 4.2 所示，共被引网络聚集成了不同的组群，在图中通过不同的颜色进行区分。本节对每个组群的文献都进行了一一甄别和阅读，以此对每个组群进行命名。其中，组群4中包含了25篇论文，同时包含了前文中识别的一级重大工程管理经典文献。本节认为，重大工程管理的经典文献应当与一级经典文献在同一组群中，因此接下来仔细分析该组群。具体核心文献见表 4.3。

表 4.3　工程管理核心文献组群

组	作者	ID	组	作者	ID	组	作者	ID
0	Jiang XM	12	0	Sarma KC	57	2	Latham M	2
0	Adeli H	16	0	Akinci B	64	2	Saaty T	6
0	Jiang XM	27	1	Eastman C	9	2	Konchar M	19
0	Jiang XM	37	1	Halpin DW	10	2	Chua DKH	32
0	Park HS	41	1	Koo B	11	2	Sanvido V	39
0	Jiang X	43	1	Oglesby C H	14	2	Chan APC	59
0	Adeli H	48	1	Halpin DW	17	2	Burati JL	60
0	Adeli H	49	1	Eastman C	18	3	Song J	23
0	Sarma KC	50	1	Martinez JC	51	3	Jaselskis EJ	28
0	Adeli H	54	1	Howard R	58	3	Ergen E	46
0	Sarma KC	55	2	Egan J	1	3	Jaselskis EJ	61

续表

组	作者	ID	组	作者	ID	组	作者	ID
4	PMI	3	4	Lundin R A	34	4	Flyvbjerg B	66
4	Yin R K	5	4	Turner J R	35	5	Goldberg D E	4
4	Eisenhardt KM	8	4	Gann DM	36	5	Zadeh L A	7
4	Nunnally J	13	4	Pinto J K	38	5	Hegazy T	20
4	Cooke-Davies T	15	4	Morris P W	40	5	Holland J H	26
4	Engwall M	21	4	Hair JF	42	5	Feng C W	29
4	Nonaka I	22	4	Hobday M	44	5	Chan W T	45
4	Winter M	24	4	Brady T	52	5	Haykin S	47
4	Shenhar AJ	25	4	Fornell C	53	5	Leu S S	63
4	Porter M E	30	4	Soderlund J	56	5	Harris R B	67
4	Miles MB	31	4	Morris PWG	62			
4	Flyvbjerg B	33	4	Porter ME	65			

4. 共被引分析

在组群 project management 中，我们不能简单地认为所有与一级经典论文在一个组群的文献全都是经典。为了识别剩下的经典文献，我们在该组群余下的23篇文献中，寻找与一级经典存在共被引关系的文献。16篇文献与一级经典文献存在共被引关系，根据共被引关系的定义，可以断定这16篇经典文献与重大工程管理相关（表4.4）。

表 4.4　与一级经典文献存在共被引关系的文献

序号	标题	与一级经典文献的共被引强度	与 ID33 的共被引强度	与 ID40 的共被引强度	频率	ID
1	No project is an island：linking projects to history and context[J]	0.183	0.193	0.173	53	21
2	The Management of Projects[M]	0.167	0.191	0.146	67	62
3	A theory of the temporary organization[J]	0.164	0.185	0.145	55	34
4	Building theories of project management：past research，questions for the future[J]	0.123	0.147	0.103	61	56
5	On the nature of the project as a temporary organization[J]	0.110	0.111	0.109	59	35
6	Underestimating costs in public works projects：error or lie?[J]	0.104	0.064	0.168	58	66
7	The real success factors on projects[J]	0.100	0.101	0.099	55	15
8	Building project capabilities：from exploratory to exploitative learning[J]	0.079	0.062	0.102	54	52
9	The project-based organisation：an ideal form for managing complex products and systems[J]	0.077	0.078	0.076	50	44

续表

序号	标题	与一级经典文献的共被引强度	与 ID33 的共被引强度	与 ID40 的共被引强度	频率	ID
10	Project success：definitions and measurement techniques[J]	0.071	0.072	0.071	44	38
11	Directions for future research in project management：the main findings of a UK government-funded research network[J]	0.071	0.072	0.070	59	24
12	*Building theories from case study research[J]	0.068	0.068	0.067	42	8
13	Project success：a multidimensional strategic concept[J]	0.064	0.075	0.055	58	25
14	*Innovation in project-based service-enhanced firms：the construction of complex products and systems[J]	0.055	0.056	0.055	55	36
15	*Case Study Research：Design and Methods[M]	0.055	0.043	0.070	158	5
16	*Competitive Advantage：Creating and Sustaining Superior Performance[M]	0.052	0.043	0.063	41	65

注：频率是局部引用次数；*表示与重大工程管理不相关的文献，因此不认定为重大工程管理的经典文献

经过人工筛选，4 篇文献与重大工程管理无关，最终，12 篇二级经典与之前识别的一级经典共 14 篇文献被识别。

4.4　重大工程管理经典文献的影响

4.4.1　重大工程管理经典文献被引特征

与之前识别经典文献的研究不同，本节在参考文献中来识别经典，这样能更合理地识别那些对当前研究产生影响的文献。在识别经典之后，对基于谷歌学术的经典文献被引特征进行进一步分析（表 4.5）。

表 4.5　经典文献被引特征分析

标题	第一作者	被引次数（谷歌）	年均被引量	发表年份	发表周期	来源	ID
Megaprojects and Risk：An Anatomy of Ambition[M]	Flyvbjerg B	2 090	149.29	2003	12		33
The Anatomy of Major Projects：A Study of the Reality of Project Management[M]	Morris P W	933	31.1	1987	28		40
The real success factors on projects[J]	Cooke-Davies T	1 160	77.33	2002	13	IJPM	15
The project-based organisation：an ideal form for managing complex products and systems[J]	Hobday M	1 020	60	2000	15	Research Policy	44

续表

标题	第一作者	被引次数（谷歌）	年均被引量	发表年份	发表周期	来源	ID
Underestimating costs in public works projects：error or lie?[J]	Flyvbjerg B	999	66.6	2002	13	Journal of the American Planning Association	66
A theory of the temporary organization[J]	Lundin R A	911	45.55	1995	20	Scandinavian Journal of Management	34
The Management of Projects[M]	Morris P W	708	30.78	1994	21		62
Project success：definitions and measurement techniques[J]	Pinto J K	685	23.62	1988	27	PMJ	38
Project success：a multidimensional strategic concept[J]	Shenhar A J	673	42.06	2001	14	Long Range Planning	25
No project is an island：linking projects to history and context[J]	Engwall M	668	47.71	2003	12	Research Policy	21
On the nature of the project as a temporary organization[J]	Turner J R	638	45.57	2003	12	IJPM	35
Directions for future research in project management：the main findings of a UK government-funded research network[J]	Winter M	527	47.91	2006	9	IJPM	24
Building theories of project management：past research，questions for the future[J]	Soderlund J	398	30.62	2004	11	IJPM	56
Building project capabilities：from exploratory to exploitative learning[J]	Brady T	388	29.85	2004	11	Organization Studies	52

4.4.2 经典文献对重大工程管理研究的启发

14 篇经典文献对重大工程管理科研的启发可以分为四个方面：①系统知识；②组织管理知识；③项目管理知识；④项目成功要素。

Megaprojects and Risk：An Anatomy of Ambition 和 *The Anatomy of Major Projects：A Study of the Reality of Project Management* 这两本书系统地论述了重大工程管理的相关理论和方法，本书将这两个文献确认为论述重大工程管理系统知识的经典文献。这两个经典文献都是基于对重大工程项目案例的考察，着重讨论重大工程的风险、决策方法、复杂性、合同策略和多级组织管理等。

经典文献 44、34、21、35 和 52 提供了关于组织管理的知识。重大工程管理中，组织问题是核心和基础问题。这五篇文献重新定义了项目管理的组织理论框架，尤其是考虑了当重大工程管理面对诸多复杂性问题的情境。经典文献 52 “Building project capabilities：from exploratory to exploitative learning” 提出了关于项目能力建设的模型，根据项目组织形式的不同由两级学习等级组成（Brady and Davies，2004）。该模型被当前许多重大工程管理的研究借鉴，用来识别基础设施的项目能力（Winch and Leiringer，2016）、大型造船项目的能力

（Ruuska et al.，2013），以及复杂项目的动态能力。另外，这些经典文献从组织学的角度为项目管理提出了新的理论，启发了后来项目管理对组织的研究，提供了科学地理解复杂性的视角。

经典文献 15、66、38 和 25 从不同的角度提供了项目成功的知识。这些经典文献启发了后来的研究，尤其是为重大项目的成功交付（Chang et al.，2013；del Puerto and Shane，2013；Giezen，2012）、成本控制（Gharaibeh，2014）、预算超支（Olaniran et al.，2015）和监管（van Marrewijk and Smits，2016）等研究提供了基础知识。

经典文献 62、24 和 56 是关于项目管理基础理论的文献，提出了项目管理和实践中的一些基本假设与问题。这三个经典文献的最主要贡献是对项目管理理论进行了重新构建，对项目组织形式和管理模式进行了深入的审视，并且它们提出了未来重大工程管理的发展方向。这些经典文献帮助人们认识到了一般项目和重大项目由于复杂性体现出来的巨大差异。例如，经典文献 24“Directions for future research in project management：the main findings of a UK government-funded research network”提出，单一的模型和概念如全生命周期不再能够代表工程实践，因为重大工程在多级主体上体现出了复杂性。需要指出的是，关于重大工程管理经典文献的定义、内涵等仍然处于探讨阶段，目前还没有形成统一的认识。不同的学者往往根据自身的理解进行界定进而寻找已经存在的经典文献，这样得出的结论也各有不同。这与不同学者对“经典”本身的内涵仍然存在不同的解释有关（Flyvbjerg and Turner，2018）。随着重大工程实践的不断发展，重大工程管理呼唤的理论、方法和研究框架（Winter et al.，2006）。重大工程管理“经典理论”也会随着时间的推移在实践中不断地被检验，进而逐步被挖掘和认可。

第5章　重大工程管理科学发展成熟度

5.1　科学理论体系基本特征与构成要素

5.1.1　科学理论体系基本特征

从知识体系角度来看，科学理论是系统化的科学知识体系，是人类认识发展史的阶段性总结，随人类的实践、认识的发展而发展（钟雪辉和孙忠儒，2011）。从理论体系角度来看，科学理论是通过对大量的实践经验进行整理、概括、归纳和总结的产物，是科学实践经验客观性存在的理论形态。科学理论具有抽象性、逻辑性及系统性等特点。科学理论的抽象性特征表现在对经验事实简化和概括方面，任何事实或现象都受到众多因素的影响。因此，在理论抽象化过程中需对事实进行必要简化，排除影响力较小的因素。虽然理论具有抽象性，但是抽象程度可能有所不同。例如，马克斯·韦伯提出权利抽象模型，即合理—合法型权利、传统型权利和特殊威信权利，此模型是从现实中抽象出的“思想构图”。卢因提出的“解冻—变革—再结冻”模型是对组织变革过程的抽象化描述（王玉成和谷冠鹏，2002）。同时，科学理论并不是概念与原理的简单堆砌，也不是论据与论点的机械组合，而是一种系统化的逻辑知识体系。科学理论体系应建立在明确的现象识别、恰当的判断、准确的推理及严谨的逻辑证明基础之上（吴岱明，1988）。科学理论发展是不断更新及淘汰的过程。哲学家们对科学理论定义、特征和内容等方面做出的巨大贡献促进了人们对科学理论持久性及经典性的重视（Vickers，2014）。

5.1.2　科学理论体系构成要素

早在 1967 年，斯坦福大学帕特里克·苏佩斯教授（Patrick Colonel

Suppes）就明确提出科学理论是由抽象的逻辑表述和理论与实践的对应法则构成的（Suppes，1964）。众多哲学家普遍认为科学理论体系是由众多小体系构成的，同时，科学理论是由众多要素构成的。坎贝尔（Donald Thomas Campbell）认为科学理论构成涉及形式系统、对应规则和概念模型三个要素，这一思想被卡尔纳普（Paul Rudolf Carnap）和内格尔（Ernest Nagel）系统阐述为：形式系统是由概念和逻辑句法所组成的“假设”和“抽象演算”，进而形成一定的科学规律；对应规则是将与经验紧密相连的观察语句与理论语句相对应，使经验事实有一定理论意义；概念模型对经验语句进行语义解释，使抽象演算变成具体科学理论（李醒民，2007）。一般按照此顺序来发展理论，但在具体的科学实践中，很难将观察、规律及理论进行准确对应和表述（内格尔，2002）。

美国哲学家亨佩尔（Carl Gustav Hempel）将科学理论比喻为一张错综复杂的网络，用网络的节点代表术语，用网络连线代表假设关系。整个网络系统对观察现象进行了阐述，且通过解释性的网络之间的规律连接，将客观现象上升到理论层次（程星，1988）。伊利英（Ilyin V V）和卡林金（Kalinkin）将科学理论的构成要素用公式进行表达，要素具体包括：事实集、定律集、常数集合、自然、经验及语义阐释集合、理论体系中抽象模型语义假定和辅助建构物集合、自然科学的思维、语言和命题定量化的工具起作用的形式化集合、理论中所接受的逻辑假定和推导法则（Ilyin and Kalinkin，1988）。因此，科学理论体系的构建需要系统性及网络性思维。

5.2　科学理论体系形成

科学理论体系的形成有利于进一步指导实践，为实践发展打下良好基础，进而促进实践的不断改进。任何学科理论的构建都不能脱离基本理论构建过程，通常只是在数据、记录和观察等理论要素分析过程中具有不同的学科特点，如案例、研究方法及面临问题的的不同（Phelps and Horman，2010）。在评价工程管理发展历程前，明确科学理论体系的形成过程、基本特征及构成要素，有助于揭示工程管理科学体系的演化规律。

在理论构建过程中，明确基本概念及定义对梳理理论特征及理论评价测度方法是必要的，有利于对理论构建有效性做出逻辑性解释（Wacker，2004）。在对学科领域内的理论进行定义时，很难明确其是否符合哲学领域对理论构建的要求，因此不同领域对科学理论的定义具有一定的学科特点（Wacker，

2008）。杰出物理学家坎贝尔（Norman R. Campbell）在1920年出版的《物理学原理》一书中，试图给科学理论做出解释，他认为理论是相互联系的命题系统，提出“假说”和“辞典”的概念来表述科学理论的形成过程（林定夷，1999；江天骥，1987）。科学理论在认识过程中表现出不同的特点，由于科学理论是对经验现象或客观事实的表达，通常要求其具有一定的普适性（谭力扬，2012）。但是，科学理论体系的形成过程没有固定的模式，随着基本原理的发展，大量理论认知模型的出现为科学理论体系的完善做出贡献。科学理论体系发展过程中，形成了很多特性：亚里士多德（Aristotle）、赫歇尔（Friedrich Wilhelm Herschel）和惠威尔（William Whewell）的逻辑实证主义的归纳–演绎模式反映了科学理论发展的累积性；笛卡儿（René Descartes）、孔德（Auguste Comte）和波普尔（Karl Popper）的猜想–反驳模式反映了科学理论发展的否证性；萨伽德（Paul Sagard）的计算科学哲学模式反映了科学理论发展的认知框架变化；库恩和拉卡托斯（Lakatos）的结构模式反映了科学理论发展的历史性和社会性变化（任定成，2011）。科学理论的发展模式如表5.1、图5.1和图5.2所示。由此，科学理论体系的形成过程既受到理论本体影响，又对社会、文化、经济环境十分敏感。

表 5.1　科学理论发展模式

发展模式	分支	代表人物	内容	评价
累积式发展观	古典归纳主义	弗兰西斯·培根（1561—1626）、惠威尔	通过经验事实归纳定律得出理论	认为科学的发展是一个量的不断累积的过程，没有革命就没有质的飞跃
	逻辑实证主义	卡尔纳普（1891—1970）、赖欣巴哈（1891—1953）、亨普尔（1950—1997）	科学发展是一个渐进积累的直线发展过程。观察事实积累越多、越深入，通过归纳逻辑得出的科学定律或理论越被高频率经验证据所证实，则越普遍，解释力和预见力越强	静态的科学发展观，没有看到科学发展史中的革命和质变，不能解释人们是怎样提出逻辑上与传统理论不同的革命性新理论
否证式发展观		奥地利哲学家波普尔（1902—1994）	科学理论是在不断地提出猜想、发现错误而遭到否证、再提出新的猜想的循环往复的过程中向前发展的。所以，科学理论的否证式发展过程是：猜想—证伪—猜想	抹杀了实际存在的常规科学的长期积累。过分强调证实和证伪在逻辑上的不对称性，忽略其复杂性。否定观察的客观性和可靠性

续表

发展模式	分支	代表人物	内容	评价
社会历史观		美国哲学家托马斯·库恩（1922—1996）	提出常规科学（量变）和科学革命（质变）相互交替、新旧范式不断更替的科学发展模式。科学是不断探求新知识，放弃旧范式、旧理论，接受新范式、新理论的创造性活动	在范式的产生和转换问题上片面夸大非理性因素的作用。把科学发展模式看成一切时代和学科的唯一发展模式，否定了科学发展形式的多样性

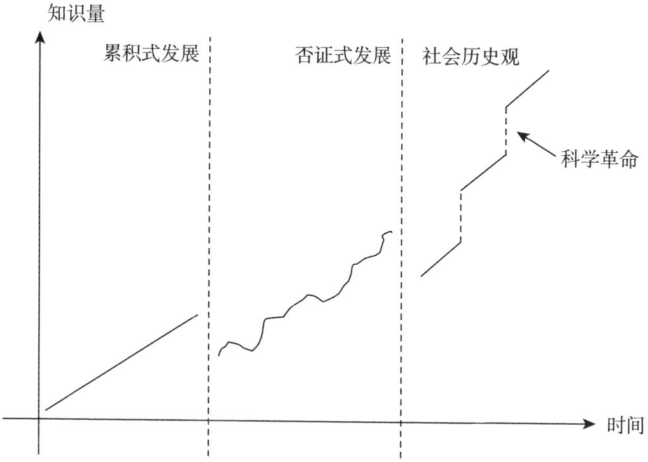

图 5.1　科学理论发展模式

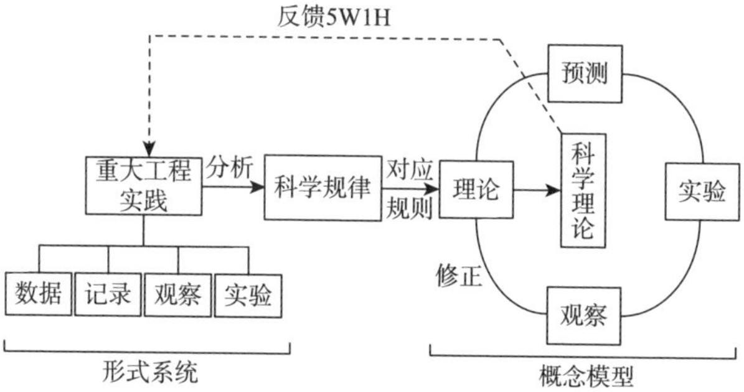

图 5.2　科学理论形成过程

很多学科理论的发展都借鉴了基本学科，如心理学、管理学、物理学甚至是生物学，但是借鉴并不是简单的理论应用转移，而是一种结合学科特点而进行的合成的动态过程，工程管理学科也是如此（Oswick et al.，2011）。科学理论的形成过程通常包含抽象、概括、选择、解释整合及抽象化等逻辑活动（Weick，1989），且理论构建本身就是充满内部冲突和矛盾的（Sutton and Staw，

1995），因此，采用对比分析方法有利于管理者构建、扩展及深化科学理论（Tsang and Ellsaesser，2011）。分析工程管理科学理论发展的不同阶段及理论与实践发展的吻合程度，有利于科学判断工程管理科学发展的成熟度和清晰把握其发展脉络。

5.3 重大工程管理科学发展成熟度评价

5.3.1 成熟度的概念

《现代汉语词典》中，将成熟定义为生物体发育到完备的阶段，或指人及事物等发展到完善的程度。管理学领域，成熟度思想源于质量管理大师菲利普·克劳士比（Philip B. Crosby）1979 年的著作《质量免费：确定质量的艺术》（*Quality is Free：The Art of Marketing Quality Certain*），书中提出了著名的质量成熟度方格理论（克劳士比，2006）。此后，众多领域使用成熟度来代表具有生命周期特点的研究对象的能力大小及发展情况。在工程管理实践中，项目管理成熟度（project management maturity）是指为了达到战略目标，组织在选择和管理项目上所表现出的整体能力。成熟度的核心是一种持续改进过程，是对研究对象发展程度的理论性分析（Grant and Pennypacker，2006）。准确的理论成熟度评价可以有效促进下一步理论改进，优化理论体系。在理论演化过程中，工程管理科学发展成熟度指理论指导工程实践的能力，以及理论体系持续优化的程度。

成熟度模型描绘的是一个对象在生命周期内，随着时间的推移经过若干不同成熟度水平层次的发展而达到最高水平的过程（孙新波等，2012）。研究表明，工程管理理论发展受到工程能力及经济、社会、环境等多种因素的影响，是一个动态发展、持续变化的过程。工程领域最著名的成熟度模型之一是美国卡内基梅隆大学软件工程研究所（Software Engineering Institute，SEI）率先提出的能力成熟度模型（capability maturity model for software，CMM）（Kerzner，2019）。四种最早且最基本的成熟度模型为质量管理成熟度模型（quality management maturity model，QMMM）、能力成熟度模型、项目管理成熟度模型（project management maturity model，PMMM）及知识管理成熟度模型（knowledge management maturity model，KMMM），如表 5.2 所示。此后，随着人们对四种基本模型研究的不断深入，陆续推出改进模型及其他学科成熟度模型，如创新管理成熟度模型（innovation management maturity model，IMMM）、人力资源能力成熟度模型（people-CMM）、系统工程能力成熟度模型（SE-CMM）和风险管理成熟度模型等。这些模型的基本原理相似，都是通过对研究对象能力的评价实现最终管理能力的持续提升。

表 5.2　成熟度模型比较

模型名称	时间	研究者	研究对象	实现方法
质量管理成熟度模型（克劳士比，2006；Crosby，1979）	1979 年	Philip B. Crosby（美国）	企业质量控制	质量成熟度方格理论，五级进阶：不确定期、觉醒期、启蒙期、智慧期、确定期
能力成熟度模型（Paulk，1993）	1987 年	美国卡内基梅隆大学软件工程研究所	软件组织生产过程	五级优化：初始级、可重复级、定义级、管理级、优化级
项目管理成熟度模型	1998 年	PMI	单个项目或集成项目	四级优化：标准级、测量级、控制级、改进级
知识管理成熟度模型	1998 年	毕马威公司（荷兰）	知识（人、过程、内容和技术）管理	涵盖知识管理的 10 个关键领域，并对各关键因素设立绩效指标，符合枚举分析法（MECE）和 2/8 原则

目前，国内外研究机构和学者开发的成熟度模型达到数十种。一些模型各优化级别的晋级规则比较严格，需明确定义各优化级别的特点或建立指标，只有符合全部条件才可以进入下一成熟度等级。也有部分模型面向研究对象实施过程，在每一个过程中进行成熟度阶段评价。本节工程管理成熟度模型（engineering management maturity model，EMMM）与传统模型存在区别。传统模型根据研究对象评判指标，确定不同成熟等级的指标特性，进行等级判定。由于研究对象——工程管理理论的特殊性，EMMM 以理论本身为研究对象，确定工程管理理论体系的成熟发展阶段，理论成为成熟度模型的构成要素。现今的工程管理理论体系并不完善，对最小要素进行评价，可以有效地发现理论体系发展过程中的理论出现、消失、变革的原因，为更好地做出理论贡献提供依据。

5.3.2　理论成熟度的评价维度

科学理论的评价是科学研究领域中的重要议题。科学理论评价的目的在于权衡科学理论的真伪、辨别理论科学对否。科学理论在形成过程中，会受到专业领域同行的评价。工程管理理论对科学本身及社会生活产生了重要影响，至今并没有得到广泛认可的工程管理理论体系，其中，“如何评价众多学者提出的理论体系”成为工程管理理论研究领域关注的重要内容。在科学史中，诸多卓有成效的科学家都曾提出过科学理论的评价维度及标准。

1）爱因斯坦双维度评价

爱因斯坦（Albert Einstein）对科学理论评价问题有独到的见解，明确提出应从两个维度评价科学理论，即外部标准和内部标准：外部标准是理论不应与实践经验矛盾，应用经验事实证实理论基础；内部标准是关于理论本身的前提，简单理解为理论应该具有“自然性”或“逻辑的简单性”。他认为评价科学理论的外部标准是最高标准和最终标准，理论体系所具有的真理内容取决于它与经验对应的可靠性和完备性，但只考虑外部标准仍然存在一定的局限性，也应该重视评价科学理论的内部标准，保证理论本身逻辑上的完整性，即逻辑前提的自然性和简单性（爱因斯坦，1976）。

2）邦格网络结构评价

邦格（M. Bunge）在《科学研究》（1967 年）一书中从五个维度对科学理论进行评价，形成了一个多方位、多层次的网络结构的理论评价标准，如表 5.3 所示（郭贵春，1991）。

表 5.3 邦格网络科学理论评价维度

形式维	语义维	认识论维	方法论维	形而上学维
优美	精确性	外在一致性	可检验性	层次节约性
内在一致性	统一性	包容性	方法简单性	世界观相容性
独立性	可解释性	深度		
有效性	典型性	独创性		
强度		启发性		

3）库恩的五条充分评价准则

库恩于 1973 年在费曼大学作了名为“客观性、价值判定和理论选择”的演讲，提出了科学理论的特征，认为这些特征是精确性、广泛性、一致性、简单性和有效性，而且这些特征是评价科学理论是否充分的标准（库恩，2004）。

本书根据工程管理科学特点，通过分析科学理论形成过程，从两个维度四个方面对工程管理科学发展成熟度进行评价。两个维度为内部标准和外部标准，内部标准指的是理论本身的特性，包括逻辑简单性和可延展性；外部标准指的是理论与实践的关系，包括精确性和可检验性。

（1）逻辑简单性：众多哲学家和科学史家在对科学理论进行评价时，都共同提到了一个标准——逻辑简单性，在一定程度上可以看出这一评价标准的重要价值。下面举例说明其重要意义。哥白尼“日心说”理论在当时并未能合理地解释托勒密“地心说”理论所能解释的众多现象，同时，它与当时公认的亚里士多德提出的物理学理论存在多处悖论（辛可，1973）。但是，开普勒和伽利略之所以选择哥白尼体系，除了看到了地心体系的严重不足以外，一个很重要的原因是哥白尼体系具有“逻辑简单性”。正如科学史家丹皮尔所说，“之所以相信哥白尼体系正是因为其具有更大的数学简单性和和谐性”（丹皮尔，2010）。

（2）可延展性：一个理论的结论应远远超出它最初所要解释的特殊观察、定律或分支理论，具有一定的可延展性，便于研究者对理论进行精炼、补充及个性化拓展，可以更好地为本学科和其他学科服务。

（3）精确性：除了理论表达的准确性外，理论应当精确，即在理论边界内，从理论导出的结论应与现有观察实验的结果相符。简单说，是保证“实践—理论—实践”实现可持续性的循环和更新。

（4）可检验性：爱因斯坦曾明确指出“一个希望信任的理论，必须建立在有普遍意义的事实之上”。在爱因斯坦看来，评价科学理论与实践的一致性是极其重要的。理论是不应当同经验事实相矛盾的，在评价之前，应保证理论具有一定的经验内涵，即确定该理论是可以用实验事实证实的。经过大量事实证实、否证及推敲的理论才可称为科学理论，如图 5.3 所示。

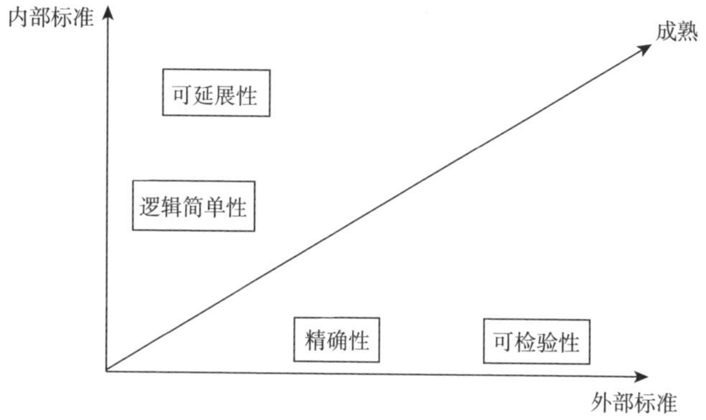

图 5.3　理论成熟度评价维度

5.3.3　重大工程管理科学成熟度评价模型

工程管理是指为实现预期目标，有效利用资源，对工程所进行的决策、计划、组织、指挥、协调与控制等，以更好地解决工程实践问题。但是，随着工程项目规模的扩大，工程的系统性、综合性和复杂性特点逐渐明显，单一的“解决问题”的工程管理科学体系已经很难满足现状的发展（Luo et al.，2017）。管理科学的知识体系是以管理活动及一般性规律为研究对象，运用逻辑思维方法而形成的（盛昭瀚和张维，2011）。分析工程管理理论的形成过程，评价其成熟度发展脉络，才能进一步完善工程管理科学理论体系。

成熟度模型可以描述一个事物随时间发展的情况，用于任何一个事物的过程研究（曹吉鸣等，2017）。多数成熟度模型遵循由低级到高级的模型构建思路，在生命周期内，随着时间的推移，研究对象在发展过程中不断得到提升，直至发展到最终完善的状态（Joblot et al.，2019；Chapman，2019）。由于工程管理理论具有内在逻辑性和外在经验累积性等特点，很难定量化给出演化过程中的量级差，但可精炼地描述其发展过程，将其描述为几个有限的成熟层次。一般设为5个层次，每个层次具有一定的特点及发展动力，通常，后者是前者的进一步完善，是一个层层递进不断发展的过程。这种思路较好地反映事物成熟发展的过程。因此，依托成熟度评价的两个维度和四个方面，构建工程管理成熟度模型。将工程管理成熟度模型划分为五个层级：初始经验级、知识累积级、理论累积级、理论系统级和科学理论级。每个层级具有不同的成熟度特点，且各层级之间具有一定的演化规律及动力，称为“越级”关键域，如表5.4所示。

表5.4　成熟度等级及关键活动

成熟度等级	等级特征	“越级”关键域	研究对象
1.初始经验级	运用管理者及建设者的管理经验和专业知识进行工程建设及管理，无理论支撑		经验
2.知识累积级	管理者经验转化为知识，且逐渐累积指导工程项目实践	实践催化	知识
3.理论累积级	单一、碎片化工程管理理论出现，且逐渐累积	逻辑认识	理论
4.理论系统级	运用系统论的观点，在碎片化的理论仓库中摸索理论体系的脉络以及理论要素之间的关系，有效地构建理论体系	简化过程	理论体系
5.科学理论级	满足复杂化、创新化及网络平台化的工程环境，从理论本身及外部环境两个维度进行科学构建，将交叉科理论有机集成指导实践	创新环境	理论网络

其中，“越级”关键域的含义如下。

（1）实践催化（1级—2级）：工程建设规模的增大、复杂性的增强及参与人员的增多，致使经验管理无法达到全面管理。大规模的工程实践催生了项目管理理论，成为工程管理理论的萌芽。

（2）逻辑认识（2级—3级）：工程管理知识的累积促使逻辑化认识形成工程管理理论。项目管理知识体系的标准化构建得到广泛应用，但是不能满足定义更为广泛的工程管理理论体系的要求，只能达到部分标准化的程度，这就要求从哲学、科学及工程学多个角度进行逻辑分析，形成工程管理理论。但至今，仍然没有得到广泛认可的较为完整的工程管理理论体系。

（3）简化过程（3级—4级）：随着时间的推移，不断累积的工程管理理论以及逐渐堆积的实践知识接近“爆炸”，因此，遵循简单性原理，在科学创造的道路上，应简化庞大的理论分支（刘凌云，2000），促进理论体系的系统化。系统化认识成为理论体系形成的重要步骤。

（4）创新环境（4级—5级）：进入21世纪以来，工程管理受到了广泛的认同，对社会、经济及环境产生了深远的影响。促进经济增长、推动科技进步及实现和谐发展成为工程管理理论发展的目标。在新型工业化体制、“互联网+”、大数据等技术应用环境下，标准化的理论体系是否能满足复杂化、创新化及网络平台化的工程环境，能否从理论本身及外部环境两个维度进行科学构建，成为判断其成熟度发展的最高级别。成熟度模型如图 5.4 所示。

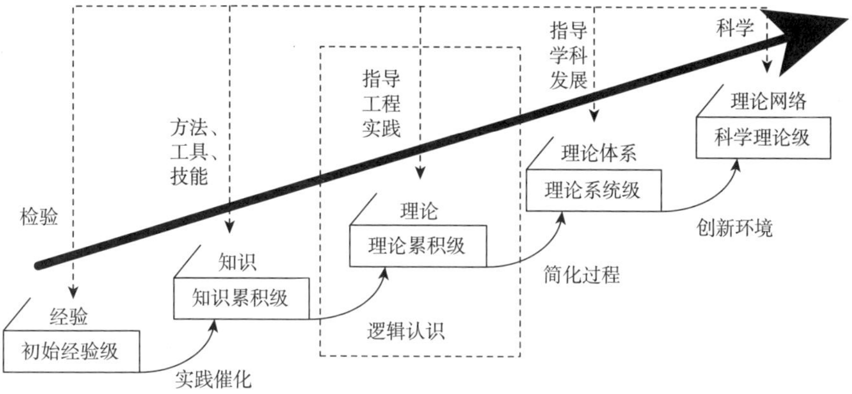

图 5.4　工程管理科学发展趋势

通过对工程管理科学理论及实践的全方位静态及动态评价，可以正确判断其发展状况，结合新兴工程管理创新环境确定工程管理科学发展阶段，掌握发展力薄弱的关键因素，对挖掘“越级”关键活动提供指导作用。尽管重大工程管理理论向着更高阶段发展，但各个阶段不同的研究对象对重大工程实践及管理的发展均具有重要作用。

（1）重大工程管理经验可快速检验理论指导实践的过程。经验对于工程管理者职业发展（Savelsbergh et al.，2016）和工程管理过程效率的提高（Ansell and Smith，2010）都有重要的作用。科学的经验管理可用于指导工程管理的任何阶段（Lin，2008），因此，利用管理者的经验可以高效、快速地检验工程管理过程出现的问题。经验是通过大量的工程实践所获得的知识和技能，但在很多时候经验只是管理者的一种主观意识，基于主观意识的管理给工程管理过程带来很大风险，因此，出现了知识管理的探索。

（2）重大工程管理知识为管理过程提供必要的方法、工具和技能。工程管理过程会产生大量的经验和知识，知识管理已经发展为一个重要的研究领域。大量的知识积累为重大工程提供决策依据（Calvo-Mora et al.，2015），工程知识管理系统可以集成管理阶段的技术、方法和工具以提高管理效率（Tserng et al.，2016）。但是，知识累积到一定程度，需要逻辑化认识将经验和知识等转化为可以系统指导实践的理论。

（3）理论指导重大工程实践，理论体系指导学科发展，多学科理论体系集成（理论网络）驱动科学发展。理论构建对于指导工程实践和学科发展具有重要作用（Phelps and Horman，2010），但重大工程管理发展仍然处于理论累积阶段，项目管理知识体系仍然是重大工程管理实践中普遍参考的知识体系。重大工程实践的迫切需求亟须考虑工程复杂性、工程可持续性和工程技术创新等重大工程属性的系统化、逻辑化的工程管理理论体系。

第 6 章　重大工程管理特征与职能

6.1　重大工程管理客体与特征

6.1.1　重大工程管理客体分析

以大型桥梁、城市地铁、高速公路、高速铁路等为代表的重大工程在促进区域经济发展、提高居民生活水平中发挥重要作用，已经成为世界各国政府重要的经济调控手段。*Economist* 统计显示全球正处于“人类历史上规模最大的基础设施建设投资爆炸时代”，仅发展中国家基础设施投入就达到 22 兆亿美元。中国重大工程建设正处于快速发展期，自 2014 年 9 月国家发展和改革委员会陆续推出 12 大类重大工程包以来，截至 2016 年底，已累计完成投资 79 203 亿元，开工 48 个专项、507 个项目。在 2016 年 3 月发布的《中华人民共和国国民经济和社会发展第十三个五年规划纲要》23 个专栏中又明确了 165 项重大工程项目。交通运输部提出“十三五”时期是交通基础设施重大工程建设的关键时期，2016~2018 年投资约 4.7 万亿元重点推进包括川藏铁路、三峡枢纽水利新通道等在内的铁路、公路、水路、机场、城市轨道交通等 303 项重大工程。

重大工程建设和运行过程是人类社会经济活动过程，并最终以重大工程的建成为社会经济活动结果。重大工程建设活动往往会影响甚至改变地质环境原有特征和经济社会发展条件，对所在区域甚至整个社会的经济发展、社会环境、资源利用、能源消耗和自然环境都产生巨大而深远的影响，不仅与工程建设期间公众利益息息相关，也影响到代际利益跨期分配与均衡，直接关系到所在区域甚至整个社会和经济可持续发展，同时，体现着一个国家综合实力，具有历史文化价值和重大社会与经济意义（Zhou and Mi，2017；Donaldson，2018）。例如，南水北调一期工程作为一项跨流域的复杂巨系统，不仅要考虑一期工程实施过程及通水后调水区与受水区的区域经济协调发展，而且需要考虑水源区保护、区域经济结构优化、地下水超采与生态修复互动关系、景观格局变化、生态系统平衡等若干子系统，此外各子系统间及其内部存在多层次互动关系，呈现复杂的多目标性和动态性，并且其复杂的影响过程在时间、空间、气候、气象乃至人类行为等不同维度上又具有变异性与不确定性。

因此，从管理边界和要求角度，重大工程系统不是一个孤立的封闭系统，而是与自然、社会、环境等其他系统存在广泛联系，各系统之间存在相互连接和相互作用。这就要求重大工程的管理活动必须考虑重大工程的开放和交互性，主要体现在以下两个方面。

第一，基于重大工程系统对自然、社会、环境和科技等其他系统的影响开展管理活动，如决策中考虑重大工程对自然和环境的影响；组织管理中考虑重大工程的社会参与和国际合作，整合系统内外资源为重大工程服务等。

第二，基于自然、社会、环境和科技等其他系统的要求和变化对重大工程管理的影响开展管理活动，如自然环境变化对重大工程创新性和管理的新要求；大数据、信息技术和人工智能的发展对重大工程管理的要求和推动；城镇化、社会经济发展趋势、资源条件等对重大工程管理的新要求等。

基于上述分析，重大工程作为复杂人工系统，对工程系统外部环境作用范围远大于一般工程，对经济、社会、环境等其他系统影响深远，并存在复杂的相互影响和反馈关系。Sahely 等（2005）认为应将基础设施统一到更大范围的系统内，建立描述基础设施系统与经济、社会、环境的物质能量信息交换框架，研究其结构、功能、效益及其动力平衡机制。对于重大工程的研究和管理已经不能仅仅局限于工程系统自身范围。为了减少人与自然的对立性，按照系统的认识论，必须把重大工程建设和运行过程中的人类社会、经济活动视作不同的子系统。各子系统之间相互制约和依存，整体视为一个复合系统，有利于将自然循环与社会经济循环有机融合，并实现资源合理配置。这意味着重大工程本身既是一个系统，又是一个更大系统内的组成部分，重大工程的作用与价值必须在更大的范围内才能得以完整体现。因此，从更大的范围研究重大工程与社会、经济、资源和环境的耦合关系与演化机理，对于正确把握各子系统间及层次间的复杂关系，揭示系统内在耦合关系和演化规律，促进工程系统各子系统之间的协同共生与正向演化具有重要作用。

借鉴社会–经济–自然复合生态系统理论思想（马世骏和王如松，1984），重大工程作为对经济、社会和自然产生重大影响的人工复杂系统，是一类以工程建设和运行行为为主导、经济发展为目的、社会系统为脉络、资源物质流动和能量转换为条件、自然环境为基础和依托，各系统之间存在强烈相互影响、作用和反馈关系，各系统有机联系所构成的工程–社会–经济–资源环境复合生态系统。其辐射范围包括直接参与工程建设和运行的企业和个人，还包括受工程直接影响的城市或区域。

重大工程–社会–经济–资源环境复合生态系统（以下简称重大工程复合生态系统）组成的表现形式可以表示为人类与自然环境之间的关系，具体表现形式如图 6.1 所示。

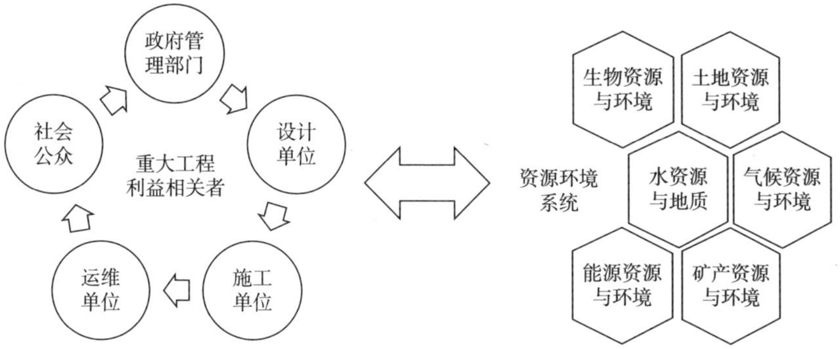

图 6.1　重大工程复合生态系统组成的基本关系

重大工程利益相关者相互之间的关系和行为集合构成重大工程的社会子系统、经济子系统，因此，重大工程复合生态系统又可表示为由工程子系统、社会子系统、经济子系统和资源环境子系统组成。

社会子系统以工程管理部门、建设参与单位、公众等重大工程利益相关者为主体，由满足其在工程建设和运行过程中经济活动与生活有序进行所形成的管理、政策和科技系统构成，同时为复合生态系统提供管理、调控、人力和智力支持。经济子系统包括围绕重大工程建设和运行过程的相关经济活动主体所开展的生产、分配、交换、使用和消费的全过程。资源环境子系统是重大工程建设和运行的物质基础和空间条件，由环境因素和资源因素组成。其中，环境因素是可以直接或间接影响重大工程建设和运行的一切自然因素的总体，包括空间面积、地质地貌、气候、水文、土壤等因子。资源因素指能够作为重大工程建设和运行来源的因素，包括气候资源、水资源、土地资源、生物资源、矿产资源和能源资源等。资源环境子系统既是重大工程的经济子系统的物质与能量基础，社会子系统的主要承载者，也是重大工程建设和运行的主要制约因素。

重大工程复合生态系统各子系统有着各自的结构、功能和发展规律，但同时其存在和发展又受到其他系统结构和功能的制约，各子系统之间相互依存、相互制约，通过人的行为耦合成协同共生的复合生态系统。重大工程复合生态系统及其内部各子系统或各组成成分所具有的作用，即重大工程复合生态系统功能如表 6.1 所示。

表 6.1　重大工程复合生态系统组成结构和功能

子系统	基本描述	功能
工程子系统	重大工程的基础设施人工系统	重大工程复合生态系统的主体，也是社会、经济、资源环境等子系统活动的主要对象和综合结果体现
经济子系统	重大工程利益相关者围绕工程建设和运行过程，通过生产、分配、交换、使用、消费等一系列经济行为和活动，实现物质、能量、信息和价值在不同主体之间流动、转换和传递所形成的系统	推动重大工程的建设和运行，是重大工程复合生态系统的主要推动力
社会子系统	以工程管理部门、建设参与单位、公众等重大工程利益相关者为中心，满足其在工程建设和运行过程中经济活动与生活有序进行所形成的管理、政策和科技系统	为复合生态系统提供管理、调控、人力和智力支持，保证经济子系统有序进行，是重大工程复合生态系统的人力和制度保障
资源环境子系统	重大工程建设与运行所处的气候、水、土壤、生物、矿产、能源等资源环境系统	重大工程建设和运行的物质和能量提供者，同时也是其制约因素，是重大工程复合生态系统的条件和基础

重大工程子系统是重大工程复合生态系统的主体和物理实体；社会子系统是经济子系统有效运行与发展的基础和保障，最核心的功能是维持重大工程复合生态系统的协调和平衡；经济子系统处于主导地位，经济水平和结构直接影响和制约着重大工程的水平与规模，经济行为和活动是推动重大工程建设和运行的主要力量，也是影响资源环境的主要原因；资源环境子系统是重大工程复合生态系统设计、存在和发展的基础，是社会子系统和经济子系统发展的客观条件和资源要素供给者，也决定了重大工程复合生态系统的规模和特征。

6.1.2　重大工程管理客体特征分析

重大工程系统相比一般工程具有规模和投资巨大、组成要素具有异质性和自适应性、生命周期长、影响深远、主体多元、层次复杂等人工复杂系统特点（Pollack et al.，2018）。同时，我们也需要注意到，当把分析视角从工程实体扩大到重大工程复合生态系统的更大层面时，该系统除了具有复杂系统的典型特征外，还体现一般生态系统的特征，包括具有特定的空间结构、是复杂和有序的层级系统、具有明确功能的单元、是开放系统并具有自动调节功能、易受环境影响等。重大工程复合生态系统综合了一般生态系统和复杂系统的特征，并体现出明显的自组织和他组织特征。复合生态系统既是自组织的，也是他组织的，是自组织与他组织的统一体（颜泽贤等，1993）。

（1）重大工程复合生态系统具有显著的复杂性特征。随着重大工程的日益增多及其对社会的影响日益增强，理论界逐渐开始关注重大工程复杂性分析，如对长江三峡大坝项目复杂性的分析（Alberts et al.，2010）、对工程复杂性维度的分析（Winter et al.，2006）、对工程项目复杂性评估的研究（Vidal et al.，2011）、工程项目技术复杂性与新颖性之间关系的研究（Puddicombe，2012）。晏永刚等（2009）基于复杂系统理论分析了重大工程项目的系统复杂性；雷丽彩等（2011）从大型工程项目复杂决策的不确定性、涌现性、多目标非线性作用以及迭代逼近的动态演化等方面分析了大型工程项目决策的复杂性；盛昭瀚等（2009）从复杂性科学的角度分析了重大工程的"显性"复杂性和"隐性"复杂性。

复杂系统特征包括复杂性、开放性、涌现性、自适应性、非线性等。重大工程的复杂性特征还可以表述为结构复杂性、过程复杂性和关系复杂性。其中结构复杂性又体现为系统等级多层次、多主体性；过程复杂性体现为多阶段性和动态性；关系复杂性体现为系统组分之间相关关系和作用的非线性。管理对象的系统复杂性对重大工程管理的决策、组织、现场提出更高要求。例如，决策中需要考虑决策主体异质性、决策过程的阶段性；组织管理需要考虑组织等级层次性和组织行为交互性；现场管理需要考虑现场管理不确定性和集成性等。

（2）重大工程复合生态系统具备明显的自组织特征。重大工程复合生态系统具备自组织系统的基本条件：由工程、社会、经济和资源环境子系统组成，组织系统的要素大于三个；子系统之间呈现非线性关系；子系统构成的整体同时作为一个开放系统，与周边区域和系统相互影响和改变。因此，重大工程复合生态系统是一种耗散结构，存在自组织现象，具备了明显的自组织特征，主要表现为：系统通过自身因素的作用使得系统从无序到有序、从一种有序状态上升到另一种有序状态的过程变化，复合生态系统由于其内部的不均衡性以及非线性能够促使其产生自组织过程即系统自身格局的变化，这些变化通过系统的自反馈方式进一步促使系统的演化发展。具体体现特征如下。

第一，动态演化特征。重大工程复合生态系统具有自动调节和自组织功能，在开放性和非平衡前提下，通过系统内外的物质、能量和信息的流动体现出系统演化特征。

第二，非线性特征。重大工程复合生态系统中各子系统之间的相互作用与影响并不是简单叠加，其对于外界压力的响应呈现一种协同、复合的非线性关系，并且系统的演化由于正负反馈机制的存在体现出非线性特征。

第三，自反馈和调控特征，即重大工程复合生态系统中社会、经济、资源环境等子系统通过能量转换、物质循环、信息传递与反馈，并互相适应和改变所体现的特征。

第四，协同共生特征。协同共生现象是系统的普遍现象，共生必然导致协同，共生是协同的基础，协同是共生的必然结果。在重大工程复合生态系统中工程、社会、经济、资源环境相互依存、相互依赖和共同生存，构成一个协同共生系统。复合生态系统内部同一性的加强反映出了复合生态系统的协同演化（郝欣和秦书生，2003）。依据哈佛大学生物学教授爱德华·威尔逊（Edward O. Wilson）对共生关系的分类，重大工程复合生态系统中各子系统之间的共生关系为互利共生（主动–主动）模式。动态演化是复合生态系统自组织有序之源，非平衡性和非线性是复合生态系统自组织的内在动因，自反馈是复合生态系统自组织运行的基本方法，循环再生是复合生态系统自组织运行的可靠保证，协同共生是复合生态系统自组织运行的必然要求。

（3）重大工程复合生态系统具有一定的他组织特征。重大工程复合生态系统区别于一般自然生态系统和综合生态系统，是一个被人为改变了结构、内部物质循环及能量转换的，受人类生产及生活活动影响的生态系统，既具有一般自然生态系统的特征，同时也强调人的行为对重大工程复合生态系统结构演变和功能发挥的影响。生态学理论认为系统是由生物部分和非生物部分组成的，且两者缺一不可。按照生物在生态系统中的作用和地位，生态系统的生物部分可以划分为生产者、消费者和分解者三大功能类群，分别对应自养生物（单细胞藻类、绿色植物，把无机物转化为有机物）、其他各级生物和具有分解能力的微生物（如细菌、真菌等，把有机物分解为无机物）。而在重大工程复合生态系统中，则由人同时充当生产者（工程建设和服务提供者）、消费者（过程消费者：工程建设过程中的企业；最终消费者：工程用户）、分解者（从事废弃物的处理、转化和再利用的相关企业和个人）和调控者（工程管理者和协调者）。重大工程复合生态系统的协同演化以人为中心（王如松和欧阳志云，2012），人类活动对重大工程复合生态系统的形成、演变和发展具有决定性影响，是产生复合生态系统内部非线性矛盾的关键因素。重大基础工程的建设和运行过程既是对自然生态环境的改造过程，也可能产生不同程度的生态和环境影响，打破原有自然生态系统的自动调节机制与演替。并且重大工程复合生态系统的演化和功能受到人的社会和经济活动与行为等外部指令的影响和干预，体现出显著的他组织特征。

6.1.3 重大工程管理客体系统耦合分析

1. 重大工程管理客体系统耦合方式

重大工程复合生态系统耦合是物质流、能量流、信息流、价值流在工程、社会、经济、资源环境子系统之间发生耦合作用的过程。重大工程复合生态系统各子系统耦合过程的基本表现形式为物质循环、能量流动、信息传递和价值转化。

由于复合生态系统的复杂性，耦合具备了更复杂的特点，存在能量双向流动、物质循环再利用的过程，不能按照一般生态系统耦合特点及研究理论和方法开展研究，需要对重大工程复合生态系统耦合关系进行分析，从而减少能量消耗、提高流动效率、促进正反馈和负反馈的平衡与正向演化。

重大工程复合生态系统的耦合可分为子系统间耦合与子系统内部的耦合。重大工程复合生态系统子系统间的耦合能够保证子系统内部正常运转所需要的能量流和物质流，并保持系统间的信息流交换。重大工程复合生态系统内各要素共同遵循生态规律和经济规律，进行物质、能量、信息和价值的交换、循环与转化，工程子系统与经济、社会和资源环境子系统是不可分割的，相互联系、相互作用。

重大工程复合生态系统不同于以自然资源系统为主的一般生态系统，而是以重大工程子系统为载体，资源环境子系统物质流和能量流为依托，经济子系统的价值流为驱动，社会子系统信息流为主导，整个耦合系统的建成和持续运行为目标的生态系统。社会子系统中通过人的决策、行为和管理制度安排，与经济子系统、资源环境子系统和工程子系统发生生态信息流和人工信息流的传递与交换，同时也向资源环境子系统排放废弃物。经济子系统中经济主体的生产、分配、交换、消费和再生产活动作用于重大工程子系统的建设过程，表现为经济子系统向工程子系统输入工程建设材料、人工产品和人工能源，向资源环境子系统排放废弃物，同时接受社会子系统的管理和调控。资源环境子系统的物质循环和能量流动表现为在全生命周期各个阶段资源环境子系统向经济子系统提供工程建设原材料和原生能源的输入及废弃物的分解和消纳。通过各子系统的耦合关系有序进行结构与功能的整合，可以实现重大工程的建设与运行，达成重大工程复合生态系统的建设目标与可持续发展目标。重大工程复合生态系统子系统间的耦合机制如图 6.2 所示。

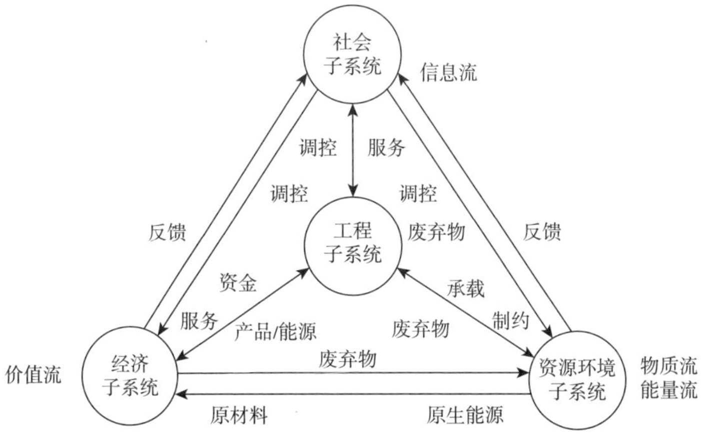

图 6.2　重大工程复合生态系统子系统间的耦合关系

重大工程复合生态系统各子系统内部的耦合表现为系统内各种流的循环和流动，并通过信息反馈调节外部功能将系统内部多余的物质和能量引出。其中，社会子系统由科技、政策和管理等要素耦合构成，以信息流为主导；经济子系统由重大工程建设单位、设计单位、施工单位、运行单位及社会公众等经济主体之间的经济关系耦合而成，以价值流为主导；资源环境子系统由大气、水、土壤、生物、矿产和能源等要素耦合而成，以物质流和能量流为主导。

2. 重大工程管理客体系统耦合流量分析

重大工程复合生态系统内部各子系统之间和子系统内部通过物质循环、能量流动、信息传递和价值转化等方式和途径产生紧密的耦合关系。

1）物质循环

重大工程物质循环是重大工程在建设和运行过程中，消耗资源和物质，向自然界排放废弃物，并为工程用户提供服务的过程。

重大工程复合生态系统的物质流包括自然物质流、人工产品流和废弃物流。其中，自然物质流是由自然力推动的生态流，包括空气和水体的流动等，具有数量巨大、状态不稳定的特征，其流动的强度和速度直接影响到重大工程的建设和运行；人工产品流是为完成重大工程建设和使功能正常发挥所涉及的各种材料和物资在系统中的各种状态和作用的集合。废弃物流是重大工程复合生态系统的物质循环过程中失去使用价值的废弃物所形成的物品实体流动。物质循环的速度、规模取决于重大工程利益相关者的需求和行为。

2）能量流动

重大工程复合生态系统的能量流动是在满足重大工程建设和运行的过程中，能量在系统内外的传递、流通和耗散的过程，包括重大工程建设和运行过程中投入和消耗的自然生态系统原生能源和人工能源产生的能量。前者包括太阳能、水能、风能、石油和矿石等，后者包括电力、汽油、柴油、液化气等。能量流动的效率与重大工程的能源结构、生产结构、消费结构等特征密切相关，并且能量流动以价值流为导向，通过重大工程的建造与管理活动所形成的物质流来传递，并用信息流加以调节。

3）信息传递

重大工程复合生态系统信息流是信息在工程建设单位、设计单位、施工单位、运行单位和社会公众等之间的传递和整合的过程。在信息流作用下，生态系统中的物质流动更加实时、准确和有目的性。信息资源的利用程度是衡量重大工程复合生态系统高效与协同发展的重要尺度。信息是由复合生态系统的生产、生活所产生的，通过反馈、调节引导生态系统向一个持续稳定的方向发展，并将其各组成要素紧密联系起来（王如松等，1989）。

重大工程复合生态系统各子系统和子系统内部存在广泛和多元的信息交流互动，与重大工程设计、施工、运维、技术、管理、市场、社会公众、业主等相关的大量信息通过采集、整理、储存、积累、反馈等多种形式，促进工程子系统、社会子系统、经济子系统和资源环境子系统之间的信息整合能力、资源和技术配置水平以及能量和物质的流动与循环效率，使得重大工程复合生态系统联结成统一的有机整体。

4）价值转化

重大工程复合生态系统价值流动是把工程建设材料、物资和能源转化为重大工程物理实体、配套设施的过程。

价值流贯通重大工程复合生态系统全生命周期。在工程建设阶段，建设单位通过资金投入，确定工程设计单位和施工单位，购买工程建设物资和劳动力，将资金价值转化为物资和劳动力价值；施工单位通过工程建造过程将物资和劳动力价值转移到工程实体。在运行阶段，工程用户通过缴纳资金获得工程使用权及相应服务，运行单位再将获得的资金投入工程的维护和运营管理过程中，并且工程子系统在建设和运行过程中与其他子系统通过货币的流动在经济价值上相互影响。例如，重大工程在建设过程中由于工程系统的材料、技术或设备的新要求，改变了社会和经济系统中不同单位和企业的工艺、技术、能力，从而形成其经济价值的变化。

重大工程不同阶段各子系统间耦合流量分析如表 6.2 所示。

表 6.2　重大工程不同阶段各子系统间耦合流量分析

阶段	主要主体	子系统	主要耦合流量
前期规划阶段	政府管理部门、专家与社会公众	社会子系统	信息传递
设计阶段	政府管理部门、设计单位、专家及社会公众	社会、经济和资源环境子系统	信息传递
施工建设阶段	政府管理部门、施工单位、社会公众	工程、社会、经济和资源环境子系统	物质循环、价值流动、能量流动、信息传递
运行阶段	政府管理部门、运行单位、社会公众	工程、社会、经济和资源环境子系统	价值流动、物质循环、能量流动、信息传递

6.1.4　重大工程管理客体系统演化分析

1. 演化条件和动因

重大工程复合生态系统综合了一般生态系统和复杂系统的特征，并体现出明显的自组织和他组织特征。这些特征都为系统的演化提供了条件，并作用于系统的演化过程。

重大工程复合生态系统是一个耗散结构系统，其自组织特征使得复合生态系统具备了自组织演化的条件，通过社会、经济和资源环境子系统间和内部的非线性作用呈现指数形式增长，并受到资源环境子系统的资源输入和环境承载量制约，在推动因素和制约因素共同作用下，演化并达到平衡。

与此同时，重大工程复合生态系统作为人工复杂系统，具有的他组织特征使得系统在演化过程中存在突变现象，可能打破自组织演化下的平衡状态，经历从有序到无序，再到有序的再次演化过程。

2. 演化过程

重大工程复合生态系统符合生态学Logistic发展机制。Logistic发展机制实质上是正反馈增长机制和负反馈平衡机制共同起作用的一种复合机制（张庆普和胡运权，1995），并通过经典生态学 Logistic 模型进行刻画。该模型被广泛应用于种群生态学研究领域，描述生物种群的时空动态关系。根据种群生态学理论，Logistic 增长是种群在有限环境中的一种简单的增长形式。与生物种群演化类似，重大工程复合生态系统所处空间受到资源环境子系统限制，其发展同时还受制于工程子系统的设计和功能，不可能无限增长，因此，重大工程复合生态系统的演化是一种 Logistic 发展机制，Logistic 模型如下：

$$\frac{\mathrm{d}N(t)}{\mathrm{d}t}=r(t)N(t)\left(\frac{K(t)-N(t)}{K(t)}\right) \tag{6.1}$$

其中，$N(t)$是重大工程复合生态系统发展的综合指标，由其中的社会子系统、经济子系统、工程子系统和资源环境子系统综合发展水平决定，如社会子系统的管理能力、政策体系、文化教育、科技水平等；经济子系统的生产效率、市场交换和分配程度、资源和产品利用程度、废弃物分解和处理能力等；工程子系统的完工程度、结构与功能的成熟度等；资源环境子系统的承载能力、可再生资源和不可再生资源储备量、生物种群规模和演替等。$\mathrm{d}N(t)/\mathrm{d}t$是重大工程复合生态系统的瞬时发展率；$r(t)$是$N(t)$的最大发展率，表示重大工程复合生态系统在不受外界限制情况下的最大发展速率；$K(t)$是在现有社会、经济和科技发展水平，以及资源投入和环境条件下重大工程复合生态系统能够发展的最大程度；$\frac{K(t)-N(t)}{K(t)}$是 Logistic 系数，是对重大工程复合生态系统发展的一种制动作用，随着N接近最大程度K，系数逐渐趋近于0，表明发展率逐渐变慢并达到最大程度。

但同时，由于人工复杂系统的他组织特征，重大工程的建设本身就是通过人为的建设行为和调控，产生新的结构与功能，打破原有自组织的增长局限，并通过重大工程建成后的运行与控制，推动区域整体走向更高水平的演化阶段。

设社会和经济活动等人为调控机制对 K 的影响系数为 λ，可对 Logistic 模型进行调整如下：

$$\frac{\mathrm{d}N(t_i)}{\mathrm{d}t_i}=r(t_i)N(t_i)\left(\frac{K(t_i)(1+\lambda)-N(t_i)}{K(t_i)}\right) \tag{6.2}$$

其中，$N(t_i)$，$\mathrm{d}N(t_i)/\mathrm{d}t_i$，$r(t_i)$ 和 $K(t_i)$ 分别表示重大工程复合生态系统发展的不同阶段 i 下系统发展程度、瞬时发展率、最大发展率和最大发展程度。

对式（6.2）进行求解，可得

$$N(t_i)=\frac{K(t_i)(1+\lambda)}{1+c\mathrm{e}^{-r(t_i)}} \tag{6.3}$$

式中 λ 的取值，可能为正，可能为负，取决于人为调控机制的合理性和有效性，呈分时段、动态、多参数，由多条曲线组合而成的复合型 Logistic 曲线式增长。$c=\mathrm{e}^{-\tilde{c}}$，$\tilde{c}$ 为积分常数，由重大工程复合生态系统发展的初始条件决定。系统的演化和发展呈现出复杂的行为和轨迹。

随着重大工程全生命周期不同阶段的推进，在政府合理干预、管理单位有效调控、施工和运行单位经济效率提升的前提下，重大工程复合生态系统各子系统协同共生，呈现阶梯上升的变化趋势。具体如图 6.3 所示。

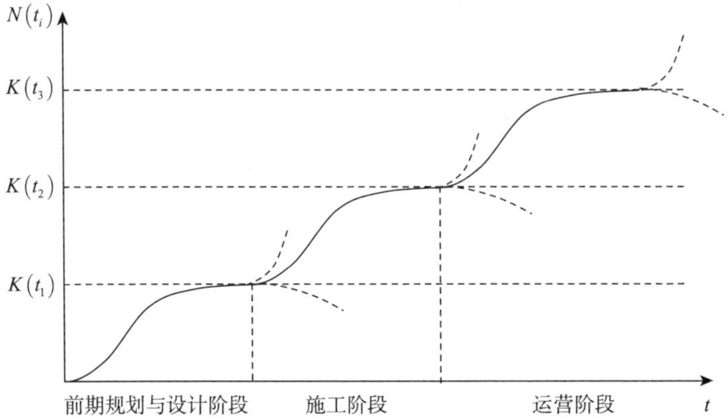

图 6.3　重大工程复合生态系统演化过程

在前期规划与设计阶段，重大工程复合生态系统由于还未有工程实体的施工和运行，主要体现为自组织演化过程，但该阶段的前期论证是否充分、设计是否合理将影响到后续阶段整个复合生态系统的演化方向。

在施工阶段，一旦按照工程论证与设计进行施工，将直接影响到原有复合生态系统的平衡状态，使复合生态系统发生突变。整个系统演化方向因前期规划与设计的充分与合理程度不同，可能呈现不同程度的正向演化或逆向演化，如图 6.3 中虚线所示。

重大工程的施工过程也是社会、经济、资源环境子系统的协同作用的过程，人为因素将起到积极作用，其间的决策、组织、现场等管理与调控行为将直接影响到复合生态系统的演化过程，呈现他组织占主导的演化特性。

在合理而有效的人为调控行为下，随着工程项目的建成，整个复合生态系统的结构和子系统间的相互影响与作用程度发生变化，演化过程将发生突变进入下一个新的阶段。

工程子系统的结构和功能是否达到设计目标，工程子系统与其他子系统之间是否产生积极的相互作用与影响，将使得演化过程同样存在正向演化或逆向演化的可能性。

例如，在施工过程中，如果没有解决好社会、经济和工程子系统中废弃物的处理问题，将直接影响甚至破坏原有资源环境子系统的结构、功能、生态和环境，使得整个复合生态系统出现逆向演化。

在运行阶段，重大工程复合生态系统将通过运行影响到周边区域乃至更大范围的其他外部系统，并相互作用和发生改变。与外部系统之间进行的物质流、能量流、价值流和信息流的输入与输出，将使得整个复合生态系统进入下一个演化阶段，其演化过程同样存在正向演化或逆向演化的可能性。

3. 演化影响因素与演化策略

1）影响因素

由式（6.3）可知，重大工程复合生态系统的演化由 $r(t_i)$ 和 $K(t_i)$ 共同决定，其中 $r(t_i)$ 决定了系统发展的速度，$K(t_i)$ 决定了系统发展的最大程度。前者受到重大工程不同阶段的物质、能量和价值输入和输出的速度和效率等因素的影响，体现为不同子系统之间的协同关系和运行效率；后者受到现有社会、经济和科技发展水平，资金、人力和资源投入，以及环境条件的影响和制约。同时演化过程中要重视导致整个复合生态系统出现逆向演化的负反馈力，包括地质地貌、气候因子、水文、生物生态等外部资源和环境，也包括设计和施工质量、安全事故、社会资源整合、技术攻关、生态污染等因素。重大工程复合生态系统要保持阶梯形的上升演化趋势，就需要从上述影响因素着手，采取合理的演化策略。

2）演化策略

重大工程的建设是为了加快社会进步和经济发展。在重大工程建设过程中，必然会对周边的自然生态环境产生影响，如果缺乏妥善的环境保护规划与治理措施，一旦超过环境资源子系统的承载能力，必然导致整个复合生态系统的逆向演化。

根据耗散结构理论，一个孤立系统是个熵增的过程，系统不断从有序走向无序，混乱度增加。只有在系统是耗散结构并引入负熵的条件下，系统才可能走向经济、社会和环境协调发展的有序状态。因此，要使系统变得有序，就必须使系统开放，但是系统开放并不一定能使系统达到有序，正熵流不仅不会促使系统形成耗散结构，反会加速系统的无序化进程（沈小峰等，1987），因此还需要从系统外引入负熵，以降低系统熵值。

复合生态系统的负熵过程就是物质、能量、信息、文化等一切有利于系统有序的因素的输入和控制。输入的负熵可以是外部资金、新兴产业，也可以是先进管理方法、先进文化理念等。系统负熵的控制就是控制和协调自然、经济、社会发展的关系。然而，资源环境子系统的负熵过程是一个被动接受的过程，社会子系统和经济子系统是一个由人为控制的系统，其负熵过程是一个主动过程。

复合生态系统的协同演化以人为中心（王如松和欧阳志云，2012）。重大工程参与主体通过自身的社会和经济活动直接或间接作用于工程子系统，并影响到资源环境子系统，处于复合生态系统的核心地位。尤其是工程管理部门，既是复合生态系统的组织者，也是调控者，可以通过管理制度、政策手段、组织文化等方式和手段，调控和改变各子系统的物质流、能量流、信息流及价值流的流动方向和速度，激发起正反馈作用，减少负反馈作用，推动系统正向演化。因此要实现重大工程复合生态系统的协调发展，克服熵增，关键在于保持系统开放，确保负熵的引入，同时采取人为调控手段，以社会和经济子系统为主要对象，协调子系统之间和内部的关系，整合负熵因子，实现整个复合生态系统的熵减与正向演化。

重大工程复合生态系统良性循环的调控机制分为自组织机制和人为调控机制。重大工程由于其耗散结构和自组织特征，存在自动调节功能。同时重大工程的建设运行是人类社会和经济活动的产物，存在明显的他组织特征和人为调控机制。通过人为调节控制系统结构和功能，通过价值信号与导向影响系统内部资源和能源流向及重新配置，达到重大工程建设和运行的目标，推动复合生态系统正向演化。人为调控具体措施包括：积极引入外部负熵因子，包括引入外部的资金和人才，采用最新科技，采取先进管理方法以及先进的文化理念等；合理控制和协调自然、经济、社会发展的关系等（Zhao et al.，2018）。

6.1.5　港珠澳大桥实例分析

港珠澳大桥作为连接粤港澳三地的重大工程，形成了以港珠澳大桥工程实体为主的工程子系统、以港珠澳大桥管理局为代表的社会子系统、以工程建设单位为主体的经济子系统，以及以粤港澳地区气候条件、伶仃洋及海洋渔业资源为主的资源环境子系统组成的重大工程复合生态系统。

港珠澳大桥的建设活动是社会子系统和经济子系统活动的过程，该过程从资源环境系统获得物质和能量的输入，产生不同程度的废气、废水和废渣。因此，这个过程对社会和经济子系统是熵减的过程，而对于资源环境子系统是熵增的过程，使得社会和经济子系统向更高水平的有序演化，而资源环境子系统易走向无序和逆演化。

为了促使资源环境子系统的正向演化和复合系统整体的良性发展，港珠澳大桥建设活动非常重要的管理工作就是减少熵增的过程，增加熵减的程度，尤其考虑到港珠澳大桥穿越的伶仃洋水域，为国家一级重点保护动物—— 中华白海豚的重要分布区，也是南海北部沿岸海域重要的鱼类繁殖和育肥场之一。

珠江口中华白海豚种群是目前所知全球范围内最大的白海豚种群，该种群的保护对该物种在我国乃至全球范围内的保育极为重要。中华白海豚是资源环境子系统的重要组成部分，工程子系统的建造过程中开展了大量的社会和经济活动，这些活动对中华白海豚的数量和分布产生了显著的影响。为了减少负面影响，以港珠澳大桥管理局为主体的社会子系统，对工程子系统和经济子系统采取了多种形式的调控手段，积极开展中华白海豚的保护工作。中华白海豚的保护是港珠澳大桥建设过程中的重要活动之一。在整个过程中，工程、社会、经济和资源环境子系统之间产生连续的、大量的耦合能量流动，各子系统之间耦合关系明显。

因此，本书以港珠澳大桥资源环境子系统中的中华白海豚生物资源保护为例，分析社会子系统、经济子系统等中华白海豚生物资源的熵增过程，分析港珠澳大桥管理局如何开展管理活动，增加对中华白海豚生物资源的熵减行为。

港珠澳大桥主体工程穿越广东珠江口中华白海豚国家级自然保护区，2 个桥隧连接人工岛及部分桥墩位于保护区范围内，大桥的施工建设不可避免地对中华白海豚造成不利影响，存在大量的熵增活动，如施工噪声干扰、重要栖息地部分海床原生态受到影响等。

这些从重大工程复合生态系统理论的角度来看都属于工程、社会和经济子系统对资源环境子系统的熵增过程，具体如图 6.4 所示。

依据重大工程复合生态系统耦合与演化机理，改善港珠澳大桥建设活动对中华白海豚负面影响的关键在于保持复合系统的开放。以港珠澳大桥管理局为代表的社会子系统在开展管理活动时需要以充分的信息流为主导和先决条件，通过引入负熵因素，并采取人为调控手段，整合负熵因子，实现港珠澳大桥复合生态系统的熵减与正向演化。

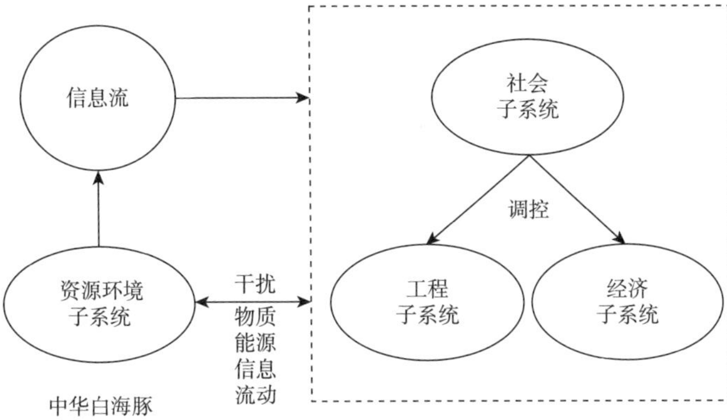

图 6.4　港珠澳大桥复合生态系统耦合关系分析

港珠澳大桥管理局在针对中华白海豚的保护中首先解决的是信息流。在港珠澳大桥可行性论证研究时就开展海豚与渔业资源调查，并在工程施工不同阶段进一步评价港珠澳大桥施工建设对中华白海豚和渔业资源的影响，为港珠澳大桥建设单位、渔业和保护区主管部门的生态保护和管理提供科学依据，为未来港珠澳大桥工程竣工后的环保验收补充基础资料。

2005~2016 年港珠澳大桥工程开展的中华白海豚调查工作如表 6.3 所示。

表 6.3　2005~2016 年港珠澳大桥工程开展的中华白海豚调查

时间	阶段	调查工作
2005 年 2 月至 2006 年 1 月	工程可行性研究阶段	海豚与渔业资源调查
2010 年 8 月至 2011 年 1 月	主体工程施工前	中华白海豚和渔业资源本底调查与评价
2011 年至 2018 年	港珠澳大桥主体工程施工期间	中华白海豚的监测
2015 年 8 月至 2016 年 8 月	施工中期	珠江口中华白海豚和渔业资源中期调查与评估

在调查得到的信息流基础上，从重大工程复合生态系统正向演化策略角度出发，考虑控制其中熵增过程，在保持港珠澳大桥系统开放的条件下，引入负熵因子，并保证和持续增强信息流的支持。

（1）减少社会和经济子系统对资源环境子系统的熵增活动。具体体现为：在工程设计阶段对工程设计和施工方案进行整体规划和设计，采用大型化、工厂化、标准化和装配化的工业化造桥方式，最大限度地把海上施工转化为陆上施工，减少对中华白海豚的干扰。同时在海上大型化作业工程中，采取多种环保和施工措施，保护中华白海豚。加强对施工单位的环保意识教育，采取可行的环保措施，禁止向海洋中违规丢弃、排放污染物质。将航道疏浚和基槽开挖等容易产生悬浮物的施工安排在水动力较弱的平潮期，尽量降低对海洋环境的影响。施工末期严格控制和管理施工船只在海上的活动路线，为中华白海豚的活动提供缓冲空间。

（2）向资源环境子系统输入更多能量和物质，改善原有子系统生态结构和食物链。例如，加大渔业资源增殖放流的规模与力度，放流优质底层鱼类品种，优化渔业资源的组成结构，进一步改善中华白海豚的食物质量。

（3）持续调查和检测，为社会子系统的人为调控机制提供信息支撑，包括：优化监测和分析方法，提高监测信息的准确性，在施工结束后，还将持续进行海豚和渔业资源调查与监测，为保护区功能区的恢复提供信息流支撑。

6.2 重大工程管理主体与特征

6.2.1 重大工程管理主体分析

政府往往作为重大工程出资和决策主体，并组织全社会优势资源和力量进行重大工程的立项、建设和运营，因此，重大工程管理相比一般工程有更多的参与主体，并且各参与主体在重大工程的不同层面承担不同的管理责任和工程责任。

一般情况下，重大工程管理主体包括：政府、工程管理部门、设计单位、施工单位、运营单位、监理单位、勘察单位和咨询单位等（Davis，2017）。其中，政府、工程管理部门、设计单位、施工单位是重大工程立项和建设过程中的重要主体。政府在工程建设过程中起到主导作用，接受社会公众委托，拥有重大工程的立项投资与建设的重大决策权，并根据需要将重大工程管理职能委托给政府职能管理部门或专业机构；工程管理部门根据重大工程建设目标和规划，对重大工程进行具体实施和管理，并将重大工程的设计和建设任务委托给设计单位和施工单位等。重大工程不同主体由于角色定位和目标不同，体现不同利益诉求和管理理念，相互之间又通过工程建设紧密联系和协同发展。

以港珠澳大桥为例，港珠澳大桥作为“一国两制”背景下粤港澳三地首次合作共建的超大型基础设施项目，工程主体更具多元性和复杂性。针对港珠澳大桥建设背景和目标，中央政府牵头研究建立了三地政府共建共管的港珠澳大桥决策机制，建设管理采用“专责小组–三地委–项目法人”三个层面的组织架构，其中专责小组由国家发展和改革委员会牵头，国家有关部门和粤港澳三地政府参加，主要履行中央政府明确的职责，协调项目建设过程中涉及中央事权和相关重大问题；三地委由广东省政府作为召集人，粤港澳三地政府各派三名代表共同组成，代表三地政府协调、解决项目建设和运营过程中涉及的重要问题；项目法人即港珠澳大桥管理局，由广东省牵头、粤港澳三方共同组建，负责港珠澳大桥主体部分的具体实施和运营管理。同时，国务院批复同意由交通运输部牵头组织成立由 41 位著名专家组成的港珠澳大桥技术专家组，在重大技术方案、施工方案的论证以及重大工程问题的处理措施等方面提供咨询和技术支持（高星林等，2016）。

6.2.2 重大工程管理主体特征分析

重大工程管理主体主要有以下特征。

1）多元异质性

重大工程管理主体涉及政府、工程管理部门和众多设计单位、施工单位、监理单位、勘察单位和咨询单位。例如，围绕港珠澳大桥主体工程建设，在“专责小组–三地委–项目法人”三级组织架构下，还涉及众多的参建单位，包括初步设计单位、设计及施工咨询单位、主体工程质量管理顾问、岛隧工程设计施工总承包和监理单位、桥梁工程钢箱梁和土建工程及桥面铺装工程的设计施工和监理单位、交通及房建工程的设计施工和监理单位、试验检测中心、测量控制中心、相关试验研究单位和综合信息系统开发单位等多家单位。不同的参建单位承担不同的工程建设与管理责任，具有不同的主体性质、功能定位、运营特征、目标选择和能力结构，主体构成多元而关系复杂，利益诉求和能力差异明显，具有异质性特征。

2）有限理性

重大工程管理主体具有典型的有限理性特征。Herbert Simon 提出的有限理性模型，认为人在现实生活中很少具备完全理性，往往是处于完全理性和完全非理性之间的一种有限理性，并用“社会人”取代“经济人”。“社会人”价值取向和目标往往是多元，且认识水平和能力有限，很难对每个方案产生的结果具有完全的了解和预测，受到多方面因素的制约，经常处于变动状态且表现出冲突特征，常常要在信息不完备的情况下根据主观判断进行决策，而受到客观环境因素的制约所做出的决策往往是一种满意解或者次优决策。

重大工程决策主体由于认知能力有限以及所获信息不完备，可能无法把握客观规律，对实际决策造成偏差（Cicmil，2006）。重大工程不同于一般工程，具有复杂性和深度不确定特征，蕴含大量不确定因素。重大工程管理主体在面对工程系统内外部复杂多变的环境时，由于其在角色、认知、利益和信息完备程度等方面的差异，可能会根据自身的偏好、经验及习惯进行判断，以满意解替代最优解，体现明显的有限理性特征。

3）模糊性和不确定性

重大工程管理主体在认知、能力、信息获取程度和价值偏好等方面存在差异，且随着时间推移还存在改变的可能性，使得主体决策行为具有不确定性、模糊性和犹豫的可能性。重大工程管理受到客观环境的复杂性、管理主体知识结构和专业水平及时间等因素的综合影响，另外，由于统计预测方法、人为因素及数据来源的局限性等原因，重大工程管理过程中往往存在层级性、复杂性和难以确定性，数据和信息难以精确观测和预测，管理主体对管理形式和环境难以准确地描述和判断，对于问题的认识和理解具有不确定性，管理过程中包含大量模糊和不确定信息，容易影响管理决策的科学性和准确性。

下面根据重大工程风险管理过程中公共部门和私人部门为代表的主体博弈行为对重大工程管理主体特征的具体体现进行分析。

重大工程风险的管理过程是工程参与主体一系列的风险决策和行为的过程。重大工程具有显著的系统复杂性特征和多元主体有限理性特征，使得风险管理主体在面对复杂、不确定的决策环境时，往往对风险管理策略价值难以精确判断，存在主观判断偏差和价值感知偏好等现象，进而影响到其风险管理决策行为，并通过相互作用最终影响到工程的风险状态。

中国正快速推进重大工程建设，并积极引入社会资本，公共部门和私人部门通过工程建设和运营形成了利益共享、风险共担的合作共同体，当任何一方由于主观意愿和能力原因采取消极风险管理时，必然会影响到工程风险发生概率和风险损失程度，进而影响合作方的风险管理成本、行为和决策，而主体之间的博弈关系和稳定状态将直接影响到工程风险水平，甚至决定工程的成败。因此，需要准确把握重大工程风险管理中公共部门和私人部门在风险管理过程中决策行为和相互影响的动态演变关系，提高双方风险管理意识与能力，共同推动工程风险管理能力的提升，确保工程顺利实施。

Cooper 和 Faseruk（2011）的研究表明风险感知与风险行为之间呈负向关系。风险感知水平越高，面对潜在威胁时，越倾向于规避风险或采取事前预防措施来降低其损失，反之亦然。风险感知是影响风险决策的重要因素，风险双因素理论认为风险感知包含对决策后果发生的主观概率和错误决策后果严重性的价值判断。而影响风险感知的因素包括认知偏差、风险可接受水平、过度自信、乐观偏见等。同时，根据Kahneman与Tversky（1979）提出的前景理论可知，决策者在进行选择时存在确定效应、反射效应和损失效应，即在面对确定性收益和概率性收益时容易低估概率性收益，而在面对确定性损失和概率性损失时，又表现出风险偏好，选择概率性损失，并且通常情况下，大多数人对损失的感受比对收益的感受更敏感。基于上述分析，重大工程风险管理主体在管理过程中的行为特征存在如下表现。

（1）由于重大工程的系统复杂性和深度不确定性特征，公共部门和私人部门容易产生认知偏差。按照认知心理学的实验解析，当行为者的信息加工能力具有局限性时，其判断和决策就会产生偏差。重大工程的复杂性和不确定性容易使得决策者高估积极开展风险管理的成本，实际风险管理成本小于感知的风险管理成本。

（2）公共部门和私人部门在对策略选择价值进行判断时，容易存在侥幸和乐观偏见。乐观偏见表现为一种非现实的乐观主义，人们认为自己比一般人更少遭遇消极事件（Harris and Ulrike，2011），倾向于事情向好的结果发展。一般而言，乐观偏见降低了人们的风险认知水平，也降低了人们解决问题的努力程度，减少了规避风险的意愿（王志英等，2016）。公共部门和私人部门的乐观偏见使得双方在明知消极风险管理可能带来风险损失的情况下，依然寄希望于偶然不发生风险事故和损失，导致容易低估消极风险管理行为所可能导致的风险事故发生的概率以及被处以罚金的概率。

（3）根据前景理论反射效应，人们对于获得和损失的偏好是不对称的，当面对可能损失的前景时，有风险追求的倾向（Kahneman and Tversky，1979）。对于重大工程风险管理决策者而言，当面对确定性损失时，公共部门和私人部门作为有限理性决策主体更倾向于风险偏好，宁可放弃积极风险管理策略所发生的确定性成本支出，而冒险选择消极风险管理策略，选择面对不确定的风险事故损失和处罚。

上述情形的综合作用容易使得公共部门和私人部门的风险成本被高估，风险损失和罚金损失被低估，且双方存在偏好冒险选择消极风险管理策略的倾向，导致管理过程难以达到均衡状态。

针对上述影响因素分析，可以发现促使公共部门和私人部门采取积极风险管理策略的途径在于改变双方对于风险管理成本、风险事件发生概率和处罚概率、风险损失和处罚在认知偏差上的心理效果，包括：①降低公共部门和私人部门对风险管理成本的主观价值判断。可以利用前景理论，加强对重大工程复杂性和不确定性的认知，提升公共部门和私人部门风险识别和评估能力，使公共部门和私人部门对风险管理成本感知价值的主观判断更加合理与准确，同时，通过优化风险管理流程和程序，降低风险管理成本支出。②提高公共部门和私人部门对风险事故发生概率和风险损失的主观判断。加强重大工程风险事故后果和严重影响的宣传和学习，使公共部门和私人部门对重大工程的重要价值和社会作用形成更全面和清晰的认识，充分了解重大工程出现风险事故所产生的经济、社会和生态等负面影响的范围和程度。③提高公共部门和私人部门对处罚的主观价值判断。通过强化风险管理工作审查和监督，对造成严重后果的消极风险管理行为，从经济、声誉、资质等综合角度加强惩处力度，提高其对处罚的价值感知（赵泽斌和满庆鹏，2018）。

6.3 重大工程可持续性管理要求和特征

6.3.1 重大工程可持续性建设需求分析

重大工程建设活动往往会影响甚至改变地质环境原有特征和经济社会发展条件，对所在区域甚至整个社会的经济发展、社会环境、资源利用、能源消耗和自然环境都产生巨大而深远的影响（Wang et al.，2018）。重大工程建设活动不仅与工程建设期间的公众利益息息相关，也影响到代际的利益跨期分配与均衡，直接关系到所在区域甚至整个社会和经济的可持续发展，同时，体现着一个国家的综合实力，社会影响力广泛，具有历史文化价值和重大社会与经济意义。重大工程的实施与国民经济的发展之间存在着互动的螺旋式循环关系：经济的持续高速增长是重大工程投资建设的物质基础和催化剂，为国家经济社会发展提供基础条件；规模持续增加的重大工程投资和建设是国家经济高速增长的推动力，具有显著的带动效应和乘数效应。然而，重大工程的可持续性表现还不太理想，为学术界留下了很大的探索空间（Jefferies and McGeorge，2009）。规范和指导可持续发展的重大工程的开发与建设，提高生态技术和建造技术运用水平，提高重大工程的内在品质，以此推动重大工程的可持续建设，对于实践层面及行业发展都有重要现实意义。

由于重大工程的复杂性和深度不确定性、科技发展水平和价值观念的限制、对未来经济社会环境等情境变化难以准确预判等原因，重大工程更易产生可持续性问题，具体如下。

（1）重大工程的复杂性和深度不确定性导致重大工程在全生命周期不同阶段不可避免地面临可预见和不可预见的若干可持续性问题。例如，三峡工程在发挥巨大综合效益的同时，在移民安稳致富、生态环境保护、地质灾害防治等方面出现一些急需解决的问题，对长江中下游航运、灌溉、供水等产生一定影响。

（2）重大工程涉及经济、社会、环境、技术等不同领域的专业问题，难以对重大工程基础工程可持续性形成整体认识和评价。例如，三峡工程由于规模巨大，涉及大量资源环境、经济社会和技术问题，相关研究多是由生态环境学家、经济学家和工程技术专家分门别类进行的，经过长期论证依然存在不同意见，难以从整体上对工程形成共识。

（3）重大工程全生命周期下的可持续性观念难以从整体上贯彻，影响工程可持续性。由于社会分工和专业化程度的提高，重大工程被具有不同诉求的参与者进行“系统结构分解”，业主、设计方、施工方及监理方等以各自局部利益为主要目标和行为导向，并且在工程的全生命周期里又进一步从时间上进行了割裂，限制了整体化的可持续性思维与行为方式，妨碍了重大工程可持续发展。

6.3.2 重大工程可持续性管理要求分析

针对基础设施可持续性问题，国内外学者开展了广泛而深入的研究，为经济社会发展起到积极作用。根据 1987 年世界环境与发展委员会在《我们共同的未来》首次提出并得到广泛认可的可持续发展概念和 1994 年 Kilbert 在第一届工程建设可持续国际会议上提出的可持续建设概念，结合重大工程特征和需求，重大工程可持续发展要求其全生命周期过程中，遵循可持续发展理念，基于有效的资源利用和生态原则，做到可持续决策、可持续设计、可持续建造、可持续运营，统筹工程、经济、社会、资源、环境的发展与协调，既满足当代人的需求，又不损害后代子孙，满足其自身需求能力的发展。基础设施可持续体现为基础设施持续有效地提供满足城市经济社会生态发展的整体功能（Halla et al.，2005）。对基础设施宏观水平进行评价，是基础设施规划建设、运营维护和更新改造决策的前提和基础（Ugwu and Kumaraswamy，2006；Becky and Chow，2006）。可持续建设已经成为基础设施工程的目标，而构建可持续性评价指标体系是工程实现可持续建设的基础（Tam et al.，2002）。

重大工程可持续性研究必须考虑重大工程不同于一般工程的复杂性特征。Baccarini（1996）指出重大工程决策的复杂性主要表现在主体的有限理性、环境的不确定性和决策机制的复杂性。Williams（1999）指出重大工程复杂性主要源于其多目标性。Svetlana（2006）则强调决策主体的复杂性对重大工程决策的影响，认为认知能力有限以及所获信息不完备，可能会导致无法把握客观实体的特征与规律，从而对实际的决策造成偏差。重大工程可持续性管理需要考虑如下特殊性。

（1）需要注重工程空间上的整体性特征。重大工程系统与经济、社会、资源和环境等系统之间的相互作用和影响形成了一个相对稳定的、有约束条件的系统，是人工系统和自然系统的综合体。工程的可持续性管理必须考虑工程空间上的整体可持续性，需要考虑更大的空间尺度。

（2）需要体现工程的复杂的层级系统特征。重大工程作为人工复杂工程系统，不仅工程系统本身就由管理、技术、资源等若干要素和子系统构成，具有复杂系统的属性特征，而且重大工程所处复合系统的经济、社会、资源、环境等系统之间相互关系复杂，决定重大工程的可持续性管理需要包含和反映工程的复杂性、多要素、多变量层级系统特征，需要考虑更多的影响变量和相互关系。

（3）需要考虑工程的开放性和交互性特征。重大工程与工程外部子系统之间存在物质循环、信息传递和能量转化，工程内部因素对其外部可持续能力产生影响，同时其外部因素也会反作用于其内部可持续能力，因此，要求工程可持续性管理不仅需要考虑工程系统内部指标，也需要考虑工程全生命周期进程不同阶段与外部子系统交互的外部指标和综合指标。

（4）需要能够反映多主体代内代际公平性与有限性理性下的演化均衡的特征。重大工程建设规模和投资宏大，社会资源和自然资源利用和消耗巨量，对经济、社会、资源、环境的影响程度和持续时间深远，所涉及的利益相关人多元而复杂，要求重大工程的可持续管理必须考虑当代和后代利益相关人的代内和代际公平，同时考虑利益相关人由于认知、能力差异所带来的有限理性及随着工程和外部环境及条件改变带来的利益相关人利益诉求演变的均衡和满足。

6.3.3 重大工程可持续性管理特征分析

重大工程的系统复杂性特征决定了对其开展可持续性管理的复杂性特征，具体表现在：①重大工程投资巨量、规模宏大、意义重大、不可恢复，决定了对其开展可持续管理的特殊重要性。②重大工程生命周期相对更长，决定了对其可持续性管理需要考虑更大的时间尺度，均衡代内代际公平性。③重大工程影响深远，决定了对其开展可持续管理需要考虑更大的空间尺度，综合分析重大工程系统自身及其与外部系统之间的信息传递、物质流动和能量转换的关系，确保其整体可持续性。④重大工程复合生态系统的物质流、能量流、经济流和信息流受到所处环境和条件的影响和制约，同时又与人类的活动密不可分，使其具有多层空间动态时空特征和非线性特质，如不可逆转性、差异性和不均匀性、突发性和滞后性、动态空间性和复杂性。⑤重大工程的利益相关人复杂多元，决定了对其开展可持续性管理需要考虑不同利益相关人的利益诉求，分析并设计其参与可持续性管理机制。⑥重大工程的复杂性和深度不确定性，以及可持续性管理主体认知、能力和信息获取程度的差异，决定了对其开展可持续性管理存在大量不确定性、模糊性和价值偏好。因此，需要考虑上述因素，构建符合上述特点和要求的重大工程可持续管理方法。

6.4 重大工程管理基本职能

6.4.1 管理职能的基本论述

法约尔最早系统提出管理职能，认为管理的职能包括计划、组织、指挥、协调、控制，其中计划是管理活动的出发点，组织是其他职能发挥作用的基础，指挥、协调和控制是管理活动正常进行的保障，管理是以计划为中心的各个管理职能交替发挥作用的循环往复的过程。在此基础上，拉尔夫·戴维斯和林德尔·厄威克分别提出了“有机职能”说和三职能说，认为管理职能包括计划、组织和控制。

随着管理环境的变化和管理思想的演变，学者们对于管理职能的认知和划分产生不同理论观点。

例如，随着对人的因素的重视，一些学者开始把组织职能中的人事、信息沟通和激励等从管理职能中划分出来，进行丰富和发展。卢瑟·古利克和林德尔·厄威克提出了计划、组织、人事、指挥、协调、报告、预算的七职能说，成为后来管理职能研究的出发点。哈罗德·孔茨和西里尔·奥唐奈里奇把管理的职能划分为计划、组织、人事、领导和控制，认为计划在五种管理职能中是最基本的，其他四种管理职能都必须反映计划职能的要求。同时，在管理过程中每一个活动都涉及人，领导与组织中每个人的行为都密切相关，所以领导应当是管理职能，并进一步把管理的职能详细划分为目的、目标、策略、政策、程序、规则、规划和预算。

随着系统论、控制论和信息论的产生以及技术手段的发展，决策问题在管理中的作用日益凸显，以赫伯特·西蒙、詹姆斯·马奇为代表的管理决策学派将决策职能从计划职能中分离出来，认为决策贯穿于管理过程的各个方面，计划制定、组织设计、人事管理、控制手段选择等都需要决策，并提出管理的核心是决策，决策是管理的职能。

随着管理环境的快速变化和创新需求和活动的日益增加，米和希克斯提出了创新职能，并提出创新可以使组织管理不断适应时代发展的论点。周三多等强调创新是管理的重要职能，与决策、组织、领导和控制构成一切管理活动最基本的职能（周三多，2000；周三多等，2014）。

另外，还产生了大量不同的管理职能表述，如明兹伯格认为职能是一系列可归属为明确职位的有组织的行为，管理者的责任包括执行预先设定好的人际交往职能、信息职能和决策职能。其他观点还包括：乔治·特里的计划、组织、激励、控制四职能说，海曼和科斯特的计划、组织、控制、激励、人事五职能说，亨利·西斯克的计划、组织、领导、控制四职能说（董成业和于珍彦，1994）。

通过上述管理职能不同理论观点的表述，可以发现计划、组织、控制、领导、决策、创新等职能出现的频率相对更高，也在不同时期被认为是管理中最重要的职能，甚至随着其重要性的增加，被进一步分解为更具体的职能，这些具体的职能提升到与原来基本职能相并列的地位。而实际管理过程中，不同职能之间不是相互完全独立的，也不能完全相交，管理职能不能简单地进行叠加或分解。

尽管不同理论对管理职能的划分数量、概念、重要性等方面都进行了不同表述，但都是针对不同管理情境和条件所形成的理论观点，都是对管理职能在不同情形下的不同方向或程度的讨论和丰富。

6.4.2 重大工程管理基本职能分析

与管理科学中定义其基本职能问题类似，重大工程管理也要说明其基本职能，特别是领导、组织、决策、控制与创新等体现重大工程管理特征的基本职能。

重大工程的组织及现场协调是国内外学者关注的重大工程管理的重要职能。重大工程组织涉及的参与方主体众多，组织层级多且规模大、临时性和开放性强，传统科层式的、静态的组织模式在动态的环境下往往难以维持其组织自身的竞争能力（Saynisch，2010a；纪凡荣和成虎，2007）。在重大工程组织问题的研究中，借鉴适应性组织理论、网络组织理论和高可靠性组织理论提出重大工程管理的组织职能是重要的研究方向。例如，Jolivet 和 Navarre（1996）提出组织作为一个系统首先要适应各种内外部影响因素的变化；Snow 等（1992）指出网络组织可以灵活地为每一个项目构筑一套特定的内外联系的系统，而不像层级组织那样在处理问题时遵循固定的联系准则；Flyvbjerg 等（2003）指出重大工程组织不仅要满足动态适应性，风险控制也是组织设计应当考虑的重要因素。在组织模式探索的同时，组织结构与其制度环境的匹配是重大工程组织职能的重要内容。国外学者关于工程项目的相关研究指出项目组织模式如果与制度环境不符，会导致许多意外事件、冲突争议、项目延误甚至公众抗争反对导致项目被取消等情形（World Bank，2006；Mahalingam et al.，2010；McAdam et al.，2010）。近年已有研究者开始重视研究多元多层次的项目组织治理模式来帮助组织更好地应对制度环境的不确定性（Henisz et al.，2012；Ruuska et al.，2013）。

重大工程现场资源供应涉及利益主体众多、资源种类和数量巨大、施工主体和任务活动关系复杂、面临的不确定因素众多等，如何实现重大工程现场各类资源的组织与协调是重大工程管理需要解决的关键问题。在重大工程项目实施过程中，可能存在多个项目并行进行，因此容易出现多项目之间共享关键设备资源冲突，此时就需要进行资源冲突管理及协调（Fink，2004）。目前的研究大多将多项目资源冲突协调问题看作资源受限多项目调度问题，其解决方式可以分为两类：集中式协调法、分散式协调法。集中式多项目资源冲突协调问题的求解方法主要有三类：精确算法、启发式规则和智能优化算法。精确算法（Möhring et al.，2003；刘士新和宋健海，2011）只能求解小规模问题，现在更多停留在理论探索阶段。而启发式规则简单、易操作，是求解大规模问题的常用方法（Browning and Yassine，2010；徐赐军等，2010）。智能优化算法在大规模问题和最优解之间找到结合点，逐渐成为当前研究的热点（Gonçalves et al.，2008；Hartmann and Kolisch，2000）。目前，对于分散式多项目资源冲突协调问题的研究比较少，常采用基于 MAS（multi-agent system，多主体系统）的协调机制来解决，其中常用的协调机制有两类，即拍卖和谈判。Confessore 等（2007）建立了分散式资源受限多项目调度问题的一般模型，提出基于市场调控的拍卖协调机制，采用启发式算法求解协调过程。应瑛和寿涌毅（2009）以最小项目误期赔偿为目标，提出基于组合拍卖方法解决各项目之间的资源冲突。此外，Homberger（2012）提出了基于协调中心的谈判协调机制，利用各主体与虚拟中心协调者（如业主）进行协商，以协调各主体的利益诉求；针对多项目非对称信息和各主体机会主义行为，提出了一种基于 MAS 的谈判协调机制。上述研究没有考虑资源归属权及其对不同主体主导地位的影响。由于重大工程涉及利益主体多，当出现资源冲突时，难以通过简单的集中协调方式来消解与协调，综合考虑资源归属权及其对主体主导地位的影响是资源冲突消解过程中必须关注的问题。

盛昭瀚等（2009）和程书萍等（2009）从综合集成管理理念和模式的角度，对大型复杂工程管理基本职能进行讨论和划分，认为大型复杂工程管理职能中表现出"综合集成方法论"与"系统复杂性"结合的新内涵，包括主体与序主体、平台、复杂决策、综合控制和创新等 5 项基本职能。相对于一般工程管理职能，用主体与序主体替换"领导"，强调主体的构成是变动的、柔性的，主体的能力在序主体主导下涌现成新的更强大的能力；用"平台"替代"组织"，强调综合集成管理的"组织"功能本质上是通过制度、机制设计与管理创新产生驾驭管理复杂性的能力。用"复杂决策"替代"决策"，强调大型复杂工程的综合集成管理是针对复杂性问题的管理，采用群决策模式解决复杂决策问题，其技术路线主要是"不断比对、逐步逼近、最终收敛、形成共识"；用"综合控制"替代"控制"，强调对被管理对象的复杂性控制，包含了自组织控制和协调控制。"创新"职能则强调综合集成管理概念本身就是对管理理论的探索和创新，提出综合集成管理要真正具有理论和应用创新价值，需要注意科学性、操作性和实践性。

重大工程管理职能既是一般管理职能在重大工程管理活动和过程中的具体体现，也具有围绕重大工程管理的客体特征、主体特征、环境条件的变化以及可持续发展要求下的特殊要求。重大工程与社会、经济和资源环境之间通过耦合作用构成重大工程复合生态系统，该系统综合了一般生态系统和人工复杂系统的特征，并体现出明显的自组织和他组织特征。同时，重大工程管理主体的多元异质性、有限理性、决策的模糊性和不确定性，以及可持续建设和发展下需要考虑的更大的时空尺度、代内代际公平下更多利益相关人的利益诉求、多层空间动态时空特征和非线性特质，都使得重大工程管理职能产生了复杂的变化和更高的要求。

由于多元异质主体在重大工程不同系统和层级的广泛参与，以及重大工程复合生态系统的自组织和他组织特征，重大工程管理的领导职能体现出多层级、多主体、动态性和柔性的特征。多层级要求充分考虑重大工程中组织目标和成员目标的层次性和关联性，通过领导实现组织目标与组织成员个人目标的有机结合；多主体强调重大工程领导主体构成的多元性、异质性和相互影响性；动态性要求在发布指令、监督检查、指导激励时需要考虑不同管理对象的目标和能力差异及变化进行适应性调整；柔性强调重大工程领导者的非权力影响力、艺术性和工程文化的培育，具有创新性、变化性和适应性等柔性领导特征。例如，在港珠澳大桥建设过程中，港珠澳大桥管理局高度注重文化统领，系统总结港珠澳大桥精神，并解读港珠澳大桥精神、核心文化和价值观，基于伙伴关系理念构建的发包人和承包人之间的关系，基于负责担当和奉献精神构建的优秀工程文化，体现了人文管理、柔性管理和动态管理，旨在强化责任体系和过程控制，实现项目建设目标（高星林等，2016）。

重大工程管理的组织职能由于重大工程复合生态系统的更大时空管理尺度和资源整合需求，以及重大工程的复杂性和环境的深度不确定性，对组织设计、组织运行和组织适应性能力提出了更高的要求。具体体现在：需要充分考虑重大工程参与单位的广泛性和复杂性，以创造公共价值（Moore，1995；Stoker，2006；O'Flynn，2007）和履行社会责任为基本要求，对政府、市场参与主体、社会公众等组织成员的职能和关系进行定位，充分拓宽组织成员间的互动渠道，增强社会公众的参与程度和有效性，实现政府、市场与社会的多元互动和有机统一；需要从重大工程复合生态系统角度进行更大时空尺度范围的物质和社会资源调动与整合；需要充分考虑重大工程复杂的内外部环境和深度不确定性，根据组织与环境的信息、能量、物质和价值的流动过程的变化，通过制度安排、机制创新和平台化建设，加强组织对复杂问题和环境变化的动态适应性能力。

重大工程管理的决策职能体现出多主体多目标群决策、决策信息模糊和决策环境不确定、决策过程不断比对优化并贯穿于重大工程全生命周期的不同管理环节等特征。重大工程管理主体的多元异质性决定了决策目标和能力的差异性和多样性，决策冲突存在必然性和普遍性。不同决策环节中多主体行为差异的根源主要是参与主体目标的不相容，利益的不相容，文化、习惯、价值观和认知等因素的不相容，信息不对称与沟通的不相容等四方面，决策者应辩证地看待冲突，因为工程项目中允许一定数量冲突的存在，通过建立多主体决策冲突协调处理机制，可以让冲突成为提高决策组织自适应能力的动力，从而提高决策方案水平（燕雪和张劲文，2015）。重大工程的复杂性和环境的深度不确定性，使得决策支持数据和信息难以精确观测和预测，并且这种不确定性随着时间的推移逐渐加剧，要求重大工程的决策主体基于更大时空尺度的未来不确定情景模拟和判断，采用综合集成管理思想，增强复杂不确定性问题的决策能力（Demirkesen and Ozorhon，2017）。决策职能从工程前期规划与设计阶段开始就贯穿重大工程全生命周期，并覆盖在重大工程的战略层、管理层和作业层等不同层面的管理活动过程中，决策的过程也是工程方案不断比对和面对复杂多变环境的适应性选择与优化的过程。

重大工程管理的控制职能是指在重大工程复杂性特征和不确定环境条件下，根据组织目标和组织的适应性能力，对重大工程的建设与管理活动及其效果进行衡量和校正，确保重大工程目标得以实现。控制职能作为重大工程管理的保障性职能，从时间维度需要前馈控制、过程控制和反馈控制。前馈控制重点在于实施重大工程之前，大量收集和整理信息，集中智力资源对重大工程未来可能发生的偏差和问题进行预测和判断，对影响目标实现的不确定或不利因素提前采取预防措施；过程控制重点在于围绕重大工程生命周期全过程的持续跟踪、诊断和监控，对过程中出现的偏差或新问题采取控制措施，既包含对影响既定方案和组织目标实现的因素的控制，也包含由重大工程复杂性和不确定性引起的对原有组织和决策等内容的适应性调整和修正；反馈控制重点在于对重大工程管理活动过程中阶段性结果和最终结果做出反应，并采取积极调整措施，并作用于下一个阶段或未来的管理活动。

重大工程管理的创新职能源于重大工程的工程和技术创新性、组织和管理创新性等客观创新需求（Gemünden et al.，2018）。重大工程管理的创新职能既表现在为工程技术创新活动创造环境和条件，同时也表现为工程管理本身的理念、目标、模式、组织、制度和方法创新等。创新职能的充分发挥需要尊重创新的客观要求和科学规律，并充分适应内外部环境变化，与领导、组织、决策和控制有机结合共同作用于重大工程的可持续建设和发展。例如，港珠澳大桥作为世界级的超大型跨海集群工程，如何进行项目实施在国内及世界范围内都无范例可借鉴，多元体制的复杂性、标准规范的统一性、跨界通行的复杂性是该项巨系统的边界条件，为此，该项目基于系统思维，放眼全球，立足自主创新，推动示范性的国际合作，引领、推动、超越行业发展，构建开创性的管理模式，成功应对诸多管理挑战。港珠澳大桥是第一次引入项目管理规划系统顶层设计的超大型复杂巨系统工程，是第一次以“大型化、工厂化、标准化、装配化”的“四化”设计理念的全面工程实践，是第一次桥、岛、隧全面引入制造业的精益制造模式。管理模式的集成创新在质量、技术创新、资源整合与统筹等方面取得了显著效果

（高星林等，2016）。港珠澳大桥主体工程建设项目管理规划中，对建设目标做出了准确清晰的界定，通过了解三地政府和其他利益相关者需求及分析现有的资源约束，考虑国际工程背景和现实的中国情境，从价值工程和全生命周期集成管理的角度，借鉴交通及其他行业的优秀管理成果，构建与港珠澳大桥工程本质和项目管理本质匹配的管理策略，并制定了专用技术和管理标准，以“建设目标—管理策略—专用标准” 的金字塔模型作为项目管理规划框架的构建方法（张劲文和朱永灵，2012）。

重大工程管理的组织、领导和控制职能在于确保重大工程按照既定的目标和规划正常运行，创新职能的作用在于根据重大工程复杂性和深度不确定性特征，对重大工程管理模式和方法进行创新，根据未来情境的变化不断调整重大工程管理中的组织、领导和控制活动，以适应重大工程内外部环境的变化。重大工程管理活动和过程围绕决策职能展开，决策职能贯穿重大工程管理全过程，在组织、领导、控制和创新等管理活动中都有具体体现。五项基本职能在重大工程全生命周期根据主体能力、客体特征和环境条件的变化，按照可持续建设和发展要求不断进行适应性调整，以实现重大工程最终目标。

第 7 章　基于复杂性视角的重大工程综合集成管理方法

7.1　复杂性及复杂性科学

复杂性科学（complexity science）兴起于 20 世纪 80 年代，是系统科学发展的新阶段，也是当代科学发展的前沿领域之一。复杂系统近年来受到了许多学科的广泛关注，并且形成了范围很广的交叉研究。

7.1.1　复杂系统的特点

复杂系统是由许多部分组成的一个整体，其中每个部分都会根据一些规则或者是与其相关联的其他部分的相互作用而表现。在响应自己背景的同时，这些部分能够在不清楚的协调之下，或者任意一部分没有全局观点的情况下，促成系统作为一个整体以全局的水平表现涌现模式—— 有序现象的涌现和整体的特性，而这些都不能从部分的特性中被预测。

部分之间的相互作用可能是物质的、能量的或者是信息的，并且从性质上讲是非线性的，这就意味着在系统状态变量中，小的原因可能与不相称的大的结果有关。因此，正如“蝴蝶效应”所指出的，复杂系统对于初始状态会呈现出敏感性。更重要的是，复杂系统的发展是路径依赖的和不可逆的。因此，在某种重要的意义上，过去的复杂系统会共同产生现在的和将来的复杂系统，复杂系统的变化遵循时间之矢。

复杂系统是开放的系统，它在远离平衡的条件下运作。维持部分之间不间断的相互作用靠的是环境中能量物质和信息的进入。由于这种开放性和交换，很难直接把复杂系统从其所在的环境中区分出来。并且，复杂系统的界限限制是一种分析性的选择，由状态、角度及研究者的目的而定。

在一些复杂系统中，组成的部分本身并不是复杂系统，所以它们作为受不变规则管制的行为主体而行动（也就是说，这些构成复杂系统的主体受不变的规则的限制）。在其他的复杂系统中，组成部分本身可能就是复杂系统，能够学习，这也就意味着，它们会受到自身发展规则的支配（也就是说规则是这些复杂系统自我产生的，而这些复杂系统又要受到这些规则的限制）。将组成的部分视作自适应个体很普遍，这些个体会受到内部模型或是计划的管制，它们的相互作用会促成一个整体的复杂适应系统。

复杂系统的演化具有自身的特点，涌现现象说明其既不静止也不随机改变，这使复杂系统的预测较为困难。系统行为广泛的模式可能是可以预测的，但是系统的具体路径通过可能的状态是不能够预测出来的。高级结构的事物处于一种稳定状态，如晶体，其中不会出现新的事物。相反，随机媒介如气体是不定形的。

总之，复杂系统具有如下特征：复杂系统由许多元素组成；这些元素呈动态相互影响；相互影响作用很多，系统中任何元素都能够影响其他元素或者被其他元素所影响；这种相互作用是非线性的；相互作用通常是短范围的；相互作用有积极和消极的反馈；复杂系统是开放的系统；复杂系统是在远离平衡的条件下运作的；复杂系统有历史；整个系统中的单一元素不知道整个系统的行为（Cilliers，2002）。

7.1.2 复杂性科学研究的发展

复杂性科学起源于许多学科，根据研究学者的学科背景和其基本观点，可以将复杂性科学的研究分为两大学派。

1. 欧洲学派

欧洲是复杂性研究的孕育之地，其研究者主要来自于物理学领域。该学派关注复杂系统远离平衡的现象，并且着重强调无组织实体在给定系统中是如何自组织的。例如，将容器置于冷空气中，容器内注入水，在水底部进行加热，会导致出现冷热水的局面——有序和组织出现了。Prigogine 和 Stengers（1984）将这种秩序称作耗散结构，因为在维持自身的过程中，耗散了能量。自然熵变过程没有能量源，在没有秩序或者组织的条件下会保持均衡，这与热力学第二定律相符。例如，没有辨别图案，并且水温会完全均衡。欧洲学派的研究借鉴了物理学，普遍使用了数学模型，强调了临界值和相变，并且关注由于摄动从无序到有序的自组织涌现现象。

2. 北美学派

复杂性科学的北美学派集大成者是圣塔菲研究所（Santa Fe Institute，SFI）。该组织是一个建立于 1984 年的私人非营利的多学科研究与教育中心，并且致力于复杂系统和复杂性科学的研究。该组织借鉴了生命科学并且扩展应用了计算机方法和 agent 模型，强调了在复杂系统中实体自发性的共同进化。主体不断进行自我重组，出现新形式的涌现秩序，这些秩序由发展的主体特性和呈现自下而上或是自上而下随机影响的阶层结构组成。在自组织临界性中，假定复杂系统是自然发展的，系统中所观察到的重组事件的规模和频率都与逆幂律相关。

欧洲学派强调系统–环境过程导致了复杂秩序出现于第一临界值，尤其强调引发了这种相变所必要施加的能量差值或者背景冲突。而北美学派强调了系统内部的过程导致复杂性的出现，并且，强调了当复杂系统达到其第二临界值，部分的共同发展达到自组织临界性的状态，即混沌边界，超过这个边界秩序就会消失，无序将会覆盖整个系统。对复杂系统中自发现象的全面解释需要参考这两个学派的概念。

7.1.3　复杂性的测量

尽管对复杂性的研究很多，但如何定义和计量复杂性还没有形成一致的意见。这方面的主要问题是，复杂性是本体论还是认识论，即它是系统的特点，还是部分的特点，或者是他们之间相互作用的特点；它是系统给定的解释、表示，还是模拟的特性，目前来看以上都属于复杂性的测量范畴。

对复杂性的观点之一就是它是客观的系统特性，这种特性与系统结构的复杂是相关的，因此系统的复杂性会随着部分的数量、部分间的互联以及关系的密度和变化的增加而增加。同时，复杂性可以更主观地视为与对系统进行精准有效预测的难度相关联，这就使得复杂性必然成为一个认识论的现象。对于人类系统，Boisot 和 Child（1999）将前者称为相关的复杂性（系统的复杂性与其结构的复杂程度有关），将后者称为认识的复杂性（系统被主观认为难以预测、难以表示）。

直观地来看，我们可能认为这两者之间是相关的——结构简单的系统更容易表示和预测，结构复杂的系统可能更难于代表和预测——但是这并不总是对的。混沌理论展示了一个结构简单的系统如何以一种不可预测的方式表现，而许多结构复杂的系统可以基于模块化设计而容易地表示和预测。换句话说，整体的复杂性并不能根据部分的信息以及它们之间的关系进行推论；涌现的复杂性或是涌现的简单性在系统层面来讲都有可能是反直觉的。

尽管在复杂性的单一定义或者计量上并未达成共识，但在以下几点上已经达成共识：在评估系统复杂性之前，应先确定粗粒化水平以及所观察的规模；必须假设之前信息的数量以及对所处环境的理解；对所考虑的系统，其表述所使用的语言必须达成一致。Gell-Mann（1995）借鉴了计算机科学，寻找更多的普遍性，他将“crude complexity”定义为用以描述系统的最短信息的长度。相关的计量包括“有效复杂性”，它只是用来描述系统规律性的最短信息的长度，以及“计算复杂性”，它衡量了预测系统所需要的资源。

观察者在复杂性的度量中起着至关重要的作用。Gell-Mann（1995）指出，相对于自然系统的研究，社会系统的研究更为困难，因为“不可能找到一个实体的所有规律，这就产生了由谁来决定从哪个视角来确定规律的问题”。也就是说，在社会学的研究中，对于本体论及其假设有一个从什么角度进行解释的问题，而这个问题是一个“政治性”的问题。有时候自然科学研究也存在这种问题，研究者的主观性和过程中的解释现象不可避免，因此他们的一个简单假设是认为观察主体是一致性的。但在社会科学中，要实现所有观察者在主观上的一致性是非常难的，这也是社会系统的复杂性所在。

因此，复杂性的度量既有客观性的成分（系统复杂性、计算复杂性、有效复杂性等），也有主观性的成分（主观复杂性、认识一致性）。

7.1.4 复杂性的客观主义和解释主义研究

综上所述，复杂性的相关研究可以分为客观主义和解释主义的研究。

从科学哲学来看，客观主义研究趋向于实证论或是被描述为“常规科学”的后实证论（Suppe，1977；Curd and Cover，1998；McKelvey，2001a）；它采用了以信息为基础的本体论和以关于给定系统（或是主观间一致认同并有效的信息）的客观信息的可获得性和存在为基础的认识论。它将系统以及其成员视作信息处理系统，或者是适应性系统，而这个系统会处理客观的环境，有助于它们适应环境的信息是可以确定的。这项工作也趋向定量研究、数学形式及主体计算模型。通常会将表示视作无关政治的行为，并且将科学表示视作中立的。解释主义研究趋向于后现代主义或是后结构主义。它采用了一种基于含义的本体论以及认识论，假设不可能确定任何客观信息。相反，它将组织及其成员视作解释主义的、意义构建的系统。这项研究更为定性化，对表示的政治和关于复杂系统的信息的临时性及局限更加敏感。

令人感兴趣的是，这两种方法对应了两种解决复杂性的策略——“复杂性减少”和“复杂性合并”。我们认为客观主义应用了前者，而解释主义应用了后者。这是因为，客观主义旨在对与复杂组织现象有关的多样性“引出最合适的单一表示”，而解释主义“能够容纳多样的，甚至有时是冲突的表示”。前者的目的是一致性，而后者的目的在于明确的分歧——来产生新的见解，并因此促进扩大想法和行动的可能性。

1. 复杂性的客观主义研究

借鉴自然科学的本体论认识，我们认为复杂性的客观性在理论上主要表现为以下几点。

1）涌现的结构

复杂性的客观性首先表现在涌现的结构上。Goldstein（2000）认为，涌现现象说明了部分功能向整体功能的转变，因而避免了还原论和整体论只着重于事物一端的极端情况。涌现推动了非简化论主义，其中高层级的特性依赖于低层级单元，但是不能被低层级单元完全解释。尽管涌现在自然的微观和宏观之间架起了一座桥梁，带给研究者巨大的启发，但也给研究者带来了一些困惑，如在不同层次和不同尺度研究中产生的因果关系难题：跨层次因果关系，自下而上（即主体产生涌现结构）、自上而下（涌现结构限制主体行为）产生的自因果难题。

2）复杂性是客观的存在

这类观点认为，复杂性是系统客观存在的，并不是后现代主义所认为的是一种解释性的主观存在。例如，Byrne（2001）认为复杂性是“理解和探索科学现实主义的必要组成部分”。Phelan（2001）和 Morcol（2001）也分别认为复杂性是客观存在的。其中，Phelan（2001）认为有关复杂性的大部分研究都是实证主义的，但他也认为对管理复杂性的研究并不应该归类为复杂性研究，而是一种简单的隐喻。Morcol（2001）认为复杂性科学与牛顿科学一样是一种科学，但这种科学是一种关注实体的后实证主义科学。

3）复杂性科学仍然是一种“模型”科学

这类研究认为，既然复杂性是一种客观实在，那么就可以应用科学的方法对其进行描述。McKelvey（2004）就持这种观点，主张“近自然”和以“模型为中心”的组织管理科学。McKelvey（2004）强调了科学现代哲学中四个常规科学后实证论——传统的实证主义、科学实在论、选择进化认识论、理论的语义概念——来定义一个与复杂性科学和主体模型相一致的认识论。通过将两者进行融合，他的“以模型为中心的组织科学”创造了一个由“新”常规科学证实合理的论证逻辑，这种“新”常规科学的基础是后现代主义本体论观点。

4）复杂系统知识论

这类研究认为，复杂性是事物的本质属性，人类的复杂知识既反映了这种本质，但也存在知识上的不足与局限。Allen（2001）提醒我们，任何知识都是现象的反映，我们的知识是一种“减少”复杂性的策略。在该过程中，一般的顺序是划分系统边界—减少异质性—分类—寻找规律。在不同的阶段，人类获得并采用的知识是不同的。相对于事物的复杂性，这个过程是一个不完美的学习过程，而这种不完美也促进了人类的进化发展。

2. 复杂性的解释主义研究

对于一些后现代主义学者来说，复杂性并不是事物的本质，其存在于人类的语言解释上。这类研究的主要观点如下。

1）复杂性科学属于后现代主义范畴

Cilliers（2002）是这种观点的集大成者。他认为，整个社会是局部联结并涌现出来的，因此只有复杂性科学才能实现所有观点的一致性。基于这种关系论和联结主义，复杂性实质上是一种在语言上适应环境的结果。并且，他认为复杂的事物本质上是由关系组成的，基于规则的模型无法对复杂性提供一种一般性的描述。因此，复杂性并不是自然所确定的，而是人类的语言所确定的。

但是复杂系统具有知识局限。Cilliers（2002）对复杂性的知识局限也开展了深入的研究。他认为，由于知识的局限性，我们无法通过单一的描述说明复杂系统的所有内容。因此，我们不得不采用内部描述或多角度的描述方法。但这本身就存在矛盾之处，特别是在描述的选择上存在一种道德性的或政治性的弊端。

2）行为理论以及现象复杂性

Letiche 等（Letiche，2000；Letiche and Boje，2001）建立了“现象复杂性理论”，认为不能单一地从客观主义角度研究复杂性，而是不可避免地要处理以下两者之间的对话关系：研究人员和研究主体；主观和客观；世界和意识。因此，在复杂性的认知上，存在经验与意识方面的影响，这样复杂性的认识就产生了主观性。Juarrero（2000）将复杂性科学作为“理论组成的隐喻”来借鉴，用于重新思考适用于历史和背景限定过程的因果关系和解释。她使用信息理论，将意图和行为进行连接，认为解释学和解释的描述模型最为适用。从本质上来讲，Juarrero（2000）区分了参与者视角的知识和上帝视角的知识，客观主义趋向于后者，解释主义趋向于前者。Letiche（2000）对涌现现象进行了深入研究，认为涌现并不优先于存在的经验，而应该被理解为一种行为理论的形式，所谓的主体是促成事件发生的自组织，这也就意味着认识是多角度的。

3）叙述方法

Tsoukas 和 Hatch（2001）认为，复杂性既是事物的本质属性，但也与人的主观认识有关。他们称前者为“一级”复杂性，与系统的结构及其关系有关，是一种本体论的复杂性；称后者为“二级”复杂性，是一种主观的复杂性，由信息处理（体现在描述系统及预测系统变化的难度上）和解释性（实现主体间的一致性）构成，因此与认识论相关。针对这种解释性的难题，他们认为叙述性方法能够弥补传统科学研究的局限，能够被用来形成内部的复杂性新见解，这种新见解解决了文字歧义、自反性、目的性和暂时性。

3. 复杂性研究的方法论

无论是客观主义还是解释主义的观点，研究者都采用了一定的方法来描述事物的复杂性。由于这类方法众多，我们在这里仅仅根据以上的研究对某些方法进行简单的论述。

1）计算机模拟方法

计算机模拟方法是复杂性客观主义通常所采用的方法。这种方法使用主体模型来模拟真实世界的行为，进行计算试验。

（1）Kauffman 的适应景观度模型。

在生物学范畴内，生物学家经常将适应性进化的特点表征为寻找所有可能基因型的组合空间中更高级的适应点，并且使用了结合优化方法的计算模型来模拟进化过程，其中最为著名的就是 Kauffman（1996）的 NK 模型。该模型认为，基因型通常由一串基因组成，如果每一个基因都呈现出有限数量的状态，那么系统状态就非常复杂，形成了一个崎岖的景观，因此称这类模型为适应景观度模型。该模型能够很好地描述系统关联性产生的复杂性，因此被很多学者用于复杂性研究。例如，Kauffman 和 Macready（1995）将 NK 模型应用于组织技术设计决策中，阐述了无错的局部研究和逻辑的渐进主义的风险，因为它们会导致陷入差的局部最优化。Rivkin 和 Siggelkow（2003）研究了战略的模仿问题，说明了系统中一系列适度复杂的战略决策是如何促进系统发展的。Levinthal 和 Warglien（1999）认为系统的一系列组织行为是相互依赖的，从而产生了一个崎岖的景观度。在该景观度上，多种进化策略可以共存，并且在某一范围内会涌现出某个主导性的简单策略。

（2）多主体仿真模型。

多主体仿真模型的使用至少可以追溯到 1972 年（Cohen et al., 1972）。这种模型能够对系统的自组织、秩序创造、涌现的结构和环境进行模拟，因此可以应用于众多方面。下面列举了一些这类模型的主要应用。

第一，决策和学习。Cohen 等（1972）采用了多主体仿真方法研究了多目标系统决策问题，他们认为主体会提供解决方案，并寻找应用这些解决方案的问题。他们的模拟为理解在被目标冲突所困扰的系统中如何解决系统组织问题提供了一种方法。March（1991）构建了一个简单的多主体仿真模型，说明了受规章制度约束的主体可以通过学习和交流改变组织规章制度，并且证明了组织学习的差异能够平衡组织内部的探索和拓展行为。Bruderer 和 Singh（1996）在多主体仿真中结合了遗传算法（genetic algorithm，GA）描述了系统的产生、发展和死亡的全生命周期过程，说明了环境和组织适应性之间的相互影响。

第二，系统演化。Carley（2002）检验了系统稳定性的结构和文化基础。她使用了一个模型，并强调了三个主要过程：行动、适应和激励。行动描述了主体的相互作用和信息交换；适应解释了个体的学习；激励决定了主体对互动客体的偏好选择。她的模型表达了在短期中最为稳定的系统可能在长期中没有最佳的重建能力。事实上，复杂程度不高的系统更易重建。Epstein 和 Axtell（1996）使用多主体仿真模型来研究涌现的经济、文化、结构因素，说明了集体行为，如组织形成、文化传播、竞争和贸易如何产生于单个主体间的相互作用。Carley 和 Hill（2001）使用 CONSTRUCT-O 模型研究子群落的迅速形成以及文化的涌现。这个模型展示了结构学习和经验学习是如何影响系统的稳定性的。

第三，重组和适应。Carley 和 Svoboda（1996）构建了一个名为 ORGAHEAD 的层级模型，其中重点考虑了关键主体在系统中的作用，并且检验了系统重组过程中的学习和适应行为，发现在确定的条件下个体的适应要优于结构性的学习。Paul 等（1996）结合一个 GA 算法对系统适应和资源分配进行建模。他们发现，相对于参与主体的初始结构，主体的适应的能力对系统绩效有着更大的影响。Crowston（1996）也结合了 GA 算法来研究系统结构。在他所构建的模型中，主体能够协调系统风险以加快完成任务，并确定了促进组织绩效的因素。So 和 Durfee（1996）检验了系统结构对分散搜集信息任务的影响，发现系统中最优的控制范围依赖于任务环境本身的性质（任务的大小、粒度）以及任务绩效的衡量（回应时间）。

2）定性分析方法

并不是所有的复杂性研究都采用了计算或数学模型，实际上许多客观主义研究是定性的，其目的是建立理论，为后续的假设检验及计算模型构建奠定基础。Eisenhardt 和 Brown（1999）认为定性的案例式的研究也能够客观地描述事物及其发展。这类研究的典型代表如下。

（1）混沌边缘。

Eisenhardt 和 Brown（1999）关注系统的连续变革问题，即什么样的系统结构有助于系统在维持稳定的同时适应环境的变化。他们对 6 个公司的案例进行了研究，提出了“混沌边缘”的概念，认为半结构性的组织（在原有结构上能够有序扩展，平衡了有序和无序）、超前的规划安排（如实验性的产品、未来发展报告，平衡了当前和计划）、有计划的系统更新（新老产品的转换）能够在变化的市场中获得成功。

（2）耗散结构和自组织。

Gemmill 和 Smith（1985）引入了 Prigogine 的“耗散结构理论”中的“远离平衡”的概念研究组织学习问题。Leifer（1989）将系统变革的耗散结构模型与系统变化的其他模型进行了对比。Smith 和 Gemmill（1991）将小系统的变化比作耗散结构的变化，提出在复杂且混乱环境下的组织效率需要“自组织的关键元素”的理论。MacIntosh 和 MacLean（1999）借鉴耗散结构理论，应用两个定性的案例，将系统演化描述为一个三阶段的过程：①适应（重新布置组织深层结构的基础规则）；②危机（确定远离平衡的条件）；③决策改变（管理积极、消极的反馈，使组织向更优化的形式转变）。Lichtenstein 等（2006）使用相对案例分析法，发现三个增加系统自组织活动水平的特性：自参考；增加其获取目标的能力；平衡结构和灵活性的相互依赖元素。

（3）弹性。

Hurst 和 Zimmerman（1994）借鉴了复杂生态系统模型来解释小型系统如何成长为大型官僚系统。他们使用“生态循环”理论和弹性概念来说明系统的出现、扩张、维持与解体。与生命循环模型相比较，此处解体并不等同于死亡，而是重建。

3）隐喻

隐喻是复杂性解释主义观点中经常使用的方法。Lissack 和 Letiche（2002）理论性地描述了有关语言现实组成的角色，尤其是隐喻的角色，强调了复杂性隐喻是如何致力于关系和过程的，而不是具体化建设。他们认为，管理者应支持接受不确定性，而不是控制或是消除它。并且，隐喻必须结合背景进行理解或是应用，因此启发的复杂性隐喻更适于确定的环境。

4）类比

类比的研究对知识进行了解构，如 Stacey（2001）清楚地将知识和它对涌现的管理连接了起来，将人类的互动类比为在复杂系统模型中主体的相互作用。他认为，知识不能够被清楚描述并储存，因为它是从组织成员的相互作用中产生的，并且因此会随着关系和互动被破坏或创造。Cilliers（2002）认为复杂性科学超越了无用的客观-主观的划分，强调了在知识和知识所组成的系统之间的对话关系，认为知识是对数据的主观解释，而主观是由互动和关系组成的。他借鉴了经验研究的报告，强调了在复杂系统中知识的叙述方法的实践效用以及重要性，通过说明讲述是一种高效的手法来显露知识、详述知识以及将知识植入系统中。

7.2　重大工程复杂性及分类

重大工程一般是指投资超过 10 亿美元的交通、能源、通信等基础设施工程，这类工程的基本特点是周期长、规模大、技术难度高、不确定因素多，在工程设计和建造过程中均呈现出复杂性特征（Flyvbjerg et al.，2003）。

7.2.1　重大工程复杂性特征

重大工程自身的复杂性主要有两种类型：一类从关联的视角解释，另一类从工程的认知视角描述。关联的视角认为，工程技术方案要素间或方案中各子系统间存在相互依赖关系，某一部分的改变会引起其他相关部分的方案改变（Baccarini，1996；Morris，2013）。这类复杂性通常被称为“关联复杂性”或“结构复杂性”（McKelvey，2001b）。在这种关联复杂性较强的情况下，工程的系统状态存在众多的局部最优解，系统发展极易陷入其中，并且会产生反复的迭代，致使系统很难达到稳定状态（Mihm et al.，2010；麦强和王宁，2018）。工程认知视角的研究认为，造成重大工程未来状态不稳定的原因有不明确的工程需求（Milliken，1987）、不清晰的工程目标定义（Williams et al.，1995）及新技术方案的采用（Turner and Cochrane，1993）等。根据不确定性的一般定义——由于知识缺乏，无法精确描述未来的多种可能结果——这些因素都属于“知识缺乏”的范畴，可能会引发未来的不确定状态，因此可以将这类因素归类于“认知复杂性”或“非结构复杂性”（Allen，2001；Williams，1999）。并且，重大工程的关联复杂性和认知复杂性存在密切的相关性，要素及系统结构的相互依赖会强化认知上的困难，对关联关系的认知模糊也加剧了结构复杂性（Diehl and Sterman，1995）。因此，对于重大工程这一特殊的工程活动，其未来状态的不确定性主要受到工程技术方案复杂性——工程技术方案中子系统间的相互关联（关联复杂性）——对创新技术、需求和目标的有限知识（认知复杂性）的影响。与企业管理中外生的不确定性完全不同，重大工程的技术方案复杂性也会造成不确定性，因此重大工程的不确定性表现出了内生性的特征。由于这种本质上的差异，不能简单借用企业管理中的适应性理论解释重大工程管理中的组织多样化现象。

除了工程自身的复杂性之外，外部环境也是重大工程复杂性的重要因素，也会造成重大工程未来状态的不确定性（Geraldi et al.，2011）。与一般工程相比，重大工程往往建设在自然环境更为恶劣的地区，是人类对大自然的挑战，其建造会受到自然环境的影响（Lessard et al.，2014；Latrubesse et al.，2017）；并且，这类工程投资大，对民生影响深入广泛，所涉及的其他组织及相关利益主体众多（Bosch-Rekveldt et al.，2011）。这些因素与重大工程的设计、建造和运营均密切相关，因此重大工程在外部环境上也具有关联复杂性。同时，在对自然环境变化和发展的认识上，对工程相关利益主体目标及偏好的掌握上，也会存在信息不足、认识不清晰的问题（Henisz et al.，2012），反映出了外部环境的认知不完备性这一复杂性特征。因此，从外部环境的复杂性来看，重大工程的不确定性也表现出了外生性的特征。

针对重大工程的复杂性，如何构建合适的组织管理模式已经成为研究热点。一些研究认为，重大工程的组织管理本质是一个适应性过程，面对技术及外部环境的复杂性，在管理上需要构建合适的组织结构以实现部门之间的合作，并且要有效应对工程生命周期内可能发生的不确定性事件（Hirschman，2014）。一些研究从解决工程技术方案复杂性的视角来开展，认为子系统间的关联会使方案设计陷入不断的修改困局并极易得到局部最优解，进而采用仿真方法证明层级制等组织方式能够提升管理效率及工程绩效（Simon，1996；Siggelkow and Rivkin，2005）。另一些研究从具体的运作层面研究工程技术方案和工程管理之间的相关性，认为在资源有限的情况下需要考虑技术和管理的综合风险，并在一个统一的风险管理框架内构建了定量化的技术和管理方案优化决策模型（Dillon et al.，2005）。还有的研究认为重大工程的复杂性在于工程由许多不同性质的子系统组成，因此在设计时要考虑子系统间的集成界面，在研制过程中要保证具体研制单位的合作、不同合同方式的严格执行、自利单位的信息披露等，需要一个掌握全局并具有多方知识和经验的集成主体（Johnson，2007；Davies et al.，2009）。

7.2.2　重大工程问题分类

重大工程设计和建造过程中所面对的问题具有多尺度特征，即这些问题在重要性、关联性、层次性、时间和空间上均有较大的区别。从其特征来看，这些问题基本上可以被分为两种类型：一类是系统性问题，表现为设计和建造技术成熟，子系统间接口关系明确，如何从整体分解为子系统、如何相互连接集成为上一级系统的知识已知，并且已经在很多工程领域得到验证；另一类是复杂性问题，表现为建造及组织管理技术方法还未掌握，子系统间接口关系尚不明确，没有相关系统分解和集成知识，之前也没有集成案例。从其性质来看，前者是确定性的问题或者是可以应用概率论等方法进行描述的一般不确定性问题，而后者是一类深度不确定性问题，其影响深远，产生原因众多，演化过程及机理不明。表 7.1 描述了重大工程的不同问题及其特点。

表 7.1 重大工程问题及特点

类型	技术	接口	知识	经验	性质
复杂性问题	不成熟	关系不明确	未知	无	深度不确定性
系统性问题	成熟	关系明确	已知	有	确定及一般不确定性

7.3 重大工程综合集成管理框架

7.3.1 重大工程综合集成问题

传统的项目管理知识体系将工程管理分为不同的知识类型，能够解决一些关联性不强、不确定性较弱的系统性问题，但无法解决重大工程的复杂性问题。在一般还原论方法无法解决复杂性问题的基本假设下，我国学者提出的综合集成方法从整体论视角为重大工程复杂性问题的解决提出了一种新的方法论，在很多工程领域也得到了很好的应用（顾基发，2015）。

当前的综合集成方法也在不断的发展过程中。第一，综合集成方法是一种基于整体论的方法论，要与工程管理实践结合起来具体化为工程管理方法。第二，综合集成方法需要与传统的工程管理方法进行融合。也就是说，重大工程管理要在系统性认识的基础上再去思考复杂性问题，一条可行的解决方法就是将复杂性问题转化为系统性问题，再通过项目管理方法解决系统性问题。第三，当前的综合集成研究多关注于设计阶段的方案决策，还缺少建造阶段综合集成的策略及路径研究。因此，无论是从理论内涵、工程全生命阶段覆盖，还是从综合集成的策略路径上来看，都需要进一步发展综合集成方法。

7.3.2 重大工程综合集成综述

集成一般是指将两个或两个以上的要素按照一定的规则组合在一起，形成有机整体，其目的是提高有机整体的功能（Morris，2013；Chang et al.，2013）。根据要素的性质及其之间的关联性，其组织管理过程不尽相同，需要不同组织、控制和管理方法以及不同的集成路径。在重大工程管理领域，当前集成理论研究可以划分为以下两种类型。

一类研究为系统集成研究。这类研究关注集成对象的系统性，认为通过良好的系统设计能够明确知道各子系统之间的接口关系，建造阶段的任务就是将这种结构化的系统通过有效的方法组合在一起（Halfawy and Froese，2007）。这类研究认为工程管理就是通过计划、控制、协调等使整个集成过程更为有效，在技术实现上借鉴了大规模生产过程中的 CMS（content management system，内容管理系统）方法等（Boddy et al.，2007）。

另一类研究为综合集成研究。这类研究关注重大工程的复杂性问题，认为重大工程的集成过程面临着不确定性和关联性的巨大挑战。首先，不确定性来自于新的工程技术或创新性的工程子系统。由于其创新性，其与其他子系统的接口还不清晰，甚至有些连接关系在设计过程中本身就存在问题（Shenhar，2001，2007）；其次，由于重大工程子系统间的相关性，某一子系统在建造过程中出现的问题会引发其他子系统的变化，这也会影响原来的集成计划，产生不确定性（Locatelli and Mancini，2010；Salet et al.，2013）；最后，外部环境变化——供应商变化、融资问题等——会引发不可预知的事件，干扰原本的计划，进而引发集成过程的不确定性（Geraldi et al.，2011）。

对于这类具有复杂性特征的集成问题，钱学森提出了“从定性到定量综合集成方法”以及“从定性到定量综合集成研讨厅体系”，将专家体系、数据和信息体系及计算机体系有机结合，构成一个高度智能化的人机结合、人网结合的体系（钱学森等，1990；于景元，2001）。一些学者将该方法论应用于不同的领域，如武器系统论证和社会经济系统改革方案制定（于景元，1993）；一些学者积极探索该方法论的发展，提出了基于 Internet 技术群构建综合集成研讨厅的技术路线（戴汝为和操龙兵，2002）、综合集成知识系统等（顾基发和唐锡晋，2002）。一些学者探索了这种方法论在重大工程管理中的应用。例如，盛昭瀚等（2008）提出了综合集成管理方法，对其原理、范式、职能及在重大工程中的应用进行了探讨；徐玖平和卢毅（2009）提出了“人-机-法-术-数”的综合集成评估体系，并将其应用于地震灾害的评估中。

以上研究为重大工程综合集成提供了很好的思路，但也存在以下几点问题。

第一，没有考虑到重大工程的综合集成既要解决系统性的集成问题，也要解决复杂性的集成问题，因此以上两种集成理论和方法均存在片面性，需要根据工程管理实践进行统一和融合（洪巍等，2010）。

第二，综合集成方法是一种方法论，还需要与工程实践结合起来提出具体的管理措施。并且，该方法论关注决策问题，其应用也多是为了在设计阶段提出正确的设计方案和管理措施，没有考虑建造阶段的综合集成问题。

第三，还缺少一种从重大工程管理实践中总结出来的，能够说明不同集成策略和集成路径的重大工程综合集成管理方法。

针对以上问题，本章将提出一种新的综合集成方法，并基于港珠澳大桥的案例予以验证。

7.3.3 重大工程综合集成管理方法设计

本章提出了重大工程综合集成管理方法。该方法认为，无论是在设计阶段还是在建造阶段，重大工程的综合集成都需要采用“探索”策略将复杂性问题中的深度不确定性问题转化为系统性问题，再采用“拓展”策略，通过项目管理知识体系等方法实现工程的设计和建造目标。其中，在重大工程的设计阶段，“探索”策略包括“复杂性降解”，而“拓展”策略是指“功能性分解”；在建造阶段，“探索”策略包括“适应性集成”，而“拓展”策略是指“效能性集成”。

1. 重大工程综合集成管理整体框架

针对以上在设计阶段和建造阶段的不同性质的复杂性问题和系统性问题，重大工程的综合集成策略、方法及路径也是不同的。由于问题的不同类型——复杂性和系统性，我们认为其综合集成过程也表现出了不同的策略。

1）“探索”策略

对于复杂性问题，其研制技术及组织管理的知识和经验都不具备或者不成熟，具有深度不确定性的性质，因此综合集成管理的首要工作是有效降低工程的复杂性，探寻新的工程技术及新的组织管理方法。该过程中，工程主体不断学习知识，积累工程经验，提高应变能力，是新知识和新能力的拓展过程，因此我们将针对复杂性问题的综合集成管理方法称为“探索”策略。通过“探索”，可以将复杂性问题转化为系统性问题。

同时，由于工程不同阶段的复杂性问题表现不同，其集成路径也表现为不同的特点：在设计阶段，复杂性主要表现为认知方面的复杂性，即对技术方案是未知的，需要通过创新和创造“探索”新的技术知识，因此这时的“探索”策略表现为“复杂性降解”；而在建造阶段，复杂性主要表现为工程组织的关联结构及建造过程中的不确定性，需要找到合适的工程主体并共同面对建造过程中的各种风险，因此这时的“探索”策略表现为“适应性集成”。

2）“拓展”策略

对于系统性工程问题，因为已经有了相关的技术和管理经验，就需要确定具体的技术标准，并通过优化控制及精益化的组织管理高效地实现技术指标。综合集成的目标是充分拓展现有的知识和经验，在实现工程基本功能的基础上提升工程的绩效，因此我们将针对确定性问题的集成过程称为“拓展”策略。

同样，由于工程不同阶段的系统性问题不相同，其集成路径不相同：在工程设计阶段，由于技术方案已经确定，系统性问题表现为相关技术指标的详细编制及工程功能的确切定义，因此这时的“拓展”策略表现为“功能性分解”；而在建造阶段，系统性问题表现为建造过程的有效性问题，需要通过正确的工程工具及先进的组织管理实现工程技术指标及系统功能，因此这时的“拓展”策略表现为“效能性集成”。

图 7.1 描述了两种不同的集成策略及在不同阶段的集成路径。

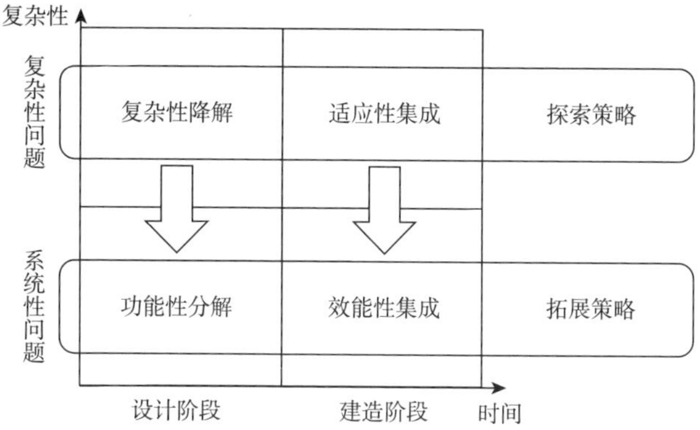

图 7.1　重大工程综合集成管理方法

2. 设计阶段的综合集成路径

在重大工程的设计阶段，通过属于“探索”策略的“复杂性降解”创新工程知识和技术方法解决认知复杂性问题，通过属于“拓展”策略的“功能性分解”定义子系统的技术指标、系统界面等功能。

1）复杂性降解

在工程设计阶段，面临的复杂性问题主要是认知复杂性问题，即并不知道制订什么样的技术方案才能实现重大工程较高的工程目标（Howell et al., 2010）。由于重大工程的创新性，工程技术方案、研制设备工具、组织管理方式等均是未知的，也很难采取“分解”的方法确切地知道其系统结构组成及其与其他子系统的关联，因此在系统认知上对设计和建造单位来说都存在复杂性问题。对于这类复杂性问题，由于没有成熟的设计建造知识，以往的组织管理方法也不再有效，因此需要新知识的开发和积累。一方面，需要相关各方在技术及组织管理上不断摸索，基于工程目标，通过各种方式——联合开发、引进消化再创新、计算机模拟、原型（试点）应用等—— 的摸索，创新工程建造技术；另一方面，也可以借鉴其他国家、其他行业的一些较为成熟的相关工程技术，组建新的工程组织，移植新的工程技术方法。

该集成过程有两个基本的步骤，即实验性尝试和累加性固化。其中，实验性尝试是指对创新性的组织和技术进行多种类型的试验，通过试验结果的评价来检验创新组织和技术的可行性及有效性；累加性固化是指对试验中所形成的管理和技术知识进行不断的总结和提炼，通过管理文件、技术标准、知识库等方式予以知识固化，形成系统性的知识体系。实验性尝试和累加性固化是多次迭代过程。

设重大工程有 N 个子系统，第 $i(i=1,2,\cdots,N)$ 个子系统的预期功能 $\tilde{f}_i$ 由其设计方案 $\tilde{x}_i$ 决定，根据以上步骤，我们可以用以下的模型表示“复杂性降解”过程：

$$X=\arg\max E\left\{E\cdots\left[E\left(\tilde{f}_1(\tilde{x}_1)\cup\tilde{f}_2(\tilde{x}_2)\right)\cup\tilde{f}_3(\tilde{x}_3)\right]\cdots\cup\tilde{f}_N(\tilde{x}_N)\right\} \tag{7.1}$$

其中，E 表示对上一次试验的评价（其中包含了知识学习的过程）；X 表示技术方案的集合；U 表示集成算子。

图 7.2 描述了重大工程复杂性降解的过程。该过程说明了复杂子系统借鉴其他行业的组织及技术应用到该子系统中，并且通过实验尝试对技术进行改进，最后形成知识库，固化为自己的技术知识。

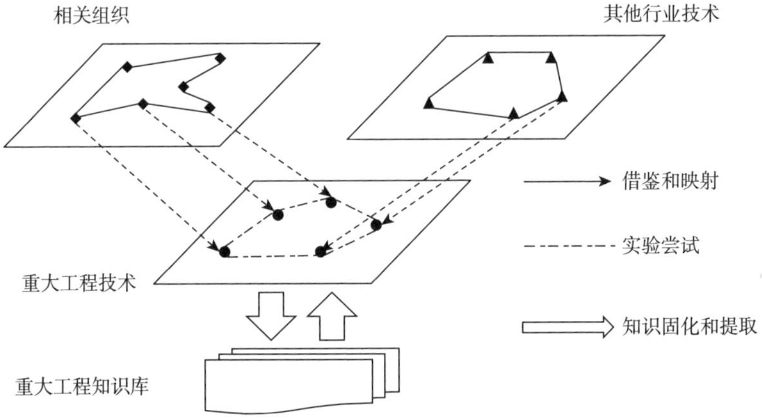

图 7.2　复杂性降解

2）功能性分解

“功能性分解”是指在确定的技术方案基础上，根据已经掌握的技术知识，确定工程技术指标，设计子系统构成及其界面关系，初步指定完成工程任务的机器设备，以实现工程系统整体功能的过程。在设计阶段的这个时刻，已经具备了实现工程目标的知识，工程的复杂性问题已经得到了解决。这时，工程面对的问题转变为系统性问题。

该集成过程也有两个基本步骤，即整体功能定义及详细功能说明。一方面，可以对系统整体功能进行定义；另一方面，可以采用系统分解的方法对工程整体功能进行分解，通过定义子系统功能及其实现路径，计算功能实现所需要的各类资源，提出设备功能要求，对系统功能进行更为详尽的说明。

重大工程的功能性集成可以表示为以下模型：

$$F = \bigcup_{i=1}^{N} f_i\left(x_i, n_i, b_i, e_i\right) \tag{7.2}$$

其中，F 是工程整体功能；f_i 是各子系统功能，其功能表现由子系统技术方案（x_i）、指标要求（n_i）、系统界面（b_i）及所需要设备（e_i）组成。

图 7.3 描述了重大工程的功能性分解过程。

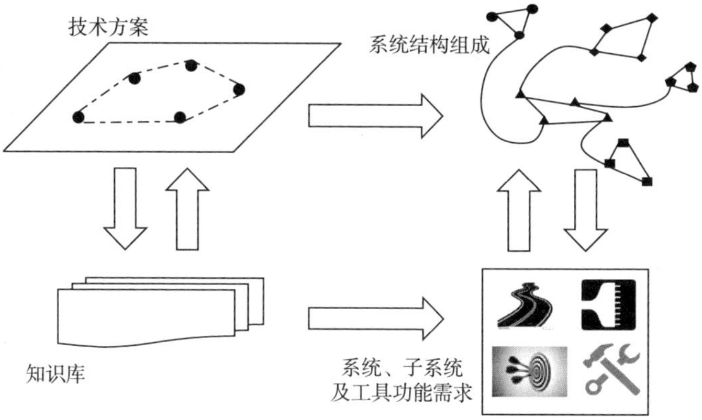

图 7.3　功能性分解

3. 建造阶段的综合集成路径

在建造阶段，通过属于“探索”策略的“适应性集成”构建工程组织体系，通过属于“拓展”策略的“效能性集成”提高工程实际建造绩效。

1）适应性集成

重大工程的综合集成过程是指在工程目标的指引下，不同类型工程主体相互连接，彼此交互并创新发展，形成重大工程管理系统整体的演化发展过程。各工程主体的集成行为要满足工程目标提出的各项要求，要积极应对其他相关主体的合作和竞争行为，也要快速响应环境及工程建设内部的各种不确定性事件，因此集成行为是工程主体适应所处系统环境的过程。在该集成过程中，工程管理系统的形成遵循着工程主体集成目标匹配、新工程主体创新的路径，体现了工程主体通过适应性行为形成重大工程系统的一般规律。

重大工程系统集成的首要工作是确定集成目标对象，即确定要将哪些工程主体集成起来，该过程称为集成目标识别及匹配。在基础设施建设行业，有众多的建设单位及相关部门。对于一项重大工程，系统集成的首要工作就是要在这个异质性主体数量众多、同类主体区分较为困难的工程主体空间中，确定数量有限的、具有实现工程目标潜质的工程主体，并使其有效连接起来。

通过标识和匹配确定好工程建设组织母体后，还要确定具体进行工程建设的工程主体，该过程称为集成建设主体构建及创新。由于之前的标识及匹配均是以初始的组织形式进行的，还不能对这些组织进行直接的集成，因此需要形成真正的集成建设主体。这些集成建设主体可以在原来的初始组织模式上进行扩展，在某些特殊的情况下，也可以在工程主体的组织框架内建立新的集成组织。

并且，由于重大工程固有的不确定性，之前根据职责，基于合同的措施均无法有效应对，可以通过半结构化的规则来指导各子系统研制单位的集成行为。该半结构化的规则并不直接指定各子系统的职责（必须要做什么），而是通过行为原则、工作范围等比较柔性的规定，指导子系统研制单位根据具体的情况采取适应性的行为。这些半结构化的规则包括工程文化、工程精神等软管理措施。

对于这类集成过程，其模型可以表示如下：

$$F = \bigcup_{i=1}^{N} f_i\left(O_i \middle| R\right) \tag{7.3}$$

其中，R 是工程确定的半结构化的规则；O_i 是所有子系统根据 R 的适应性组织行为。

图 7.4 描述了重大工程的适应性集成过程。该过程说明了重大工程建造过程中各类工程主体在工程预期目标指引下通过连接、交互和创新等活动相互适应并实现重大工程管理系统的动态过程。

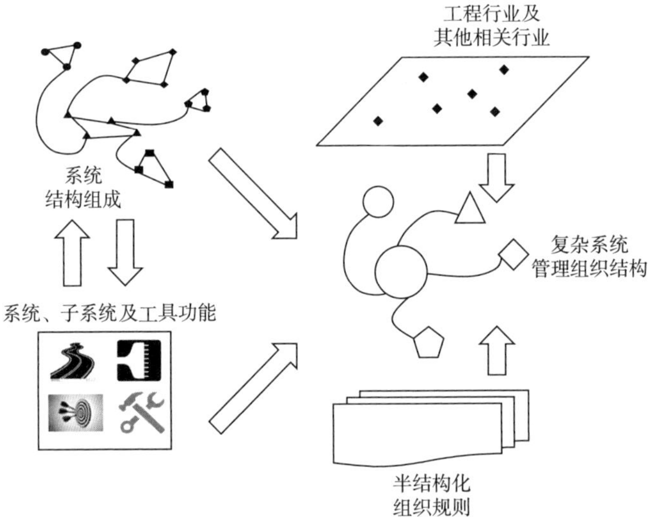

图 7.4　适应性集成

2）效能性集成

效能性集成是指在实现工程整体功能的基础上，工程相关主体在建造阶段通过规章管理制度建设、组织流程再造、管理要素统筹权衡等方法，对各子系统进行接口协调、布局优化，提升工程整体功能、改进组织管理效率的过程。

这时的组织管理不再仅仅关注于子系统各自的职责，而是强调子系统之间相互配合。子系统的建造行为不但受到该系统规定职责的影响，而且也受到其他子系统建造行为的影响。对整个工程来说，需要在管理统筹下实现工程功能的优化。因此，效能性集成可以表示为以下模型：

$$F = \text{opt} \bigcup_{i=1}^{N} f_i\left(O_i \middle| R, \bar{O}_i\right) \tag{7.4}$$

其中，opt 表示对工程效能的优化；$\bar{O}_i$ 表示工程系统中与 O_i 相关的其他子系统的组织建造行为。

图 7.5 描述了从功能性集成到效能性集成的转变过程。该转变过程中，在保证原有功能的基础上，不仅对原来的连接关系进行了简化，而且使系统整体结构更为清晰。

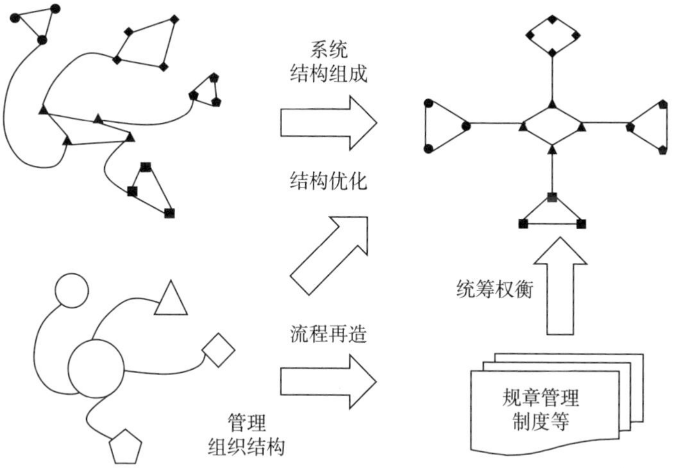

图 7.5　效能性集成

除了以上所论述的几种不同类型的集成策略之外，本章所提出的综合集成管理方法还有以下三个特征，具体如图 7.6 所示。

首先，该综合集成管理过程是一个闭合的动态过程。该过程从复杂性降解开始，经过功能性分解—适应性集成—效能性集成的路径，工程的完工既是工程各种功能的实现，也是创造性集成活动的实物化，效能的实现则体现了创造性方案的有效性和先进性。

其次，综合集成管理过程体现了重大工程综合集成的四个评价维度，即创新、知识、能力和效率。这四个维度既可以作为区分集成对象类型的标准，也可以作为工程技术和组织管理的集成目标。

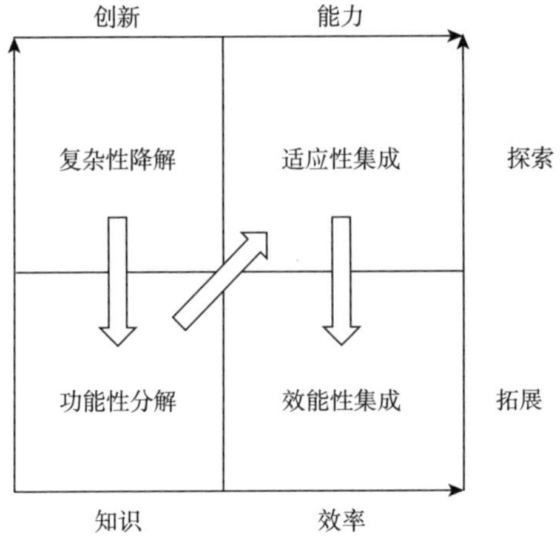

图 7.6　重大工程综合集成管理方法特征

最后，综合集成管理方法体现了重大工程综合集成的统一性。尽管在不同的区间需要采用不同的策略和方法，但集成的目标是一致的，并且其组织管理也是统一的。在港珠澳大桥桥面铺装工程中，港珠澳大桥管理局一直扮演着集成的策划者和执行者。

7.4　综合集成管理方法在港珠澳大桥中的实践

港珠澳大桥的工程管理实践为我们总结和提炼综合集成管理方法提供了一个很好的案例和机遇。首先，港珠澳大桥是一类典型的具有复杂性特征的重大工程。其次，针对港珠澳大桥的复杂性，工程管理者在综合集成思想的指导下，采用了诸多创新性的管理措施，为我们总结提炼综合集成管理方法提供了很好的案例基础。最后，港珠澳大桥的设计、建造和管理主体都是我国工程领域的先进单位，在传统的工程管理方法上有着丰富的经验，为我们研究如何从复杂性问题转变到系统性问题提供了很好的对比案例。

7.4.1　港珠澳大桥桥面铺装的复杂性

港珠澳大桥桥面铺装虽然只是港珠澳大桥工程的一部分，但其设计和建造也突出反映了重大工程的复杂性，是一类典型的重大工程（高星林等，2016）。

第一，港珠澳大桥桥面铺装工程规模很大。铺装总面积达 70 万平方米，其中钢桥面 50 万平方米，组合梁桥面 20 万平方米，总铺装面积相当于 98 个标准足球场。

第二，港珠澳大桥桥面铺装要求高。按工程要求，港珠澳大桥沥青混凝土路面使用寿命要达到 15 年，为普通高速公路路面使用寿命的 3 倍。

第三，港珠澳大桥桥面铺装技术创新强。虽然我国有着近 20 年的大跨径钢箱梁桥梁建设经验，但迄今为止钢桥面铺装问题仍未有效解决。从技术层面来看，钢箱梁是大型薄壁空间结构，在荷载作用下，会发生伸长、缩短、弯曲、扭转等变形。而桥面铺装要求具有追随钢箱梁协同变形的能力。另外，桥面直接承担着车轮荷载碾压，桥面铺装需要抵抗车轮荷载产生的局部变形，同时要求钢桥面铺装保持外观平顺，便于行车。这种互相矛盾的需求就决定了钢桥面铺装工程技术的复杂性。

综上所述，港珠澳大桥桥面铺装工程为我们提供了很好的案例研究对象，满足 Yin 提出的单案例研究及形成理论的标准。

案例数据的收集时间为 2010~2017 年。我们访谈了 20 名各个层次的工程人员，包括工程甲乙双方的高级管理人员、项目承建方高管、项目监理、工程施工人员等。并且我们收集了港珠澳大桥的有关管理文件、相关合同、工程报告及新闻材料等。

在资料分析过程中，我们采用了演绎和归纳两种方法。首先我们通过理论演绎，对集成对象、集成策略及路径进行了理论分析，并根据其结果制定了访谈内容。访谈资料收集后，我们对数据进行了归纳，形成了新的集成概念和理论。通过资料的整理，我们认识到重大工程的综合集成需要采用不同的集成策略和集成路径。

在港珠澳大桥桥面铺装工程中，工程设计阶段和建造阶段也面临着不同的复杂性问题和系统性问题，具体如表 7.2 所示。

表 7.2　港珠澳大桥桥面铺装工程问题

桥面铺装工程问题	设计阶段	建造阶段
复杂性问题	桥面铺装方案	承包商选择 承包商组织管理
系统性问题	集料要求 除锈功能要求 防水喷涂要求	集料生产 除锈和喷涂的设备制造、选择及组织管理

7.4.2　路面铺装设计阶段的综合集成实践

1. 复杂性降解

对于港珠澳大桥桥面铺装工程，在工程设计阶段的主要复杂性问题是钢桥面铺装方案。港珠澳大桥管理局作为工程管理责任人，在该阶段进行了较长时间的复杂性降解工作。针对钢桥面铺装方案，具体的措施如表 7.3 所示。

表 7.3　钢桥面铺装方案复杂性降解措施

序号	年份	创新组织	复杂性降解活动
1	2010 年	港珠澳大桥管理局委托华南理工大学牵头开展港珠澳大桥主体桥梁工程钢桥面铺装方案的预研究	课题组围绕国内钢桥面铺装工程应用状况进行了广泛调研，对现行国内几种典型（环氧沥青、浇注式沥青、ERS 等）铺装方案进行了系统综合比选论证，提出了两点指导性意见
2	2012 年初	设计单位 DB01 标（中交公路规划设计院）委托华南理工大学，并联合香港安达臣公司、广东长大公司及同济大学等专业单位联合开展钢桥面铺装研究工作	围绕热拌环氧沥青铺装（日本环氧）和英国浇注式沥青（mastic asphalt，MA）进行对比研究
3	2012 年末	港珠澳大桥管理局要求设计单位参考已有十多年成功的 MA 技术实践经验的香港方	以深港西部通道工程为基础开展研究移植英国 MA 技术的可行性；在广州召开了专题协调会，研究方向明确调整到 MA 技术为主
4	2013 年	铺装工程招标领导小组带领设计单位联手专题单位，先后平行开展了 MA、GMA 及 GA 三种技术方案的研究	结合数百组室内模拟试验，并利用同济大学引进的大型直道加速加载机开展了室外高温稳定性及低温疲劳试验，获得了上千组、上万个测试数据
5	2013 年末	方案确定	采用 4 厘米厚 SMA+3 厘米厚浇注式沥青混凝土组合铺装结构体系的钢桥面铺装设计方案

2. 功能性分解

港珠澳大桥桥面铺装工程中，设计阶段的功能性分解突出体现在对一些分系统的设备功能定义上。表 7.4 给出了其中的一些典型案例。

表 7.4　港珠澳大桥桥面铺装的设备功能定义

序号	项目名称	设备功能定义
1	集料加工生产	自动化加工生产线及设备
2	抛丸喷砂除锈	大型车载式抛丸机
3	桥面铺装工程的防水	自动化喷涂设备

7.4.3　路面铺装建造阶段的综合集成实践

1. 适应性集成

在重大工程桥面铺装的建设阶段，适应性集成主要体现在以下几方面。

（1）吸引高水平的建造商参与招标，保证工程技术指标要求，提高工程质量。由于考虑到合理的产品价格是技术革新的原动力，价格合理才能使承包人在适度竞争的基础上保持饱满的热情，因此，业主在控制价过程中考虑了各种功能性需求的摊销价格，体现优质优价，此举极大地激发了潜在投标人的参与热情。在此基础上，项目法人通过公开招标增加竞争性，设置相应合同条款，吸引了国内外行业领军企业参与投标，并有效降低了工程成本。

（2）顺应工程工业化的发展趋势，实施工厂化施工，提高工程精益化水平。细集料的生产与原材料的干燥程度关系很大，需结合工业化的技术手段，采用工业化的设计理念，实现厂房内的生产加工，使其生产加工出与桥面铺装精细化程度相一致的专用集料。基于这种考虑，建立了中山集料工厂，配置了粗、细集料生产线各一条，以及相关自动化设备，采用欧式立轴冲积式破碎机以保证集料的粒形，并借鉴沥青拌和站的布袋式引风除尘系统及全封闭传送通道来抑制粉尘。为保证工厂化的效果，中山集料工厂所用原材料为半成品料。将原材料中的开采及破碎关口前移，基岩的开采、爆破后大石块的解石、一破及二破等工序均安排在矿口附近石场进行。

（3）建立共担风险的工程文化，强调基于合同的伙伴关系，共同应对不确定性事件对工程整体带来的影响。港珠澳大桥管理局推行严格履行合同基础上的伙伴关系，要求各方严格执行合同，履行好各自职责，在此基础上互谅共赢。在桥面铺装过程中，由于一些不可抗力原因，工程完工期由原来的2017年6月推迟到了 2017 年 12 月，相关施工单位延长了施工准备期，工程成本有所上升。本着伙伴关系下的协商原则，港珠澳大桥管理局在保障工程质量的前提下调整了概算，维护了相关施工单位的正当权益。

2. 效能性集成

表 7.5 描述了集料工厂的效能性集成管理措施。

表 7.5　集料工厂效能性集成

序号	集成管理内容	集成管理措施
1	生产过程的工厂化管理	生产线操作采用智能化集中控制模式 整个生产流程采用机械化作业 生产过程全程监控 加工作业区实行门禁制度
2	集料生产无尘化管理	集料生产无尘化 衍生物循环处理
3	集料质量控制管理	集料自动称重包装系统的应用 存储卡信息控制系统的应用 质量追溯

除此之外，承包商在合同要求下积极履行义务，实现工程管理局的要求。

（1）针对港珠澳大桥管理局提出的使用大型车载式抛丸机的要求，承包商智翔公司在全球范围开展了跨界到军工行业、船舶行业的大量调研工作，成功寻找到美国铂锐泰克公司生产的一种用于航空母舰甲板喷砂除锈的设备——车载式抛丸除锈机（2-4800DH），替代传统的手持式抛丸机。智翔公司实施采购后开展了大量的试用，获得了大量的试验参数，为将其成功运用于港珠澳大桥钢桥面喷砂除锈施工打下了坚实基础。采用 2-4800DH 车载式抛丸机进行港珠澳大桥钢桥面喷砂除锈施工，工期较传统手持式抛丸机减少了 30%以上，经检验，喷砂除锈各项技术指标 100%满足设计要求。

（2）针对港珠澳大桥管理局提出的以自动化喷涂设备替代人工喷涂的设想，承包公司按照招标文件及合同要求，开发出防水黏结层全自动喷涂设备，通过大量的试验，不断优化、调整和完善了该设备的性能，直到完全满足港珠澳大桥工程建设需要。该设备在 100 个有效工作日内完成了约 27 万平方米的 MMA（甲基丙烯酸甲酯）防水层施工，经检测各项指标全部满足设计要求，质量优良。

7.4.4 综合集成管理方法对工程实践的指导

本章所提出的重大工程综合集成管理方法与其他理论和方法有着显著的不同，可以对工程实践提供如下方面的指导。

（1）对于复杂性问题，许多学者提出了新的管理理论和方法，其中有代表性的有“和谐管理”和“物理-事理-人理系统方法论”（席酉民等，2003；顾基发等，2007）。这些方法从东方哲学的视角对复杂性问题中的人和物进行分类，并提出了各自的规律及相互之间的作用关系，进而指出可以应用现有的知识实现技术和管理目标。但在重大工程中，复杂性恰恰表现在人与物之间的关联性上，不仅无法加以区分和割裂，而且蕴含着当前所不知道的知识。因此，本章提出的从复杂性到系统性的思路为解决复杂性问题提供了一种新的路径。

（2）重大工程管理过程中，系统工程和项目管理知识体系均是很重要的方法，但这些方法均忽略了重大工程在设计和建造过程中的深度不确定性等复杂性特征。因此，这些方法主要关注的是重大工程的系统性问题，对设计和建造过程中的复杂性关注不够。本章所提出的方法一方面肯定了系统工程和项目管理知识体系的价值，另一方面也强调了重大工程的复杂性问题并提出了可行的方法。

（3）综合集成及系统集成为不同的集成问题提出了较好的集成策略，但这两种集成思想和方法仅仅关注某一类集成问题，综合集成对系统集成的集成思想关注不充分，系统集成对综合集成的集成思想关注也不充分。两种集成策略本身就缺少一种系统性，其对于重大工程管理实践的指导是片面的。本章的研究为打通两者之间的壁垒提供了一种新的思路，有助于两种方法的结合，也更适用于指导重大工程管理实践。

第8章　重大工程管理理论的创新发展

8.1　重大工程管理理论创新情境

8.1.1　实践起点

工程管理理论体系作为一个交叉知识系统，系统结构复杂、系统要素层次及关系众多，要构建一套科学且完整的理论体系，必须选择一个或多个逻辑起点。从科学认识论的角度来看，逻辑起点是一门学科构建科学理论体系的重要出发点。例如，《资本论》第一卷就阐述了资本论的逻辑起点使用价值。因此，要构建一套内容完整、结构科学、概念统一、逻辑严密的工程管理理论体系，就必须选择一个最原始、本质且抽象的理论范畴作为逻辑起点。根据工程管理的特点，逻辑起点通常从实践和环境出发（王青娥和王孟钧，2012），但是随着实践研究规模和理论研究范式的转变，这些逻辑起点的内涵和范围也发生了改变。单独从某一个角度构建理论体系，会导致理论体系构建不完整，因此，除了实践起点外，环境起点和能力起点也被作为创新情景分析工程管理体系新构架。

工程管理理论是基于对工程实践活动的认识所形成的具体的概念、原理和原则，在实践知识的不断累积过程对其进行综合管理，抽象出一些基本的概念和共同的规律，借助逻辑手段形成一个严密、有层次且有结构的知识系统。随着城市化进程的发展，重大基础设施工程规模的扩大，工程管理的研究范围逐渐向重大工程管理范式转变，复杂性管理理论、技术创新管理理论等都为工程管理理论体系架构的转变起到了良好的推动作用（Li et al.，2018）。

8.1.2　环境起点

环境是更本质和抽象的一个范畴，按照辩证唯物主义哲学，世界上一切事物都是由时间、地点等环境因素决定的。理论来源于实践，反过来指导实践并接受实践检验，从而推动理论不断向前发展。工程管理实践和工程管理理论的产生与发展同样遵循这些原则，不同的工程环境会产生不同的工程实践活动，进而形成不同的工程管理理论。而工程管理理论也只有放回到具体的工程环境中接受工程实践的检验，才能知道正确与否。

环境起点论认为，构建工程管理理论体系的逻辑起点应当是工程环境，它具备高度的综合性，构成工程实践的载体，为工程实践的发展提供基础。以环境为起点对工程管理理论进行构建，需考虑建筑环境和自然环境对工程实践的影响。在社会科学研究中，建筑环境是指服务于人类活动而建设的人造环境，包括建筑、公园、绿地到社区、城市，以及配套的基础设施系统，如供水、电力和能源网络等（van der Heijden，2014）。现有的建筑环境对工程实践具有推动或限制作用，同时，新工程的建设可能对建筑环境造成改进或破坏。自然环境与工程建设也相互影响，如气候变化会影响建筑环境（Wilby，2007），工程建设会导致环境污染等（Abbasian-Hosseini et al.，2015）。因此，以环境为起点对工程管理理论内涵及外延的梳理具有重要意义。

8.1.3 能力起点

能力是完成一项目标或者任务所体现出来的素质，通常指人顺利完成某一项任务所必需的主观条件，同时，能力能够直接影响活动的效率。工程管理或技术人员的管理或专业能力是保证工程项目顺利完成的基本条件，如果人员的工程能力有所缺失则会严重影响工程实施及效率（Bushuyev et al.，2019）。工程管理人员能力贯穿工程项目的全生命周期，以能力为理论体系研究起点，可以明确工程实施及管理过程所需的基本条件。另外，随着可持续发展目标的提出，要求工程本身在建设和管理过程也具备一些能力，如工程发展能力、技术改造能力和投资回报能力等。因此，以能力为起点对分析工程管理组织及梳理工程项目可持续发展能力理论具有重要意义。

8.2 重大工程管理理论创新发展观

8.2.1 可持续发展观

可持续发展观起源于 20 世纪初的环境保护主义（environmentalism）

（Pepper，1996）。随后，由于资源消费导致严重的环境问题，1972 年 Meadows 等在报告《增长的极限》（*The Limits to Growth*）中，对未来 100 年全世界人口增长情况和资源消费情况进行分析，并指出：如果不改变现有的经济政策和环境政策，未来世界的经济将陷入崩溃（Meadows et al.，1972）。1987 年，联合国发布的布伦特兰报告——《我们共同的未来》（*Our Common Future*）是可持续性发展史上的里程碑。报告考虑经济增长和环境政策之间的关系，对可持续发展做出了定义：可持续发展是既满足当代人的需求，又不损害人类将来的需求的发展方式（Brundtland et al.，2013）。

随着可持续性研究的不断深入，可持续发展理念系统化扩展到经济、社会和环境三个维度，同时逐渐被多个行业应用。2015 年，联合国发布 17 个可持续发展目标（sustainable development goals）指导 2015~2030 年全球发展工作，具体包括：消除贫困；消除饥饿；良好健康与福祉；优质教育；性别平等；清洁饮水与卫生设施；廉价和清洁能源；体面工作和经济增长；工业、创新和基础设施；缩小差距；可持续城市和社区；负责任的消费和生产；气候行动；水下生物；陆地生物；和平、正义与强大机构；促进目标实现的伙伴关系（Stafford-Smith et al.，2017）。这些目标从经济、社会和环境三个维度的发展问题出发，涉及众多基础设施建设及管理行业，以全面提高经济、社会及环境效益。因此，在重大工程建设及管理过程中，必须全面贯彻可持续发展理念，在提高工程效益的同时，满足经济、社会和环境发展目标。

8.2.2 新型城市化发展观

众多国家提倡利用数据科学的创新发展智慧城市，在高度城市化发展历程中，提高人类生活水平且保证城市可持续发展。为实现这一目标，作为一个多部门、多尺度、多主体的社会生态基础设施系统，城市系统内部数据已无法满足城市决策要求，应超越现有的城市层面的数据，将城市作为节点进行更深层理解。基础设施设计和社会空间分布逐渐成为人类发展的决定性因素。同时，城市也面临多种与基础设施建设相关的风险，如食品安全问题、区域空气及水污染、极端天气和气候变化等（Lim et al.，2013）。2016 年，Ramaswami 等在 *Nature* 上提出城市发展的八个基本原则：建设完善的基础设施并引入创新理念；对跨部门多尺度的城市健康问题进行动态研究并注重公平性；关注城市形态和多部门协同以提高资源效率；在不同类型的城市制定不同的能源策略；整合先进技术和本土技术；应用跨界系统分析从城市内容到区域大规模基础设施；城市基础设施和相关机构同步进化；提高跨部门及不同规模基础设施建设管理的能力和透明度（Ramaswami et al.，2016）。这些原则从系统决策角度实现智能化、可持续及健康城市发展目标，为实现这些目标需超越现有的城市研究数据层次，考虑多层次数据的整合以满足城市多样化发展，制订具有优先级的系统化战略发展方案。

8.2.3 开放式创新发展观

为实现全球可持续及智能化发展，创新技术的应用可以在有效推动经济增长、提高生活质量的同时减少环境影响和资源利用。开放式创新引入破坏性技术，如云计算、物联网、大数据等，解决多种社会问题，为工程及城市的可持续发展提供创新理念和技术支持（West and Bogers，2017）。例如，在交通工程管理中，动态拥挤收费系统可以调整交通流量；在电力工程中，智能电网可以整合可持续资源和平衡载荷；在公共工程管理中，健康监控系统可以提高生活质量并降低医疗费用。尽管这些创新技术已经在很多领域得到检验，但是很多机构和公司依然拒绝发明和创新，它们没有意识到管理模式正发生根本性转变。在传统的管理模式下，投资者要求详细的结果预期及项目实施方案，同时，由于知识产权问题，在技术创新过程中合作模式受到很大质疑，这些因素都在不同程度上对创新管理的发展产生影响。创新是一种风险性决策，在很多情况下，其直接收益并不明显，但是潜在收益是巨大的。创新理论的演化过程及特点如表 8.1 所示。创新理论深入工程管理的各个层面，从封闭式创新演化到开放式创新，其研究地位由从属研究发展为交叉式研究，其研究对象从单一转变为系统性研究。如表 8.1 所示，创新理论的演化为工程管理理论的发展提供基础导向。

表 8.1 创新理论演化过程及特点

特点分类	封闭式创新	开放式创新	开放式创新 2.0
地位	其他研究的从属研究	独立研究	交叉式研究
开发形式	分包	交叉许可	交叉式应用
研究对象	单独	多边	生态系统
影响	线性	线性且耗散式	非线性
应用	计划性	确定性预实验	实验型
利益分配	赢-输式	双赢式	超预期双赢
研究层次	独立实体	独立学科	交叉学科
研究载体	价值链	价值网络	价值群

资料来源：Curley（2015）

8.3　重大工程管理理论创新战略

8.3.1　以工程可持续为战略目标

工程可持续性（engineering sustainability）是一个系统概念，涉及工程建设系统整体性属性的表现。1987 年，可持续发展的概念由联合国世界环境与发展委员会在《我们共同的未来》报告中提出，特别是 1992 年联合国环境与发展大会以来，该问题的研究已经涉及理论、方法和应用领域等各方面。可持续也成为工程建设活动和发展的重要目标。与工程项目相关的环境影响评价制度可以有效防止环境污染和生态破坏，最早由美国的《国家环境政策法》（1969 年）提出，后为许多其他国家采用。我国在 1979 年发布的《中华人民共和国环境保护法（试行）》中首次规定了这项制度，后来在其他有关法律法规和 1989 年 12 月颁布的《中华人民共和国环境保护法》中重申了该项制度。从生态学角度，工程项目可以看作一个大的生态系统，包括环境、经济、社会和工程项目及其他项目组织（周红，2006）。

工程可持续性是实现全球可持续发展目标的一个具体体现。1994 年，第一次世界可持续建造国际会议在美国佛罗里达州召开，会议上“可持续建造”作为“可持续发展”在土木建筑行业的应用被提出。Charles J. Kibert 提出了“可持续建造”的六个主要原则：最小化资源消费、最大化资源利用、使用可再生及再循环资源、保护自然环境、创造无毒环境及在创造的建设环境中追求质量（Kibert，2008）。这些原则的评价对象主要是建筑施工过程中的建筑结构体系、绿色建材及绿色生产过程等。城市重大基础设施是重大工程的主要研究对象，由于城市基础设施的供应和需求发展不均衡，工程可持续性的概念被提出（Carter et al.，2001），如何处理不能适应城市发展的城市基础设施，是拆除重建还是更新和维护，这些工程项目的可持续能力问题开始被国内外提出和认识（Burns et al.，1999）。由于发达国家的基础建设已经结束，很多大型的基础设施处于更新和维护的阶段，项目和维护的“持续能力（capacity of continuance）”被提出（Sohail et al.，2005），基础设施的技术系统和再更新基础设施服务于社会的能力得到新思考，为工程可持续研究指出了方向（Nielsen and Elle，2000）。工程可持续性不再停留在项目建设及管理本身，研究范围从项目直接影响的人、组织和社区扩展到城市和区域，甚至是国家。

工程可持续发展既是可持续发展问题在微观层面的深入，如工程项目的可持续发展，又是可持续理论的延伸。本书研究的工程项目主要指城市、区域或全国范围的大型基础设施项目。其中，基础设施项目可以分为两大类：一类是经济性基础设施，如运输、能源、邮电及通信设施等；另一类是社会性基础设施，如教育、科研及卫生设施等。这两类建设项目都有强烈的外部效应和非排他效应。非排他性是公共工程的本质特性，表明工程建设是为了某区域或某类群体服务，而不是针对单独的个体。而外部性说明工程建设的规模和质量直接影响到城市的整体布局和发展，表现在经济、社会及环境等方面。因此出现了众多工程建设与经济、环境和社会大系统关系的研究，如表 8.2 所示。可持续发展评价方法根据评价指标体系建立的主导原则和理论基础可以分为数理方法、货币化方法、生态学方法、系统学方法、主观评价方法及定量与定性评价相结合的方法。其中，基于系统生态学能值分析法（Wackernagel and Yount，2000）和生态经济学的生态足迹法（Rees and Wackernagel，1996）被广泛用于可持续评价。将工程项目的可持续发展状态描述为人工生态系统的生命状态，把工程项目纳入生物圈可以在整个生态系统的“共生共存”中考察它的生存与发展，解释了事物的生命本质、全生命周期的本质。

表 8.2　可持续评价方法

系统	子系统	相关研究或方法	来源
环境	大气、土地、植被、噪声、水、能源、三废（废水、废气和固体废弃物）、矿产	建设项目环境影响评价（environmental impact assessment，EIA）	美国《国家环境政策法》（1969 年）、中国《中华人民共和国环境保护法（试行）》（1979 年）
		建筑工程可持续评价体系（Building Research Establishment Environmental Assessment Method，BREEAM）	Lee（2012）
		美国绿色建筑评估体系（Leadership in Energy and Environmental Design，LEED）	Berardi（2012）
经济	税收、财政、产业、GDP（国内生产总值）、投资与消费	项目投资与 GDP 关系	Ahmed 和 Miller（2000）
		国家生产率降低和经济表现欠佳对项目投资的影响	Aschauer（1989）
		发展中国家基础设施对经济发展的影响	Kessides 和 Ingram（1995）
		基础设施项目投资回报率	Krol（1998）
		基础设施建设投资可以刺激经济增长	Kessides（1996）
社会	人口、文化、教育、就业、公共设施、医疗卫生、居住条件、科学技术	项目社会性评估（social assessment，SA）	世界银行
综合		德国可持续建筑评价体系（Deutsche Gesellschaft für Nachhaltiges Bauen，DGNB）	

重大工程全生命周期内，维修和更新等可持续能力已经得到深入认识（Burns et al.，1999；Sohail et al.，2005），重大工程可持续技术系统和再更新重大工程服务于社会的能力得到新思考，为工程可持续研究提供重要方向（Nielsen and Elle，2000）。但是，随着重大工程投资及建设规模的逐渐扩大，工程可持续性不再停留在项目建设及管理本身，研究范围从项目直接影响的人、组织和社区扩展到城市和区域，甚至是国家，研究对象也扩展到经济、社会和环境系统的融合及其整体的可持续，这也成为重大工程建设的最主要的战略目标。

8.3.2 以工程能力为实施保障

从工程管理人员角度看，工程能力是指人脑对事物、经济环境、自然环境这个“大环境”的能动反映，即在充分掌握自然规律的基础上，具有利用资源、尊重自然和保护自然，去完成某项工程、创造财富的能力（王贵和和吕建国，2006）。工程能力是工程师最重要且最基本的素质之一（吴鸣和熊光晶，2010）。从工程工具的角度看，工程能力是指机械完成生产任务的效率（Molotilov et al.，2009）或生产材料形成产品的性能（Jones et al.，2014）。从工程管理的角度看，工程能力（engineering capacity）是指在工程管理过程中的决策能力、组织能力、技术创新能力及知识和信息的吸收采纳能力等。因此，工程能力为工程管理技术发展和工程管理活动的实施提供客观条件和支持作用。

工程能力是为实现既定目标，人、组织和社区所形成的各种硬实力和软实力的总和。对于重大工程管理者，工程能力指对工程、经济、社会及自然环境的能动反应，即在符合自然规律的基础上，有效利用资源并保护环境，同时完成工程目标并创造社会财富的能力（王贵和和吕建国，2006；吴鸣和熊光晶，2010），如工程管理过程中的工程决策能力、工程组织能力、工程创新能力、工程融资能力及工程风险控制能力。重大工程管理团队的工程能力决定了重大工程目标的实现，团队工程能力的构建驱动工程管理过程形成大量的规范性指导、方法和工具（Stingl and Geraldi，2017），在提供重大工程实施保障的同时，为重大工程管理理论体系的完善提供基础。

8.3.3 以工程智能化为战略路径

工程智能化（engineering intelligence）主要指施工现场管理的智能化。智能施工是基于 BIM、物联网、普适计算和 4D 可视化技术等新兴信息技术，实现施工过程中的全面感知、泛在互联、普适计算和集成应用，有效提升施工生产效率的一种施工管理理论（王要武等，2013）。信息技术的广泛应用是提升施工管理效率的有效方式之一（Kang et al.，2008）。“互联网+” 理念的嵌入和网络财富的整合影响着信息分析、知识整合和普适计算方法，同时影响工程信息化和工程技术研究的发展（Trappey et al.，2015）。信息技术的发展改变了工程利益相关者交流方式和关系，有利于在全球范围内实现共享、平等、开放和协同合作等原则（Tapscott and Williams，2008）。工程智能化是重大工程实施的战略路径，智能化技术的应用为重大工程管理理论范式的转变提供创新思路。

8.4 重大工程管理理论创新框架

8.4.1 理论体系架构要素和内容

理论体系研究的目的是形成科学且逻辑严密的理论集合，其研究对象是理论要素之间的逻辑关系，将理论进行有机的结合进而有效指导实践。重大工程管理基础理论体系包括以下几个要素。

1. 工程管理活动

随着工程复杂程度的提高，现代科学与工程实践密切结合，产生工程科学（何继善和王孟钧，2008）。而工程管理活动是将工程科学中的思想和理论转化为现实事物的实践活动（汪应洛和王宏波，2005）。以实践为理论体系构建的逻辑起点，可以保证理论和实践的匹配。广泛意义上工程管理活动包括规划与决策、设计管理、生产与施工管理、维护与运行管理、新产品开发管理、技术创新管理和战略管理等。工程管理活动的实现一方面可以检验理论的完整性，另一方面可以发现新的技术和管理需求，更新理论体系，进一步指导和应用于工程实践。

2. 工程管理技术

管理学科和工程学科以研究管理学基本原理、综合模型和通用方法为主，更具有基础性和抽象性，而工程管理具有独特的工程技术背景，同时兼具管理的策略与方法（王青娥等，2013）。工程管理技术是管理理论与工程技术的结合，更注重应用型理论，为工程活动的实现提供基本保障。从工程管理内容出发，工程管理技术即应用型理论包括：工程规划技术、工程决策技术、设计和研发管理技术、目标控制技术、规范化管理技术、协调沟通技术、风险管理技术、信息化技术和评价方法等（王青娥和王孟钧，2012）。不同的技术由不同的方法实现，如表 8.3 所示。

表 8.3　传统工程管理技术

工程管理技术	具体技术
工程规划技术	调查法、评价法、预测法、平衡协调法、优化决策法、遥感技术、仿真技术
工程决策技术	定性方法、定量方法、决策支持系统、群决策技术、情景分析法、决策树法、头脑风暴法、德尔菲法
设计和研发管理技术	价值工程技术、虚拟技术、限额设计及方法、方法优化
目标控制技术	PERT、WBS 技术、TQM、挣值法、帕累托分析、零缺陷管理技术、PDCA（plan-do-check-adjust，计划–执行–检查–调整）循环、因果分析法、事故树法、合同管理技术、HSE（health-satefy-environment，健康–安全–环境）管理
规范化管理技术	合同化管理、程序化管理、格式化管理、信息化管理技术
协调沟通技术	目标协调法、权责分配协调法、平衡协调法、决策差异淡化法、权威强化法
风险管理技术	检查表分析法、专家调查法、事故树法、风险保留技术、风险转移技术、保险技术、风险利用技术
信息化技术	信息门户技术、管理信息系统技术、数据库技术、模拟仿真技术、远程监控技术、GPS 技术、遥感技术、电子商务技术
评价方法	指数法、系数法、聚类分析法、逻辑框架法、综合评价法、层次分析法、神经网络法、成功度评价法、灰色关联法

3. 工程管理理论

作为一门交叉学科，工程管理具备多种工程技术特性，同时也是管理学、经济学、工程学等基础理论学科在工程实践和工程理论中的应用（何继善等，2009）。基础理论为工程管理理论的发展提供必要的知识和基础，同时工程管理学科的发展体现了基础理论的价值。为工程管理理论提供支持的基础理论包括：管理学、经济学、工程学、法学、数学、环境学、运筹学（决策论、博弈论）、行为科学（个体行为、动机行为、群体行为、组织行为）、系统科学（系统论、控制论、信息论）等。基础理论的变革和发展改变了科学发展的方向，如现代系统科学已经从系统论、控制论和信息论发展到耗散结构论、协同论和突变论（顾新华等，1987），改变了系统科学研究范式，指导工程管理理论发展新方向，如图 8.1 所示。

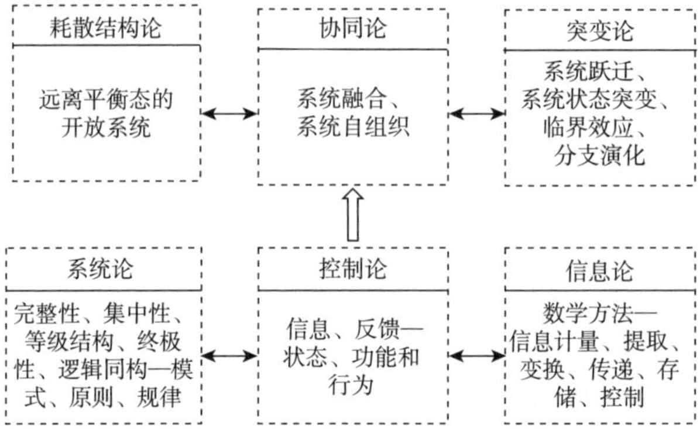

图 8.1　系统科学基础理论变迁

工程管理核心理论是指基于工程管理基础理论发展起来的，具有工程管理技术特性，指导工程管理实践的理论，包括工程伦理学（engineering ethics）和工程经济学（engineering economics）。这两种核心理论指导工程技术的实施并贯穿工程全生命周期，为制定工程决策提供标准和依据。

工程伦理是一种职业道德，为工程实践设立专业标准，指导工程管理人员有效完成工程任务（Harris et al.，1996）。随着工程实践的发展及影响力的扩大，工程伦理的内涵也逐渐延伸，工程伦理被划分为“宏观伦理”和“微观伦理”两个部分（Ladd，1980）。宏观角度，工程伦理的责任主体是工程系统，责任对象是自然和人类，考虑技术进步和工程发展与人类社会之间的关系；微观伦理主要指工程师的个体行为（王冬梅和王柏峰，2007）。

在工程经济学理论成为独立研究理论前，主要对项目进行工程经济分析（engineering economic analysis），分析的主要目的是通过经济分析辅助进行投资决策、技术改进和管理模式优化等（Grant and Ireson，1970）。发展为系统理论后，工程经济学是工程与经济的交叉学科，是研究工程技术活动经济效益的学科（宋国防和贾湖，2000）。工程经济学主要通过评价、对比、预测等手段对影响工程项目经济效益的因素进行分析，期望得到工程技术和经济效益的最大匹配程度结果。

4. 工程管理能力

从工程管理的特点出发，与一般管理工作不同，工程管理是对于具有技术集成性和产业相关性特征的各种工程进行的相应管理工作（何继善等，2005）。同时，重大工程管理具有系统性、综合性和复杂性等基本特征。在重大工程管理过程中涉及多个利益相关者、多项技术、多种管理活动，为保证重大工程的有效实施，需要具有基本的工程能力进行保障。

（1）工程项目管理能力（project management capacity）：工程能力最基本的能力是工程项目管理能力，如表 8.4 所示，这些能力保证了项目管理过程的有效实施。

表 8.4　工程项目管理能力

知识领域	子过程	能力
项目综合管理	计划制订、执行、变更、控制	协调运作能力
项目范围管理	启动；范围规划、定义、审核、变更、控制	目标管理能力
项目时间管理	进度计划、进度控制	进度管理能力
项目成本管理	成本规划、成本估算、成本预算、成本控制	成本管理能力
项目质量管理	质量规划、质量保证、质量控制	质量管理能力
项目人力资源管理	团队规划、团队组建、团队建设、团队管理	人力资源管理能力
项目沟通管理	沟通规划、沟通管理、沟通控制	沟通管理能力
项目风险管理	风险管理规划、风险识别、风险分析、风险应对、风险控制	风险管理能力
项目采购管理	采购规划、采购实施、采购控制	采购管理能力
项目干系人管理	识别干系人、规划管理、干系人参与管理、干系人控制管理	利益相关者管理能力

（2）战略管理能力（strategy management capacity）：重大工程的战略管理具有一定的理论意义和实践意义，重大工程具有规模大、投资多、周期长、技术复杂、利益相关者众多和影响深远等特点，战略决策为保证重大工程的实施提供重要指导作用（张信传和薛传钊，1992）。重大工程对国民经济、环境和社会发展的速度及效益有重大的影响，在进行整体决策时应依靠多学科、技术和经济管理专家进行战略决策。除了宏观战略决策外，工程战略决策涉及众多工程管理过程，如利益相关者管理战略（Eskerod and Vaagaasar，2014）、风险管理战略（Lee and Schaufelberger，2013）和创新战略管理（Maniak and Midler，2014）等。

随着工程复杂性提高和市场环境变化，有关工程管理战略的动态变化和柔性问题成为战略管理研究的热点（汪应洛等，2004）。柔性战略（flexible strategy）是指在实现组织总体战略的前提下，在动态变化的环境中主动适应变化、利用变化甚至提高自身竞争能力和完成战略任务能力而制定的战略计划、任务和措施（West-Eberhard，1987）。柔性战略管理可以有效预测和控制重大工程管理过程中的经济和环境不确定性问题（Fawcett et al.，2014），以保证工程项目长期可持续发展（Fawcett et al.，2012）。因此，战略管理能力为重大工程项目的顺利实施提供重要保障。

（3）创新能力（innovation capacity）：作为重大工程管理理论体系发展观，创新能力为提高工程管理效率和质量提供动力。当前，我国积极实施创新驱动发展战略，推进创新型国家建设，技术创新能力成为各行业提高竞争力的关键，是衡量工程管理团队科技成果产出及科技成果转化为现实生产力的重要指标（周琼琼，2015）。广义来看，创新能力是指产生创新绩效的潜力，涉及战略能力、组织能力、技术能力、市场能力等多维度综合能力。从创新内容看，创新能力研究角度为组织管理职能要素，研究对象为掌握专业知识的人、技术系统、管理系统及组织价值观等要素（Leonard-Barton，1992）。且可以将创新能力分为技术创新能力和制度创新能力。从创新过程看，创新能力包括组织对技术或知识的吸收、采纳和扩散能力。在工程管理团队中，知识和技术的吸收能力对团队创新产出有重要影响，其中，潜在吸收能力包括知识的获取和消化能力，现实吸收能力包括知识的转化和开发能力，两种吸收能力的有机融合可以有效提高团队创新能力（Leal-Rodríguez et al.，2014）。

创新能力的高低已经成为衡量一个国家或组织竞争力的关键。创新能力的提高可以为组织获取更多的利润，提高其市场价值并增强其生命力（Geroski et al.，1993）。随着科学技术的飞速发展以及知识经济全球化速度的加快，创新管理与组织可持续发展的集成成为研究重点。可持续创新在提高组织经济效益的同时，可有效改变商业模式，有益于组织的长久可持续发展（Kiron et al.，2013）。工程管理领域，从工程设计（Mansour and Radford，2016）、施工过程信息管理（Kim et al.，2015）、资源及原材料供应链管理（Yan et al.，2015）等多个过程，都在强调可持续发展的重要性。创新能力为工程管理团队转型提供支持，为其可持续发展提供动力。

（4）系统工程管理能力（system engineering management capacity）：系统工程是组织管理系统的规划、研究、设计、制造、实验和使用的科学方法，在指导组织管理复杂系统的开发过程发挥着重要作用（袁俊刚等，2009）。在我国，系统工程以运筹学为基础，逐渐推广最优化方法、图论、排队论、决策论、可靠性分析、投入产出、工程经济、价值工程等系统工程方法，研究领域扩大到科技、经济及社会等领域，将系统思维和系统科学结合，有效解决复杂系统的分析和综合问题（成思危，1999）。重大工程管理过程的复杂性增强，管理过程所产生的数据类型繁多，如知识数据，管理数据，利益相关者行为数据，社会、经济及环境数据，BIM数据，等等，系统工程方法可以有效降低重大工程管理复杂性（Eriksson et al.，2017）。因此，系统工程管理能力可以在降低复杂性的同时，实现重大工程技术、经济、社会及环境绩效的多元化融合。

8.4.2 重大工程管理理论发展整体架构

重大工程实践及科学研究的不断演化驱动了重大工程管理理论体系的发展及完善。现阶段，并没有形成被广泛认可的重大工程管理理论体系，仍然处于理论累积阶段。因此，明确重大工程管理理论发展趋势，对于重大工程管理理论体系的构建具有指导性意义。参照本章前面的论述，本书从工程可持续、工程智能化、工程能力三个维度构建了重大工程管理理论发展框架，为重大工程管理理论的发展提供战略层面的参考，如图 8.2 所示。

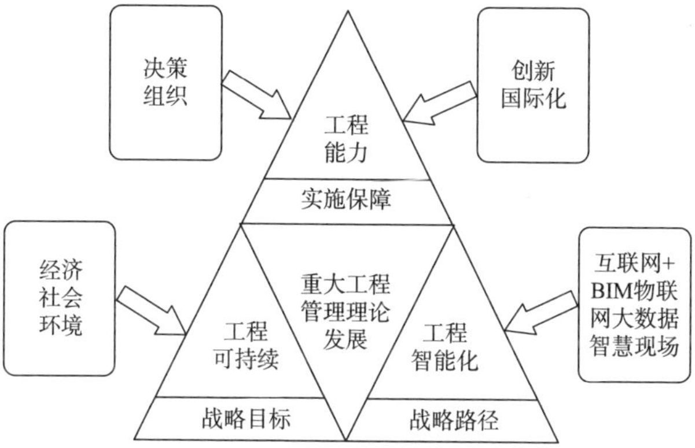

图 8.2　重大工程管理理论发展框架

重大工程管理理论及理论体系的形成需要经历工程管理经验、知识等基本要素的逻辑化及系统化过程。重大工程管理理论的发展需历经五个阶段：初始经验级、知识累积级、理论累积级、理论系统级和科学理论级。现阶段，重大工程管理理论发展仍处于理论累积阶段，虽然大量跨学科理论及方法、创新性技术及工具、颠覆性理念和思路逐渐应用到重大工程管理过程，但是，重大工程管理理论的发展仍然处于零散状态，缺少工程管理理论体系构建战略的指导。因此，梳理重大工程管理理论的演化和发展路径，构建以可持续为战略目标、智能化为战略路径、工程能力为实施保障的重大工程管理理论发展框架，可以为重大工程管理理论体系的科学构建提供重要方向。

参 考 文 献

爱因斯坦 A. 1976. 爱因斯坦文集（第一卷）[M]. 许良英，李宝恒，赵中立，等译. 北京：商务印书馆.

曹吉鸣，刘亮，缪莉莉，等. 2017. 公共建筑设施管理成熟度模型构建[J]. 工程管理学报，2：59-63.

陈独秀. 1920. 新文化运动是什么[J]. 新青年，7（5）.

成思危. 1999. 复杂科学与系统工程[J]. 管理科学学报，2（2）：1-7.

程书萍，王茜，李迁. 2009. 关于综合集成管理职能的探索[J]. 科学决策，（1）：1-5.

程星. 1988. 科学理论的结构：它的概念、内容及意义[J]. 自然辩证法通讯，（2）：10-15.

戴汝为，操龙兵. 2002. 综合集成研讨厅的研制[J]. 管理科学学报，5（3）：10-16.

丹皮尔 W C. 2010. 科学史[M]. 李珩译，张令校. 北京：中国人民大学出版社.

董成业，于珍彦. 1994. 管理职能的系统研究[J]. 图书情报导刊，（4）：30-32.

法约尔 H. 1982. 工业管理与一般管理[M]. 周安华，林宗锦，展学仲，等译. 北京：中国社会科学出版社.

高星林，张鸣功，方明山，等. 2016. 港珠澳大桥工程创新管理实践[J]. 重庆交通大学学报（自然科学版），35（S1）：12-26.

顾基发. 2015. 协同创新−综合集成−大成智慧[J]. 系统工程学报，30（2）：145-152.

顾基发，唐锡晋. 2002. 综合集成与知识科学[J]. 系统工程理论与实践，（10）：2-7.

顾基发，唐锡晋，朱正祥. 2007. 物理−事理−人理系统方法论综述[J]. 交通运输系统工程与信息，7（6）：51-60.

顾新华，顾朝林，陈岩. 1987. 简述“新三论”与“老三论”的关系[J]. 经济理论与经济管理，（2）：71-74.

郭贵春. 1991. 当代科学实在论[M]. 北京：科学出版社.

郝欣，秦书生. 2003. 复合生态系统的复杂性与可持续发展[J]. 系统辩证学学报，11（4）：23-26.

何继善，陈晓红，洪开荣. 2005. 论工程管理[J]. 中国工程科学，7（10）：5-10.

何继善，王孟钧. 2008. 工程与工程管理的哲学思考[J]. 中国工程科学，3（10）：9-12.
何继善，王孟钧，王青娥. 2009. 工程管理理论解析与体系构建[J]. 科技进步与对策，26（21）：1-4.
黑格尔 G W F. 2002. 逻辑学：哲学全书·第一部分[M]. 梁志学译. 北京：人民出版社.
洪巍，周晶，吴孝灵. 2010. 集成管理与综合集成管理辨析——两者在大型工程项目管理中的融合[J]. 项目管理技术，11：13-16.
纪凡荣，成虎. 2007. 大型建设项目组织设计研究[J]. 建筑技术，38（2）：151-153.
江天骥. 1987. 什么是科学理论—— 关于理论结构问题的三种观点[J]. 自然辩证法通讯，（6）：1-9.
克劳士比 P B. 2006. 质量免费：确定质量的艺术[M]. 杨钢，林海译. 北京：中国人民大学出版社.
孔茨 H，韦里克 H. 1998. 管理学[M]. 10 版. 张晓君等编译. 北京：经济科学出版社.
库恩 T S. 2004. 必要的张力：科学的传统和变革论文选[M]. 范岱年，纪树立译. 北京：北京大学出版社.
拉契科夫 Π A. 1984. 科学学：问题·结构·基本原理[M]. 韩秉成，陈益升，倪星源，等译. 北京：科学出版社.
雷丽彩，周晶，何洁. 2011. 大型工程项目决策复杂性分析与决策过程研究[J]. 项目管理技术，9（1）：18-22.
李克特 R. 1989. 科学是一种文化过程[M]. 顾昕，张小天译. 北京：生活·读书·新知三联书店.
李迁，李江涛，盛昭瀚. 2009. 大型工程建设管理的方法论体系研究[J]. 科学决策，19（1）：6-10.
李醒民. 1986. 科学发展和科学革命的内在动力[J]. 求索，（1）：54-59.
李醒民. 2007. 论科学理论的要素和结构[J]. 中国政法大学学报，（1）：20-30.
李醒民. 2010. 科学论：科学的三维世界（上卷）[M]. 北京：中国人民大学出版社.
李醒民. 2012. 知识的三大部类：自然科学、社会科学和人文学科[J]. 学术界，（8）：5-33，286.
梁立明，沙德春. 2008. 985 高校校际科学合作的强地域倾向[J]. 科学学与科学技术管理，29（11）：112-116.
梁茹，盛昭瀚. 2015. 基于综合集成的重大工程复杂问题决策模式[J]. 中国软科学，（11）：123-135.
林定夷. 1999. 科学理论的结构[J]. 哲学研究，（6）：72-81.
刘凌云. 2000. 简单才是科学真理的印迹——物理学发展史对科学真理逻辑简单性原理的证明[J]. 科学学与科学技术管理，21（10）：26-28.
刘士新，宋健海. 2011. 求解资源受限项目调度问题的约束规划/数学规划混合算法[J]. 控制理论与应用，28（8）：1113-1120.

马世骏，王如松. 1984. 社会-经济-自然复合生态系统[J]. 生态学报，4（1）：1-9.
麦强，王宁. 2018. 均衡和绩效：重大航天工程总体部方案设计[J]. 系统管理学报，28（1）：96-103.
梅尔茨 J T. 1999. 十九世纪欧洲思想史[M]. 周昌忠译. 北京：商务印书馆.
内格尔 E. 2002. 科学的结构[M]. 徐向东译. 上海：上海译文出版社.
钱学森，于景元，戴汝为. 1990. 一个科学新领域——开放的复杂巨系统及其方法论[J]. 自然杂志，13（1）：3-10.
邱均平. 2000. 信息计量学（五）：第五讲 文献信息词频分布规律——齐普夫定律[J]. 情报理论与实践，23（5）：396-400.
任定成. 2011. 科学理论的发展[J]. 科学技术哲学研究，28（4）：9-17.
沈小峰，胡岗，姜璐. 1987. 耗散结构论[M]. 上海：上海人民出版社.
盛昭瀚，游庆仲，陈国华，等. 2009. 大型工程综合集成管理：苏通大桥工程管理理论的探索与思考[M]. 北京：科学出版社.
盛昭瀚，游庆仲，李迁. 2008. 大型复杂工程管理的方法论和方法：综合集成管理——以苏通大桥为例[J]. 科技进步与对策，25（10）：193-197.
盛昭瀚，张维. 2011. 管理科学研究中的计算实验方法[J]. 管理科学学报，14（5）：1-10.
宋国防，贾湖. 2000. 工程经济学[M]. 天津：天津大学出版社.
孙新波，张波，罗能. 2012. 基于生命周期理论的知识联盟激励协同成熟度研究[J]. 科学学与科学技术管理，33（1）：60-68.
谭力扬. 2012. 科学理论诠释的语义学——形而上学研究[D]. 复旦大学博士学位论文.
汪应洛，刘益，李垣. 2004. 大型工程的战略管理[J]. 中国工程科学，6（2）：28-32.
汪应洛，王宏波. 2005. 工程科学与工程哲学[J]. 自然辩证法研究，21（9）：59-63.
汪应洛，王能民. 2006. 我国工程管理学科现状及发展[J]. 中国工程科学，8（3）：11-17.
王冬梅，王柏峰. 2007. 美国工程伦理教育探析[J]. 高等工程教育研究，（2）：40-44.
王贵和，吕建国. 2006. 工科大学生工程意识的内涵与培养途径[J]. 中国地质教育，15（4）：62-64.
王青娥，王孟钧. 2012. 关于中国工程管理理论体系框架的思考[J]. 科技进步与对策，29（18）：6-8.
王青娥，王孟钧，郑俊巍，等. 2013. 工程管理理论体系概念模型构建分析[J]. 中国工程科学，（11）：103-107.
王如松，欧阳志云. 2012. 社会-经济-自然复合生态系统与可持续发展[J]. 中国科学院院刊，27（3）：337-345.
王如松，赵景柱，赵秦涛. 1989. 再生—自生—共生—— 生态调控三原则与持续发展[J]. 生态学杂志，8（5）：33-36.

王要武，吴宇迪，薛维锐. 2013. 基于新兴信息技术的智慧施工理论体系构建[J]. 科技进步与对策，30（23）：39-43.

王玉成，谷冠鹏. 2002. 科学理论：特征、结构及其基本价值——兼谈如何学习科学理论[J]. 河北大学成人教育学院学报，4（3）：19-22.

王志英，葛世伦，苏翔. 2016. 云用户数据安全风险感知乐观偏差及其影响实证[J]. 管理评论，28（9）：121-133.

王卓甫，杨志勇，丁继勇. 2011. 现代工程管理理论与知识体系框架（二）[J]. 工程管理学报，25（3）：256-259.

维特鲁威 M. 2001. 建筑十书[M]. 高履泰译. 北京：知识产权出版社.

吴岱明. 1988. 科学研究方法学[M]. 长沙：湖南人民出版社.

吴鸣，熊光晶. 2010. 以工程能力培养为导向的工程教育改革研究[J]. 理工高教研究，29（3）：54-59.

西蒙 H A. 1982. 管理决策新科学[M]. 李柱流，等译. 北京：中国社会科学出版社.

席酉民，韩巍，尚玉钒. 2003. 面向复杂性：和谐管理理论的概念、原则及框架[J]. 管理科学学报，6（4）：1-8.

谢彩霞，刘则渊. 2006. 科研合作及其科研生产力功能[J]. 科学技术与辩证法，23（1）：99-102.

辛可. 1973. 哥白尼和日心说[M]. 上海：上海人民出版社.

徐赐军，李爱平，刘雪梅. 2010. 基于资源推拉技术的多项目调度算法[J]. 计算机集成制造系统，16（6）：1246-1254.

徐玖平，卢毅. 2009. 地震灾害系统分析与评估的综合集成模式[J]. 系统工程理论与实践，29（11）：1-18.

许婷，盛昭瀚，李江涛. 2008. 基于综合集成的复杂工程管理体系研究[J]. 复杂系统与复杂性科学，5（3）：48-54.

颜泽贤，陈忠，胡皓. 1993. 复杂系统演化论[M]. 北京：人民出版社.

晏永刚，任宏，范刚. 2009. 大型工程项目系统复杂性分析与复杂性管理[J]. 科技管理研究，（6）：303-305.

燕雪，张劲文. 2015. 跨境重大工程多主体间决策冲突处理机制研究[J]. 工程管理学报，29（1）：12-17.

杨长恒，张信传. 1996. 大型工程基本结构及其活系统——大型工程管理理论与实践研究系列论文之五[J]. 冶金经济与管理，8（2）：23-26.

应瑛，寿涌毅. 2009. 基于组合拍卖方法的资源受限多项目调度[J]. 计算机集成制造系统，15（11）：2160-2165.

于景元. 1993. 从定性到定量综合集成方法及其应用[J]. 中国软科学，5（1）：31-35.

于景元. 2001. 钱学森的现代科学技术体系与综合集成方法论[J]. 中国工程科学，3（11）：

10-18.
于景元，周晓纪. 2005. 从综合集成思想到综合集成实践——方法、理论、技术、工程[J]. 管理学报，2（1）：4-10.
袁俊刚，郝文宇，杨雷. 2009. 系统工程能力成熟度模型[J]. 航天器工程，18（1）：61-66.
张劲文，朱永灵. 2012. 港珠澳大桥主体工程建设项目管理规划[J]. 公路，（3）：143-147.
张庆普，胡运权. 1995. 城市生态经济系统复合 Logistic 发展机制的探讨[J]. 哈尔滨工业大学学报，27（2）：131-135.
张信传，薛传钊. 1992. 试论大型工程项目的管理战略[J]. 冶金管理，（4）：27-30.
赵泽斌，满庆鹏. 2018. 基于前景理论的重大基础设施工程风险管理行为演化博弈分析[J]. 系统管理学报，27（1）：109-117.
钟雪辉，孙忠儒. 2011. 科学理论结构研究[J]. 科技创新导报，（6）：235.
周红. 2006. 基于生态学的大型公共工程可持续能力研究[D]. 东南大学博士学位论文.
周琼琼. 2015. 国家工程技术研究中心技术创新能力指数研究与实证分析[J]. 科技进步与对策，32（1）：23-28.
周三多. 2000. 管理学[M]. 北京：高等教育出版社.
周三多，陈传明，贾良定. 2014. 管理学—— 原理与方法[M]. 6 版. 上海：复旦大学出版社.
Abbasian-Hosseini S A，Leming M，Liu M. 2015. Effects of idle time restrictions on excess pollution from construction equipment[J]. Journal of Management in Engineering，32（2）：1-9.
Acedo F J，Casillas J C. 2005. Current paradigms in the international management field：an author co-citation analysis[J]. International Business Review，14（5）：619-639.
Ahmed H，Miller S M. 2000. Crowding-out and crowding-in effects of the components of government expenditure[J]. Contemporary Economic Policy，18（1）：124-133.
Alberts H C，Alberts R M，Bloom M F，et al. 2010. The Three Gorges Dam Project from a systems viewpoint[J]. Systems Research & Behavioral Science，21（6）：585-602.
Allen P. 2001. What is complexity science? Knowledge of the limits to knowledge[J]. Emergence，3（1）：24-42.
Ansell M，Smith S. 2010. Construction management frameworks：10 years of experience[J]. Civil Engineering，163（1）：41-47.
Aschauer D A. 1989. Is public expenditure productive?[J]. Journal of Monetary Economics，23（2）：177-200.
Baccarini D. 1996. The concept of project complexity—a review[J]. International Journal of Project Management，14（4）：201-204.
Barabasi A L，Albert R. 1999. Emergence of scaling in random networks[J]. Science，286：509-512.

Becky P L, Chow S Y. 2006. Sustainable urban transportation: concepts, policies, and methodologies[J]. Journal of Urban Planning and Development, 5: 76-79.

Berardi U. 2012. Sustainability assessment in the construction sector: rating systems and rated buildings[J]. Sustainable Development, 20 (6): 411-424.

Bernal J D. 1939. The Social Function of Science[M]. London: George Routledge & Sons Ltd.

Boddy S, Rezgui Y, Cooper G, et al. 2007. Computer integrated construction: a review and proposals for future direction[J]. Advances in Engineering Software, 38 (10): 677-687.

Boisot M, Child J. 1999. Organizations as adaptive systems in complex environments: the case of China[J]. Organization Science, 10 (3): 237-252.

Bosch-Rekveldt M, Jongkind Y, Mooi H, et al. 2011. Grasping project complexity in large engineering projects: the TOE (technical, organizational and environmental) framework[J]. International Journal of Project Management, 29 (6): 728-739.

Brady T, Davies A. 2004. Building project capabilities: from exploratory to exploitative learning[J]. Organization Studies, 25 (9): 1601-1621.

Brady T, Davies A. 2014. Managing structural and dynamic complexity: a tale of two projects[J]. Project Management Journal, 45 (4): 21-38.

Breiger R L, Boorman S A, Arabie P. 1976. An algorithm for clustering relational data with applications to social network analysis and comparison with multidimensional scaling[J]. Journal of Mathematical Psychology, 12 (3): 328-383.

Browning T R, Yassine A A. 2010. Resource-constrained multi-project scheduling: priority rule performance revisited[J]. International Journal of Production Economics, 126 (2): 212-228.

Bruderer E, Singh J V. 1996. Organizational evolution, learning, and selection: a genetic-algorithm-based model[J]. Academy of Management Journal, 39 (5): 1322-1349.

Brundtland G, Khalid M, Agnelli S, et al. 2013-03-14. Our common future[EB/OL]. https://www.are.admin.ch/are/en/home/sustainable-development/international-cooperation/2030agenda/un-_-milestones-in-sustainable-development/1987--brundtland-report.html.

Burns P, Hope D, Roorda J. 1999. Managing infrastructure for the next generation[J]. Automation in Construction, 8 (6): 689-703.

Bushuyev S, Bushuiev D, Kozyr B. 2019. Development project management capability of the infrastructure program. Chernobyl case[J]. Innovative Technologies and Scientific Solutions for Industries, 2 (8): 15-24.

Byrne D. 2001. What is complexity science? Thinking as a realist about measurement and cities and arguing for natural history[J]. Emergence, 3 (1): 61-76.

Callon M, Courtial J P, Turner W A. 1983. From translations to problematic networks: an introduction to co-word analysis[J]. Social Science Information, 22 (2): 191-235.

Calvo-Mora A，Navarro-García A，Periañez-Cristobal R. 2015. Project to improve knowledge management and key business results through the EFQM excellence model[J]. International Journal of Project Management，33（8）：1638-1651.

Carley K M. 2002. Simulating society：the tension between transparency and veridicality[C]. Proceedings of Agents.

Carley K M，Hill V. 2001. Structural change and learning within organizations[C]// Lomi A，Larsen E R. Dynamics of Organizations：Computational Modeling and Organizational Theories. Cambridge：MIT Press：63-92.

Carley K M，Svoboda D M. 1996. Modeling organizational adaptation as a simulated annealing process[J]. Sociological Methods & Research，25（1）：138-168.

Carter R C，Tyrrel S F，Howsam P. 2001. The impact and sustainability of community water supply and sanitation programmes in developing countries[J]. Water and Environment Journal，13（4）：292-296.

Cattani G，Ferriani S，Frederiksen L，et al. 2011. Project-Based Organizing and Strategic Management：A Long-Term Research Agenda on Temporary Organizational Forms[M]. Bingley：Emerald Group Publishing Limited.

Chang A，Chih Y Y，Chew E，et al. 2013. Reconceptualising mega project success in Australian defence：recognising the importance of value co-creation[J]. International Journal of Project Management，31（8）：1139-1153.

Chapman R J. 2019. Exploring the value of risk management for projects：improving capability through the deployment of a maturity model[J]. IEEE Engineering Management Review，47（1）：126-143.

Charvet F F，Cooper M C，Gardner J T. 2008. The intellectual structure of supply chain management：a bibliometric approach[J]. Journal of Business Logistics，29（11）：47-73.

Chen C M. 2004. Searching for intellectual turning points：progressive knowledge domain visualization[J]. Proceedings of the National Academy of Sciences of the United States of America，101（S）：5303-5310.

Chung J K H，Kumaraswamy M M，Palaneeswaran E. 2009. Improving megaproject briefing through enhanced collaboration with ICT[J]. Automation in Construction，18（7）：966-974.

Cicmil S. 2006. Understanding project management practice through interpretative and critical research perspectives[J]. Project Management Journal，37（2）：27-37.

Cilliers P. 2002. Why we cannot know complex things completely[J]. Emergence，4（1~2）：77-84.

Coates G，Duffy A H B，Whitfield I，et al. 2004. Engineering management：operational design coordination[J]. Journal of Engineering Design，15（5）：433-446.

Cohen M D，March J G，Olsen J P. 1972. A garbage can model of organizational choice[J]. Administrative Science Quarterly，17（1）：1-25.

Confessore G，Giordani S，Rismondo S. 2007. A market-based multi-agent system model for decentralized multi-project scheduling[J]. Annals of Operations Research，150（1）：115-135.

Constable G，Somerville B. 2003. A century of innovation：twenty engineering achievements that transformed our lives [M]. Washington：Joseph Henry Press.

Cooper T，Faseruk A. 2011. Strategic risk，risk perception and risk behaviour：meta-analysis[J]. Journal of Financial Management and Analysis，24（2）：20-29.

Coulter N S，Monarch I，Konda S. 1998. Software engineering as seen through its research literature：a study in co-word analysis[J]. Journal of the American Society for Information Science，49（13）：1206-1223.

Crawford L，Pollack J，England D. 2006. Uncovering the trends in project management：journal emphases over the last 10 years[J]. International Journal of Project Management，24（2）：175-184.

Crombie A C. 1988. Designed in the mind：western visions of science，nature and humankind[J]. History of Science，26（1）：1-12.

Cronin B. 1982. Invisible colleges and information transfer a review and commentary with particular reference to the social sciences[J]. Journal of Documentation，38（3）：212-236.

Crosby P B. 1979. Quality is Free：The Art of Making Quality Certain[M]. New York：Signet.

Crowston K. 1996. An approach to evolving novel organizational forms[J]. Computational & Mathematical Organization Theory，2（1）：29-47.

Curd M，Cover J. 1998. Philosophy of Science：The Central Issues[M]. New York：Norton.

Curley M. 2015. The evolution of open innovation[J]. Journal of Innovation Management，3（2）：9-16.

Damanpour F. 1991. Organizational innovation：a meta-analysis of effects of determinants and moderators[J]. Academy of Management Journal，34（3）：555-590.

Davies A，Dodgson M，Gann D M. 2016. Dynamic capabilities in complex projects：the case of London Heathrow Terminal 5[J]. Project Management Journal，47（2）：26-46.

Davies A，Gann D M，Douglas T. 2009. Innovation in megaprojects：systems integration at London Heathrow Terminal 5[J]. California Management Review，51（2）：101-125.

Davies A，Macaulay S，Debarro T，et al. 2014. Making innovation happen in a megaproject：London's crossrail suburban railway system[J]. Project Management Journal，45（6）：25-37.

Davis K. 2017. An empirical investigation into different stakeholder groups perception of project success[J]. International Journal of Project Management，35（4）：604-617.

del Puerto C L，Shane J S. 2013. Keys to success in management of mega-projects in Mexico and the United States：a case study[J]. Journal of Construction Engineering and Management，140（4）：1-7.

Demirkesen S，Ozorhon B. 2017. Impact of integration management on construction project management performance[J]. International Journal of Project Management，35（8）：1639-1654.

Dewar R D，Dutton J E. 1986. The adoption of radical and incremental innovations：an empirical analysis[J]. Management Science，32（11）：1422-1433.

Diehl E，Sterman J D. 1995. Effects of feedback complexity on dynamic decision making[J]. Organizational Behavior and Human Decision Processes，62（2）：198-215.

Dillon R L，Pate-Cornell M E，Guikema S D. 2005. Optimal use of budget reserves to minimize technical and management failure risks during complex project development[J]. IEEE Transactions on Engineering Management，52（3）：382-395.

Donaldson D. 2018. Railroads of the raj：estimating the impact of transportation infrastructure[J]. American Economic Review，108（4-5）：899-934.

Egghe L. 2005a. The power of power laws and an interpretation of Lotkaian informetric systems as self-similar fractals[J]. Journal of the American Society for Information Science and Technology，56（7）：669-675.

Egghe L. 2005b. Power laws in the information production process：Lotkaian informetrics[M]. Netherlands：Emerald Group Publishing Limited.

Eisenhardt K M，Brown S L. 1999. Patching：restitching business portfolios in dynamic markets[J]. Harvard Business Review，77（3）：72-82，208.

Eisenhardt K M，Furr N R，Bingham C B. 2010. CROSSROADS—Microfoundations of performance：balancing efficiency and flexibility in dynamic environments[J]. Organization Science，21（6）：1263-1273.

Epstein J M，Axtell R. 1996. Growing Artificial Societies：Social Science from the Bottom up[M]. Washington：Brookings Institution Press.

Eriksson P E，Larsson J，Pesämaa O. 2017. Managing complex projects in the infrastructure sector—structural equation model for flexibility-focused project management[J]. International Journal of Project Management，35（8）：1512-1523.

Eskerod P，Vaagaasar A L. 2014. Stakeholder management strategies and practices during a project course[J]. Project Management Journal，45（5）：71-85.

Fawcett W，Hughes M，Krieg H，et al. 2012. Flexible strategies for long-term sustainability under uncertainty[J]. Building Research & Information，40（5）：545-557.

Fawcett W，Urquijo I R，Krieg H，et al. 2014. Cost and environmental evaluation of flexible strategies for a highway construction project under traffic growth uncertainty[J]. Journal of Infrastructure Systems，21：05014006.

Fernández-Alles M，Ramos-Rodríguez A R. 2009. Intellectual structure of human resources management research：a bibliometric analysis of the Journal Human Resource Management，1985–2005[J]. Journal of the American Society for Information Science and Technology，60（11）：161-175.

Fink A. 2004. Supply chain coordination by means of automated negotiations[C]. Proceedings of the 37th Annual Hawaii International Conference on System Science.

Flyvbjerg B. 2006. Five misunderstandings about case-study research[J]. Qualitative Inquiry，12（2）：219-245.

Flyvbjerg B. 2017. The Oxford Handbook of Megaproject Management[M]. Oxford：Oxford University Press.

Flyvbjerg B，Bruzelius N，Rothengatter W. 2003. Megaprojects and Risk：An Anatomy of Ambition[M]. Cambridge：Cambridge University Press.

Flyvbjerg B，Turner J R. 2018. Do classics exist in megaproject management[J]. International Journal of Project Management，36（2）：334-341.

Garfield E. 1969. Citation indexes in sociological and historical research[J]. American Documentation，14（4）：289-291.

Gell-Mann M. 1995. The Quark and the Jaguar：Adventures in the Simple and the Complex[M]. New York：Macmillan.

Gemmill G，Smith C. 1985. A dissipative structure model of organization transformation[J]. Human Relations，38（8）：751-766.

Gemünden H G，Lehner P，Kock A. 2018. The project-oriented organization and its contribution to innovation[J]. International Journal of Project Management，36（1）：147-160.

Geraldi J，Maylor H，Williams T. 2011. Now，let's make it really complex（complicated）：a systematic review of the complexities of projects[J]. International Journal of Operations & Production Management，31（9）：966-990.

Geroski P，Machin S，van Reenen J. 1993. The profitability of innovating firms[J]. The Rand Journal of Economics，24（2）：198-211.

Gharaibeh H M. 2014. Cost control in mega projects using the Delphi method[J]. Journal of Management in Engineering，30（5）：04014024.

Giezen M. 2012. Keeping it simple? A case study into the advantages and disadvantages of reducing complexity in mega project planning[J]. International Journal of Project Management, 30（7）：781-790.

Giezen M. 2013. Adaptive and strategic capacity：navigating megaprojects through uncertainty and complexity[J]. Environment and Planning B：Planning and Design, 40（4）：723-741.

Girvan M, Newman M E J. 2002. Community structure in social and biological networks[J]. Proceedings of the National Academy of Sciences of the United States of America, 99（2）：7821-7826.

Gmür M. 2003. Co-citation analysis and the search for invisible colleges：a methodological evaluation[J]. Scientometrics, 57（1）：27-57.

Goldstein J. 2000. Emergence：a construct amid a thicket of conceptual snares[J]. Emergence, 2（1）：5-22.

Gonçalves J F, de Magalhães Mendes J J, Resende M G C. 2008. A genetic algorithm for the resource constrained multi-project scheduling problem[J]. European Journal of Operational Research, 189（3）：1171-1190.

Grant E L, Ireson W G. 1970. Principles of Engineering Economy[M]. New York：Ronald Press Company.

Grant K P, Pennypacker J S. 2006. Project management maturity：an assessment of project management capabilities among and between selected industries[J]. IEEE Transactions on Engineering Management, 53（1）：59-68.

Hajra K B, Sen P. 2004. Phase transitions in an aging network[J]. Physical Review E Statistical Nolinear & Soft Matter Physics, 70（2）：1-4.

Hajra K B, Sen P. 2005. Aging in citation networks[J]. Physica A：Statistical Mechanics and Its Applications, 346（1）：44-48.

Hajra K B, Sen P. 2006. Modelling aging characteristics in citation networks[J]. Physica A：Statistical Mechanics and Its Applications, 368（2）：575-582.

Halfawy M M, Froese T M. 2007. Component-based framework for implementing integrated architectural/engineering/construction project systems[J]. Journal of Computing in Civil Engineering, 21（6）：441-452.

Halla R S, Christopher A K, Barry J A. 2005. Developing sustainability criteria for urban infrastructure systems[J]. Canada Journal of Civil Engineer, 32：72-85.

Harris A J L, Ulrike H. 2011. Unrealistic optimism about future life events：a cautionary note[J]. Psychological Review, 118（1）：135-154.

Harris C E, Davis M, Pritchard M S, et al. 1996. Engineering ethics：what? why? how? and when? [J]. Journal of Engineering Education, 85（2）：93-96.

Hartmann S, Kolisch R. 2000. Experimental evaluation of state-of-the-art heuristics for the resource-constrained project scheduling problem[J]. European Journal of Operational Research，127（2）：394-407.

Hegazy T. 1999. Optimization of resource allocation and leveling using genetic algorithms[J]. Journal of Construction Engineering and Management，125（3）：167-175.

Helfat C E，Peteraf M A. 2003. The dynamic resource-based view：capability lifecycles[J]. Strategic Management Journal，24（10）：997-1010.

Henisz W J，Levitt R E，Scott W R. 2012. Toward a unified theory of project governance：economic，sociological and psychological supports for relational contracting[J]. Engineering Project Organization Journal，2（1~2）：37-55.

Hirschman A O. 2014. Development Projects Observed[M]. Washington：Brookings Institution Press.

Ho S P，Hsu Y. 2014. Bid compensation theory and strategies for projects with heterogeneous bidders：a game theoretic analysis[J]. Journal of Management in Engineering，30（5）：04014022.

Homberger J. 2012. A（μ，λ）-coordination mechanism for agent-based multi-project scheduling[J]. OR Spectrum，34（1）：107-132.

Howell D，Windahl C，Seidel R. 2010. A project contingency framework based on uncertainty and its consequences[J]. International Journal of Project Management，28（3）：256-264.

Hurst D K，Zimmerman B J. 1994. From life cycle to ecocycle：a new perspective on the growth，maturity，destruction，and renewal of complex systems[J]. Journal of Management Inquiry，3（4）：339-354.

Ilyin V V，Kalinkin A T. 1988. The Nature of Science：An Epistemological Analysis[M]. Syrovatkin S N，transl. from the Russian. Moscow：Progress Publishers.

Jefferies M，McGeorge W D. 2009. Using public-private partnerships（PPPs）to procure social infrastructure in Australia[J]. Engineering，Construction and Architectural Management，16（5）：415-437.

Joblot L，Paviot T，Deneux D，et al. 2019. Building Information Maturity Model specific to the renovation sector[J]. Automation in Construction，101：140-159.

Johnson S B. 2007. Systems integration and the social solution of technical problems in complex systems[J]. The Business of Systems Integration，35-56.

Jolivet F，Navarre C. 1996. Large-scale projects，self-organizing and meta-rules：towards new forms of management[J]. International Journal of Project Management，14（5）：265-271.

Jones C H，Ravikrishnan A，Chen M，et al. 2014. Hybrid biosynthetic gene therapy vector development and dual engineering capacity[J]. Proceedings of the National Academy of Sciences，111（34）：12360-12365.

Juarrero A. 2000. Dynamics in action：intentional behavior as a complex system[J]. Emergence，2（2）：24-57.

Kahneman D，Tversky A. 1979. Prospect theory：an analysis of decision under risk[J]. Econometrica，47（2）：263-291.

Kang Y，O'Brien W J，Thomas S，et al. 2008. Impact of information technologies on performance：cross study comparison[J]. Journal of Construction Engineering and Management，134（11）：852-863.

Katz J S，Martin B R. 1997. What is research collaboration? [J]. Research Policy，26（1）：1-18.

Kauffman S. 1996. At Home in the Universe：The Search for the Laws of Self-organization and Complexity[M]. Oxford：Oxford University Press.

Kauffman S，Macready W. 1995. Technological evolution and adaptive organizations：ideas from biology may find applications in economics[J]. Complexity，1（2）：26-43.

Kerzner H. 2019. Using the project management maturity model：strategic planning for project management[M]. New Jersey：John Wiley & Sons.

Kessides C. 1996. A review of infrastructure's impact on economic development[C]//Batten D F，Karlsson C. Infrastructure and the Complexity of Economic Development. Heidelberg：Spring：213-230.

Kessides C，Ingram G. 1995. Infrastructures impact on development：lessons from WDR 1994[J]. Journal of Infrastructure System，1（1）：16-32.

Kibert C J. 2008. Sustainable Construction：Green Building Design and Delivery[M]. Hoboken：John Wiley & Sons.

Kim J I，Kim J，Fischer M，et al. 2015. BIM-based decision-support method for master planning of sustainable large-scale developments[J]. Automation in Construction，58：95-108.

Kiron D，Kruschwitz N，Reeves M，et al. 2013. The benefits of sustainability-driven innovation[J]. MIT Sloan Management Review，54（2）：69-73.

Krol R. 1998. Public infrastructure and economic development[J]. Public Administration and Public Policy，69：59-78.

Kuhn T S. 2012. The Structure of Scientific Revolutions[M]. Chicago：University of Chicago Press.

Kumaraswamy M M，Morris D A. 2002. Build-operate-transfer-type procurement in Asian megaprojects[J]. Journal of Construction Engineering and Management，128（2）：93-102.

Kwak Y H. 2005. A Brief History of Project Management[M]. Westport：Greenwood Publishing Group.

Kwak Y H，Smith B M. 2009. Managing risks in mega defense acquisition projects：performance，policy，and opportunities[J]. International Journal of Project Management，27（8）：812-820.

Kwak Y H，Walewski J，Sleeper D，et al. 2014. What can we learn from the Hoover Dam project that influenced modern project management?[J]. International Journal of Project Management，32（2）：256-264.

Ladd J. 1980. The Quest for a Code of Professional Ethics：An Intellectual and Moral Confusion[M]. Belmont：Wadsworth Publisher.

Latrubesse E M，Arima E Y，Dunne T，et al. 2017. Damming the rivers of the Amazon basin[J]. Nature，546（7658）：363-369.

Lawrence P R，Lorsch J W. 1986. Organization and Environment：Managing Differentiation and Integration[M]. Boston：Harvard University Press.

Leal-Rodríguez A L，Roldán J L，Ariza-Montes J A，et al. 2014. From potential absorptive capacity to innovation outcomes in project teams：the conditional mediating role of the realized absorptive capacity in a relational learning context[J]. International Journal of Project Management，32（6）：894-907.

Lee N，Schaufelberger J E. 2013. Risk management strategies for privatized infrastructure projects：study of the build-operate-transfer approach in East Asia and the Pacific[J]. Journal of Management in Engineering，30（3）：05014001.

Lee W. 2012. Benchmarking energy use of building environmental assessment schemes[J]. Energy and Buildings，45（11）：326-334.

Leifer R. 1989. Understanding organizational transformation using a dissipative structure model[J]. Human Relations，42（10）：899-916.

Leonard-Barton D. 1992. Core capabilities and core rigidities：a paradox in managing new product development[J]. Strategic Management Journal，13（S1）：111-125.

Lessard D，Sakhrani V，Miller R. 2014. House of project complexity—understanding complexity in large infrastructure projects[J]. Engineering Project Organization Journal，4（4）：170-192.

Letiche H. 2000. Phenomenal complexity theory as informed by Bergson[J]. Journal of Organizational Change Management，13（6）：545-557.

Letiche H，Boje D. 2001. Phenomenal complexity theory and the politics of organization[J]. Emergence，3（4）：5-31.

Levinthal D A，Warglien M. 1999. Landscape design：designing for local action in complex worlds[J]. Organization Science，10（3）：342-357.

Levitt R E. 2007. CEM research for the next 50 years：maximizing economic，environmental，and societal value of the built environment[J]. Journal of Construction Engineering and Management，133（9）：619-628.

Leydesdorff L. 2005. Similarity measures，author cocitation analysis，and information theory[J].

Journal of the American Society for Information Science and Technology，56（7）：769-772.

Li Y K，Lu Y J，Taylor J E，et al. 2018. Bibliographic and comparative analyses to explore emerging classic texts in megaproject management[J]. International Journal of Project Management，36（2）：342-361.

Lichtenstein B B，Dooley K J，Lumpkin G T. 2006. Measuring emergence in the dynamics of new venture creation[J]. Journal of Business Venturing，21（2）：153-175.

Lim S S，Vos T，Flaxman A D，et al. 2013. A comparative risk assessment of burden of disease and injury attributable to 67 risk factors and risk factor clusters in 21 regions，1990–2010：a systematic analysis for the global burden of disease study 2010[J]. The Lancet，380：2224-2260.

Lin Y C. 2008. Developing construction assistant experience management system using people-based maps[J]. Automation in Construction，17（8）：975-982.

Lin Y H，Ho S P. 2013. Impacts of governance structure strategies on the performance of construction joint ventures[J]. Journal of Construction Engineering and Management，139（3）：304-311.

Lissack M R，Letiche H. 2002. Complexity，emergence，resilience，and coherence：gaining perspective on organizations and their study[J]. Emergence，4（3）：72-94.

Locatelli G，Mancini M. 2010. Risk management in a mega-project：the Universal EXPO 2015 case[J]. International Journal of Project Organisation and Management，2（3）：236-253.

Lopez-Herrera A G，Cobo M J，Herrera-Viedma E，et al. 2010. A bibliometric study about the research based on hybridating the fuzzy logic field and the other computational intelligent techniques：a visual approach[J]. International Journal of Hybrid Intelligent Systems，7（1）：17-32.

Luo L，He Q H，Jaselskis E J，et al. 2017. Construction project complexity: research trends and implications[J]. Journal of Construction Engineering and Management，143（7）：04017019.

Luukkonen T，Tijssen R J，Persson O，et al. 1993. The measurement of international scientific collaboration[J]. Scientometrics，28（1）：15-36.

MacIntosh R，MacLean D. 1999. Conditioned emergence：a dissipative structures approach to transformation[J]. Strategic Management Journal，20（4）：297-316.

Mahalingam A，Levitt R E，Scott R W. 2010. Rules versus results：sources and resolution of institutional conflicts on Indian metro railway projects[M]. Cambridge：Cambridge University Press.

Maniak R，Midler C. 2014. Multiproject lineage management：bridging project management and design-based innovation strategy[J]. International Journal of Project Management，32（7）：1146-1156.

Mansour O E，Radford S K. 2016. Rethinking the environmental and experiential categories of sustainable building design，a conjoint analysis[J]. Building and Environment，98：47-54.

March J G. 1991. Exploration and exploitation in organizational learning[J]. Organization Science，2（1）：71-87.

Martens M L，Carvalho M M. 2017. Key factors of sustainability in project management context：a survey exploring the project managers' perspective[J]. International Journal of Project Management，35（6）：1084-1102.

Mazur A，Pisarski A，Chang A，et al. 2014. Rating defence major project success：the role of personal attributes and stakeholder relationships[J]. International Journal of Project Management，32（6）：944-957.

McAdam D，Boudet H S，Davis J，et al. 2010. "Site fights"：explaining opposition to pipeline projects in the developing world[J]. Sociological Forum，25（3）：401-427.

McCain K W. 1990. Mapping authors in intellectual space：a technical overview[J]. Journal of the American Society for Information Science，41（6）：433-443.

McKelvey B. 2001a. What is complexity science? It is really order-creation science[J]. Emergence，3（1）：137-157.

McKelvey B. 2001b. Energising order-creating networks of distributed intelligence：improving the corporate brain[J]. International Journal of Innovation Management，5（2）：181-212.

McKelvey B. 2004. Toward a complexity science of entrepreneurship[J]. Journal of Business Venturing，19（3）：313-341.

Meadows D H，Meadows D L，Randers J，et al. 1972. The Limits to Growth[M]. London：Routledge.

Meho L I，Yang K. 2007. Impact of data sources on citation counts and rankings of LIS faculty：web of science versus scopus and google scholar[J]. Journal of the American Society for Information Science and Technology，58（13）：2105-2125.

Menesi W，Golzarpoor B，Hegazy T. 2013. Fast and near-optimum schedule optimization for large-scale projects[J]. Journal of Construction Engineering and Management，139（9）：1117-1124.

Menesi W，Hegazy T. 2014. Multimode resource-constrained scheduling and leveling for practical-size projects[J]. Journal of Management in Engineering，31（6）：04014092.

Mihm J，Loch C H，Wilkinson D，et al. 2010. Hierarchical structure and search in complex organizations[J]. Management Science，56（5）：831-848.

Miller R，Lessard D R，Michaud P，et al. 2001. The Strategic Management of Large Engineering Projects：Shaping Institutions，Risks，and Governance[M]. Cambridge：MIT Press.

Milliken F J. 1987. Three types of perceived uncertainty about the environment：state，effect，and response uncertainty[J]. Academy of Management Review，12（1）：133-143.

Moch M K，Morse E V. 1977. Size，centralization and organizational adoption of innovations[J]. American Sociological Review，42（5）：716-725.

Möhring R H，Schulz A S，Stork F，et al. 2003. Solving project scheduling problems by minimum cut computations[J]. Management Science，49（3）：330-350.

Molotilov S，Cheskidov V，Norri V，et al. 2009. Methodical principles for planning the mining and loading equipment capacity for open cast mining with the use of dumpers. Part II：engineering capacity calculation[J]. Journal of Mining Science，45（1）：43-58.

Moore M H. 1995. Creating public value：strategic management in government[M]. Cambridge：Harvard University Press.

Morcol G. 2001. What is complexity science? Postmodernist or postpositivist?[J]. Emergence，3（1）：104-119.

Morris P W. 2013.. Reconstructing project management reprised：a knowledge perspective[J]. Project Management Journal，44（5）：6-23.

Munnell A H，Cook L M. 1990. How does public infrastructure affect regional economic performance?[J]. New England Economic Review，30：69-112.

Newman M E J. 2006. Modularity and community structure in networks[J]. Proceedings of the National Academy of Sciences of the United States of America，103（23）：8577-8582.

Newman M E J. 2010. Networks：An Introduction[M]. Oxford：Oxford University Press.

Newman M E J，Girvan M. 2004. Finding and evaluating community structure in networks[J]. Physical Review E，69（2）：026113.

Nielsen S B，Elle M. 2000. Assessing the potential for change in urban infrastructure systems[J]. Environmental Impact Assessment Review，20（3）：403-412.

Noyons E C，Moed H F，Luwel M. 1999a. Combining mapping and citation analysis for evaluative bibliometric purposes：a bibliometric study[J]. Journal of the American Society for Information Science，50（2）：115-131.

Noyons E C，Moed H F，van Raan A F. 1999b. Integrating research performance analysis and science mapping[J]. Scientometrics，46（3）：591-604.

Noyons E C，van Raan A F. 1998a. Advanced mapping of science and technology[J]. Scientometrics，41（1~2）：61-67.

Noyons E C，van Raan A F. 1998b. Monitoring scientific developments from a dynamic perspective：self-organized structuring to map neural network research[J]. Journal of the American Society for Information Science，49（1）：68-81.

O'Flynn J. 2007. From new public management to public value：paradigmatic change and managerial implications[J]. Australian Journal of Public Administration，66（3）：353-366.

O'Reilly C A，Tushman M L. 2008. Ambidexterity as a dynamic capability：resolving the innovator's dilemma[J]. Research in Organizational Behavior，28：185-206.

O'Reilly C A，Tushman M L. 2013. Organizational ambidexterity：past，present，and future[J]. The Academy of Management Perspectives，27（4）：324-338.

Olaniran O J，Love P E D，Edwards D，et al. 2015. Cost overruns in hydrocarbon megaprojects：a critical review and implications for research[J]. Project Management Journal，46（6）：126-138.

Oswick C，Fleming P，Hanlon G. 2011. From borrowing to blending：rethinking the processes of organizational theory building[J]. Academy of Management Review，36（2）：318-337.

Paul D L，Butler J C，Pearlson K E，et al. 1996. Computationally modeling organizational learning and adaptability as resource allocation：an artificial adaptive systems approach[J]. Computational & Mathematical Organization Theory，2（4）：301-324.

Paulk M C. 1993. Comparing ISO 9001 and the capability maturity model for software[J]. Software Quality Journal，2（4）：245-256.

Pavlic G，Chatfield D B. 1987. Planning and performing surveys on megaproject[J]. Journal of Surveying Engineering，113（2）：82-87.

Pellegrinelli S，Murray-Webster R，Turner N. 2015. Facilitating organizational ambidexterity through the complementary use of projects and programs[J]. International Journal of Project Management，33（1）：153-164.

Pepper D. 1996. Modern environmentalism：an introduction[M]. London，New York：Psychology Press.

Persson O. 1994. The intellectual base and research fronts of JASIS 1986-1990[J]. Journal of the American Society for Information Science，45（1）：31-38.

Petersen A M，Fortunato S，Pan R K，et al. 2014. Reputation and impact in academic careers[J]. Proceedings of the National Academy of Sciences of the United States of America，111（43）：15316-15321.

Phelan S E. 2001. What is complexity science，really?[J]. Emergence，3（1）：120-136.

Phelps A F，Horman M J. 2010. Ethnographic theory-building research in construction[J]. Journal of Construction Engineering and Management，136（1）：58-65.

Pich M T，Loch C H，Meyer A D. 2002. On uncertainty，ambiguity，and complexity in project management[J]. Management Science，48（8）：1008-1023.

PMI. 2013. A Guide to the Project Management Body of Knowledge[M]. Philadelphia：Project Management Institute.

Pollack J，Biesenthal C，Sankaran S，et al. 2018. Classics in megaproject management：a structured analysis of three major works[J]. International Journal of Project Management，36（2）：372-384.

Pothen A, Simon H D, Liou K P. 1990. Partitioning sparse matrices with eigenvectors of graphs[J]. Siam Journal on Matrix Analysis and Applications, 11 (3): 430-452.

Price D D S. 1961. Science Since Babylon[M]. London: Yale University Press.

Price D D S. 1976. A general theory of bibliometric and other cumulative advantage processes[J]. Journal of the American Society for Information Science and Technology, 27 (5): 292-306.

Prigogine I, Stengers I. 1984. Order Out of Chaos: Man's New Dialogue with Nature[M]. New York: Bantam books.

Puddicombe M S. 2012. Novelty and technical complexity: critical constructs in capital projects[J]. Journal of Construction Engineering and Management, 138 (5): 613-620.

Radicchi F, Fortunato S, Castellano C. 2008. Universality of citation distributions: toward an objective measure of scientific impact[J]. Proceedings of the National Academy of Sciences of the United States of America, 105 (45): 17268-17272.

Radnitzky G. 1979. The Structure and Development of Science[M]. Holland: Springer Science & Business Media.

Ramaswami A, Russell A G, Culligan P J, et al. 2016. Meta-principles for developing smart, sustainable, and healthy cities[J]. Science, 352 (6288): 940-943.

Ramos-Rodriguez A R, Ruiz-Navarro J. 2004. Changes in the intellectual structure of strategic management research: a bibliometric study of the Strategic Management Journal, 1980-2000[J]. Strategic Management Journal, 25 (10): 981-1004.

Rees W, Wackernagel M. 1996. Urban ecological footprints: why cities cannot be sustainable—and why they are a key to sustainability[J]. Environmental Impact Assessment Review, 16 (4~6): 223-248.

Rivkin J W, Siggelkow N. 2003. Balancing search and stability: interdependencies among elements of organizational design[J]. Management Science, 49 (3): 290-311.

Rokaya M, Atlam E, Fuketa M, et al. 2008. Ranking of field association terms using co-word analysis[J]. Information Processing & Management, 44 (2): 738-755.

Ruuska I, Ahola T, Martinsuo M, et al. 2013. Supplier capabilities in large shipbuilding projects[J]. International Journal of Project Management, 31 (4): 542-553.

Safa M, Shahi M, Haas C T, et al. 2015. Competitive intelligence (CI) for evaluation of construction contractors[J]. Automation in Construction, 59: 149-157.

Sahely H R, Kennedy C A, Adams B J. 2005. Developing sustainability criteria for urban infrastructure systems[J]. Canada Journal of Civil Engineer, 32: 72-85.

Salet W, Bertolini L, Giezen M. 2013. Complexity and uncertainty: problem or asset in decision making of mega infrastructure projects?[J]. International Journal of Urban and Regional Research, 37 (6): 1984-2000.

Salman A F M, Skibniewski M J, Basha I. 2007. BOT viability model for large-scale infrastructure projects[J]. Journal of Construction Engineering and Management, 133（1）: 50-63.

Sarigöl L E, Pfitzner R, Scholtes I, et al. 2014. Predicting scientific success based on coauthorship networks[J]. EPJ Data Science, 3（1）: 1-16.

Savelsbergh C M J H, Havermans L A, Storm P. 2016. Development paths of project managers: what and how do project managers learn from their experiences?[J]. International Journal of Project Management, 34（4）: 559-569.

Saynisch M. 2010a. Beyond frontiers of traditional project management: an approach to evolutionary, self-organizational principles and the complexity theory—results of the research program[J]. Project Management Journal, 41（2）: 21-37.

Saynisch M. 2010b. Mastering complexity and changes in projects, economy, and society via project management second order（PM-2）[J]. Project Management Journal, 41（5）: 4-20.

Scott W R, Levitt R E, Orr R J. 2011. Global Projects: Institutional and Political Challenges[M]. Cambridge: Cambridge University Press.

Sheng Z H. 2017. Fundamental theories of mega infrastructure construction management-theoretical considerations from Chinese practices[M]. Berlin: Springer.

Shenhar A J. 2001. One size does not fit all projects: exploring classical contingency domains[J]. Management Science, 47（3）: 394-414.

Shenhar A J. 2007. From low-to high-tech project management[J]. R&D Management, 23（3）: 199-214.

Shenhar A J, Tishler A, Dvir D, et al. 2002. Refining the search for project success factors: a multivariate, typological approach[J]. R&D Management, 32（2）: 111-126.

Siggelkow N, Rivkin J W. 2005. Speed and search: designing organizations for turbulence and complexity[J]. Organization Science, 16（2）: 101-122.

Simon H A. 1955. On a Class of Skew Distribution Functions[J]. Biometrika, 42（3/4）: 425-440.

Simon H A. 1996. The Sciences of the Artificial[M]. London: MIT Press.

Singh V, Gu N, Wang X Y. 2011. A theoretical framework of a BIM-based multi-disciplinary collaboration platform[J]. Automation in Construction, 20（2）: 134-144.

Sirmon D G, Hitt M A, Ireland R D. 2007. Managing firm resources in dynamic environments to create value: looking inside the black box[J]. Academy of Management Review, 32（1）: 273-292.

Small H. 1973. Co-citation in the scientific literature: a new measure of the relationship between two documents[J]. Journal of the American Society for Information Science, 24（4）: 265-269.

Small H, Griffith B C. 1974. The structure of scientific literatures I: identifying and graphing , specialties[J]. Science Studies，4（1）：17-40.

Smith C，Gemmill G. 1991. Change in the small group：a dissipative structure perspective[J]. Human Relations，44（7）：697-716.

Snow C，Miles R，Coleman H J，Jr. 1992. Managing 21st century network organizations[J]. Technology，Organizations and Innovation，20（3）：5-20.

Snowden D J. 2000. New wine in old wineskins：from organic to complex knowledge management through the use of story[J]. Emergence，2（4）：50-64.

So Y，Durfee E H. 1996. Designing tree-structured organizations for computational agents[J]. Computational & Mathematical Organization Theory，2（3）：219-245.

Sohail M，Cavill S，Cotton A. 2005. Sustainable operation and maintenance of urban infrastructure：myth or reality? [J]. Journal of Urban Planning and Development，131：39-49.

Solak S，Clarke J P B，Johnson E L，et al. 2010. Optimization of R&D project portfolios under endogenous uncertainty[J]. European Journal of Operational Research，207（1）：420-433.

Stacey R D. 2001. Complex Responsive Processes in Organizations：Learning and Knowledge Creation[M]. Abingdon：Psychology Press.

Stafford-Smith M，Griggs D，Gaffney O，et al. 2017. Integration：the key to implementing the Sustainable Development Goals[J]. Sustainability Science，12（6）：911-919.

Staub-French S，Russel A，Tran N. 2008. Linear scheduling and 4D visualization[J]. Journal of Computing in Civil Engineering，22（31）：192-205.

Stingl V，Geraldi J. 2017. Errors，lies and misunderstandings：systematic review on behavioural decision making in projects[J]. International Journal of Project Management，35（2）：121-135.

Stoker G. 2006. Public value management：a new narrative for networked governance?[J]. American Review of Public Administration，36（1）：41-57.

Su H N，Lee P C. 2010. Mapping knowledge structure by keyword co-occurrence：a first look at journal papers in technology foresight[J]. Scientometrics，85（1）：65-79.

Suppe F. 1977. The structure of scientific theories[M]. Urbana，Chicago：University of Illinois Press.

Suppes P. 1964. What is a scientific theory?[C]. US Information Agency, Voice of America Forum.

Sutton R I，Staw B M. 1995. What theory is not[J]. Administrative Science Quarterly，40（3）：371-384.

Svetlana C. 2006. Understanding project management practice through interpretative and critical research perspectives[J]. Project Management Journal，37（2）：27-37.

Tam C M，Tam V W Y，Zeng S X. 2002. Environmental performance evaluation for construction[J]. Building Research & Information，30（5）：349-361.

Tapscott D, Williams A D. 2008. Wikinomics: How Mass Collaboration Changes Everything[M]. Nova York: Portfolio.

Teece D J. 2010. Alfred Chandler and "capabilities" theories of strategy and management[J]. Industrial and Corporate Change, 19(2): 297-316.

Teece D J, Pisano G, Shuen A. 1997. Dynamic capabilities and strategic management[J]. Strategic Management Journal, 18: 509-533.

Thamhain H. 2013. Managing risks in complex projects[J]. Project Management Journal, 44(2): 20-35.

Thomas J, Mengel T. 2008. Preparing project managers to deal with complexity—advanced project management education[J]. International Journal of Project Management, 26(3): 304-315.

Trappey A J, Hou J L, Hiekata K. 2015. Collective intelligence modeling, analysis, and synthesis for innovative engineering decision making[J]. Advanced Engineering Informatics, 29(4): 757-758.

Tsang E W, Ellsaesser F. 2011. How contrastive explanation facilitates theory building[J]. Academy of Management Review, 36(2): 404-419.

Tserng H P, Lee M H, Hsieh S H, et al. 2016. The measurement factor of employee participation for knowledge management system in engineering consulting firms[J]. Journal of Civil Engineering and Management, 22(2): 154-167.

Tsoukas H, Hatch M J. 2001. Complex thinking, complex practice: the case for a narrative approach to organizational complexity[J]. Human Relations, 54(8): 979-1013.

Turner J R, Cochrane R A. 1993. Goals-and-methods matrix: coping with projects with ill defined goals and/or methods of achieving them[J]. International Journal of Project Management, 11(2): 93-102.

Turner N, Maylor H, Lee-Kelley L, et al. 2014. Ambidexterity and knowledge strategy in major projects: a framework and illustrative case study[J]. Project Management Journal, 45: 44-55.

Turner R, Zolin R. 2012. Forecasting success on large projects: developing reliable scales to predict multiple perspectives by multiple stakeholders over multiple time frames[J]. Project Management Journal, 43(5): 87-99.

Ugwu O O, Kumaraswamy M M. 2006. Sustainability appraisal in infrastructure projects part 1. development of indicators and computational methods[J]. Automation in Construction, 15: 239-251.

van der Heijden J. 2014. Governance for Urban Sustainability and Resilience: Responding to Climate Change and the Relevance of the Built Environment[M]. Cheltenham, Northampton: Edward Elgar Publishing.

van Marrewijk A, Clegg S R, Pitsis T S, et al. 2008. Managing public–private megaprojects:

paradoxes，complexity，and project design[J]. International Journal of Project Management，26（6）：591-600.

van Marrewijk A，Smits K. 2016. Cultural practices of governance in the panama canal expansion megaproject[J]. International Journal of Project Management，34（3）：533-544.

Vickers P. 2014. Scientific theory eliminativism[J]. Erkenntnis，79（1）：111-126.

Vidal L A，Marle F，Bocquet J C. 2011. Using a delphi process and the analytic hierarchy process（ahp）to evaluate the complexity of projects[J]. Expert Systems with Applications，38（5）：5388-5405.

Wacker J G. 2004. A theory of formal conceptual definitions：developing theory-building measurement instruments[J]. Journal of Operations Management，22（6）：629-650.

Wacker J G. 2008. A Conceptual understanding of requirements for theory-building research：guidelines for scientific theory building[J]. Journal of Supply Chain Management，44（3）：5-15.

Wackernagel M，Yount J D. 2000. Footprints for sustainability：the next steps[J]. Environment，Development and Sustainability，2（1）：23-44.

Wang D S，Song C M，Barabasi A L. 2013. Quantifying long-term scientific impact[J]. Science，342（6154）：127-132.

Wang L Q，Xue X L，Zhao Z B，et al. 2018. The impacts of transportation infrastructure on sustainable development：emerging trends and challenges[J]. International Journal of Environmental Research and Public Health，15（6）：1172.

Wang M Y，Yu G，Yu D R. 2008. Measuring the preferential attachment mechanism in citation networks[J]. Physica A：Statistical Mechanics and Its Applications，387（18）：4692-4698.

Wang R S，Ouyang Z Y. 2012. Social-economy-natural complex ecosystem and sustainable development[J]. Journal of Chinese Academy of Sciences，27（3）：337-345.

Wang R S，Zhao J Z，Zhao Q T. 1989. Regeneration，self-birth，symbiosis-ecological control of three principles and sustainable development[J]. Ecology，8（5）：33-36.

Watts D J，Strogatz S H. 1998. Collective dynamics of “small-world” networks[J]. Nature，393（6684）：440-442.

Weaver P. 2006. A brief history of project management[J]. Associate for Project Management，19（11）：50.

Weick K E. 1989. Theory construction as disciplined imagination[J]. Academy of Management Review，14（4）：516-531.

West J，Bogers M. 2017. Open innovation: current status and research opportunities[J]. Innovation，19（1）：43-50.

West-Eberhard M J. 1987. Flexible strategy and social evolution[C]//Ito Y，Brown L，Kikkawa J.

Animal Societies: Theories and Facts. Tokyo: Japan Scientific Societies Press: 35-51.

White H D, Griffith B C. 1981. Author cocitation: a literature measure of intellectual structure[J]. Journal of the American Society for Information Science, 32 (3): 163-171.

White H D, McCain K W. 1998. Visualizing a discipline: an author co-citation analysis of information science, 1972-1995[J]. Journal of the American Society for Information Science, 49 (4): 327-355.

Wilby R L. 2007. A review of climate change impacts on the built environment[J]. Built Environment, 33 (1): 31-45.

Williams T M. 1999. The need for new paradigms for complex projects[J]. International Journal of Project Management, 17 (5): 269-273.

Williams T M, Eden C L, Ackermann F R, et al. 1995. The effects of design changes and delays on project costs[J]. Journal of the Operational Research Society, 46 (7): 809-818.

Winch G, Leiringer R. 2016. Owner project capabilities for infrastructure development: a review and development of the "strong owner" concept[J]. International Journal of Project Management, 34 (2): 271-281.

Winter M, Smith C, Morris P W, et al. 2006. Directions for future research in project management: the main findings of a UK government-funded research network[J]. International Journal of Project Management, 24 (8): 638-649.

Woeginger G J. 2008. An axiomatic analysis of Egghe's g-index[J]. Journal of Informetrics, 2 (4): 364-368.

World Bank. 2006. Infrastructure at the Crossroad—Lessons from 20 Years of World Bank Experience[R].

Xue X L, Shen Q P, Fan H Q, et al. 2012. IT supported collaborative work in A/E/C projects: a ten-year review[J]. Automation in Construction, 21 (1): 1-9.

Yan W, Trappey A, Huang Y. 2015. Knowledge centric service engineering for value chain management and sustainable network development[J]. Advanced Engineering Informatics, 29 (3): 3-4.

Yin R K. 2013. Case Study Research: Design and Methods[M]. 5th ed. London: Sage Publications.

Zhai L, Xin Y F, Cheng C S. 2009. Understanding the value of project management from a stakeholder's perspective: case study of mega-project management[J]. Project Management Journal, 40 (1): 99-109.

Zhang Q P, Hu Y Q. 1995. Discussion on the complex logistic development mechanism of urban ecological economic system[J]. Journal of Harbin Institute of Technology, (2): 131-135.

Zhao Z B, Xue X L, Gao X L, et al. 2018. Coupling and evolution mechanism of major infrastructure projects complex ecosystem in case of Hong Kong-Zhuhai-Macao Bridge[J].

Frontiers of Engineering Management，5（1）：17-29.

Zhou Y，Ding L Y，Wang X Y，et al. 2015. Applicability of 4D modeling for resource allocation in mega liquefied natural gas plant construction[J]. Automation in Construction，50：50-63.

Zhou Z P，Mi C M. 2017. Social responsibility research within the context of megaproject management：trends，gaps and opportunities[J]. International Journal of Project Management，35（7）：1378-1390.

附录 基于G指数筛选出的工程管理核心文献

序号	频率	年份	第一作者	标题	来源
1	264	1998	Egan J	Rethinking Construction [R]	
2	239	1994	Latham M	Constructing the team [R]	
3	228	2004	PMI	A Guide to the Project Management Body of Knowledge[M]	
4	170	1989	Goldberg D E	Genetic Algorithms in Search，Optimization，and Machine Learning [M]	
5	158	2003	Yin R K	Case Study Research：Design and Methods [M]	
6	132	1980	Saaty T	The Analytical Hierarchy Process [M]	
7	120	1965	Zadeh L A	Fuzzy sets [J]	Information and Control
8	101	1989	Eisenhardt K M	Building theories from case study research [J]	Academy of Management Review
9	77	2008	Eastman C	BIM Handbook：A Guide to Building Information Modeling for Owners，Managers，Engineers，and Contractors [M]	
10	74	1992	Halpin D W	Planning and Analysis of Construction Operations [M]	
11	74	2000	Koo B	Feasibility study of 4D CAD in commercial construction [J]	CEM
12	71	2008	Jiang X M	Neuro-genetic algorithm for nonlinear active control of highrise buildings [J]	International Journal for Numerical Methods in Engineering
13	70	1978	Nunnally J C	Psychometric Theory [M]	
14	69	1989	Oglesby C H	Productivity Improvement in Construction [M]	
15	67	2002	Cooke-Davies T	The “real” success factors on projects [J]	IJPM
16	64	2006	Adeli H	Managing the Flow of Technology [M]	
17	63	1977	Halpin D W	CYCLONE：method for modeling of job site processes [J]	Journal of the Construction Division
18	63	1999	Eastman C	Building Product Models：Computer Environments，Supporting Design and Construction[M]	
19	62	1998	Konchar M	Comparison of U.S. project delivery systems [J]	CEM

续表

序号	频率	年份	第一作者	标题	来源
20	62	1999	Hegazy T	Optimization of resource allocation and leveling using genetic algorithms	CEM
21	61	2003	Engwall M	No project is an island：linking projects to history and context[J]	Research Policy
22	60	1995	Nonaka I	The Knowledge-Creating Company [M]	
23	59	2006	Song J	Automating the task of tracking the delivery and receipt of fabricated pipe spools in industrial projects [J]	AIC
24	59	2006	Winter M	Directions for future research in project management：the main findings of a UK government-funded research network [J]	IJPM
25	58	2001	Shenhar A J	Project success：a multidimensional strategic concept [J]	Long Range Planning
26	58	1975	Holland J H	Adaptation in Natural and Artificial Systems [M]	
27	57	2005	Jiang X M	Dynamic wavelet neural network for nonlinear identification of highrise buildings [J]	CCIE
28	57	2003	Jaselskis E J	Implementing radio frequency identification in the construction process [J]	CEM
29	57	1997	Feng C W	Using genetic algorithms to solve construction time-cost trade-off problems [J]	CCE
30	56	1980	Porter M E	Competitive Strategy：Techniques for Analyzing Industries and Competitors [M]	
31	56	1994	Miles M B	Qualitative Data Analysis：A Source Book of New Methods [M]	
32	55	1999	Chua D K H	Critical success factors for different project objectives [J]	CEM
33	55	2003	Flyvbjerg B	Megaprojects and Risk：An Anatomy of Ambition [M]	
34	55	1995	Lundin R A	A theory of the temporary organization [J]	Scandinavian Journal of Management
35	55	2003	Turner J R	On the nature of the project as a temporary organization [J]	IJPM
36	55	2000	Gann D M	Innovation in project-based，service-enhanced firms：the construction of complex products and systems [J]	Research Policy
37	54	2008	Jiang X M	Dynamic fuzzy wavelet neuroemulator for nonlinear control of irregular highrise building structures [J]	International Journal for Numerical Methods in Engineering
38	54	1988	Pinto J K	Project success：definitions and measurement techniques [J]	PMJ
39	53	1992	Sanvido V	Critical success factors for construction projects [J]	CEM
40	53	1987	Morris P W	The Anatomy of Major Projects：A Study of the Reality of Project Management [M]	
41	51	2007	Park H S	A new approach for health monitoring of structures：terrestrial laser scanning [J]	CCIE
42	51	1998	Hair J F	Multivariate data analysis [J]	
43	50	2007	Jiang X M	Pseudospectra，MUSIC，and dynamic wavelet neural network for damage detection of highrise buildings[J]	International Journal for Numerical Methods in Engineering
44	50	2000	Hobday M	The project-based organisation：an ideal form for managing complex products and systems[J]	Research Policy
45	49	1996	Chan W T	Construction resource scheduling with genetic algorithms [J]	CEM
46	48	2007	Ergen E	Tracking and locating components in a precast storage yard utilizing radio frequency identification technology and GPS [J]	AIC

续表

序号	频率	年份	第一作者	标题	来源
47	46	1999	Haykin S	Neural networks：a comprehensive foundation [J]	
48	44	1994	Adeli H	Concurrent genetic algorithms for optimization of large structures [J]	Journal of Aerospace Engineering
49	44	1997	Adeli H	Scheduling/cost optimisation and neural dynamics model for construction [J]	CEM
50	44	2002	Sarma K C	Life-cycle cost optimization of steel structures [J]	International Journal for Numerical Methods in Engineering
51	44	1999	Martinez J C	General-purpose systems for effective construction simulation[J]	CEM
52	44	2004	Brady T	Building project capabilities：from exploratory to exploitative learning [J]	Organization Studies
53	44	1981	Bagozzi R P	Evaluating structural equation models with unobservable variables and measurements error：a comment [J]	Journal of Marketing Research
54	43	1995	Adeli H	Distributed genetic algorithms for structural optimization [J]	Journal of Aerospace Engineering
55	43	2000	Sarma K C	Fuzzy genetic algorithm for optimization of steel structures [J]	Journal of Structural Engineering
56	43	2004	Soderlund J	Building theories of project management：past research，questions for the future [J]	IJPM
57	42	2001	Sarma K C	Bilevel parallel genetic algorithms for optimization of large steel structures [J]	CCIE
58	42	2008	Howard R	Building information modeling—experts views on standardisation and industry deployment [J]	AEI
59	42	2004	Chan A P C	Exploring critical success factors for partnering in construction projects [J]	CEM
60	42	1992	Burati J I	Causes of quality deviations in design and construction [J]	CEM
61	42	1995	Jaselskis E J	Radio-frequency identifications applications in construction industry [J]	CEM
62	42	1994	Morris P W	The Management of Projects [M]	
63	42	1999	Leu S S	GA-based multicriteria optimal model for construction scheduling [J]	CEM
64	41	2006	Akinci B	A formalism for utilization of sensor systems and integrated project models for active construction quality control [J]	AIC
65	41	1985	Porter M E	Competitive Advantage：Creating and Sustaining Superior Performance [M]	
66	41	2002	Flyvbjerg B	Underestimating costs in public works projects：error or lie?[J]	Journal of the American Planning Association
67	41	1998	Harris R B	Scheduling projects with repeating activities [J]	CEM